3e Cahier de français

Grammaire – Orthographe – Conjugaison
Vocabulaire – Expression

Annie Lomné
Professeur certifiée de lettres classiques (92)

Nom ....

Prénom ....

Classe ....

© HATIER, Paris, mai 2020 - ISBN : 978-2-401-06282-5

Sommaire

JE MAÎTRISE LES OUTILS POUR LIRE ET ÉCRIRE UN TEXTE COHÉRENT

JE ME PRÉPARE AU BREVET

JE M'ENTRAÎNE AU BREVET

JE DÉVELOPPE MON AUTONOMIE

OUTILS

GRAMMAIRE

ORTHOGRAPHE

VOCABULAIRE LITTÉRAIRE

CONJUGAISON

1 Le GN minimal et les déterminants

RÉVISIONS RÉPONSES P. 143

Je sais identifier le groupe nominal minimal

GN minimal :
déterminant + nom.
➤ *mon frère.*

GN étendu :
déterminant + nom noyau + expansion(s).
➤ *cette* ***belle*** *journée* ***d'été.***

1 Soulignez les GN minimaux dans ce texte.

Lorsque je l'aidais, dans le petit champ qu'il cultivait, notamment à l'époque où il fallait planter les pommes de terre ou les arracher avec une binette et un lourd panier en fil de fer que je traînais derrière moi, je ne cessais de lui poser des questions.

Michel Onfray, *Le Désir d'être un volcan* (1996), acte I © Grasset et Fasquelle.

Je sais identifier les déterminants articles

Tableau p. 137

Articles définis : *le, la, les*

Articles définis contractés : *au (= à le), aux (= à les), du (= de le), des (= de les)*

Articles indéfinis : *un, une, des (de)*

Articles partitifs : *du, des, de la, de l'*

2 Soulignez les articles dans ce texte.

Le 18 juin 1815, vers midi, je sortis de Gand par la porte de Bruxelles ; j'allai seul achever ma promenade sur la grande route. J'avais emporté les *Commentaires de César* et je cheminais lentement, plongé dans ma lecture. J'étais déjà à plus d'une lieue de la ville, lorsque je crus ouïr un roulement sourd. […] Je prêtai l'oreille ; je n'entendis plus que le cri d'une poule d'eau dans des joncs et le son d'une horloge de village.

François-René de Chateaubriand, *Mémoires d'outre-tombe* (1848-1850).

3 Précisez la classe grammaticale exacte des articles en gras.

Un article partitif se remplace par ***un peu de***.
L'article indéfini ***des*** est le pluriel de ***un***.

a. Elle sort **du** collège. ……………………………

b. Il me faut **du** temps. ……………………………

c. Dans ce panier, tu trouveras **des** pommes et **des** poires.
……………………………

d. À la fin **des** vacances, il y a **du** monde sur les routes.
……………………………

e. Hier, nous avons mangé **du** fromage et **des** épinards.
……………………………

4 Précisez si les mots en gras sont des articles ou des prépositions.

L'article ***de*** peut se remplacer par ***des***.

a. J'ai reçu **de** beaux livres. ……………………………

b. Rapporte-moi des pommes **de** terre. ……………………………

c. Je ne vois pas **de** bateaux à l'horizon. ……………………………

d. Nous sommes en fin **de** liste. ……………………………

e. Éloigne-toi **de** ce chemin. ……………………………

Je sais identifier les autres déterminants

Déterminants possessifs :
mon, ma, son, sa, ses, notre, nos, leur…

Déterminants démonstratifs :
ce, cet(te), ces…-ci , ces… -là…

Déterminants numéraux :
deux, trois, premier, deuxième…

Déterminants exclamatifs / interrogatifs :
quel(le), quel(le)s

Déterminants indéfinis :
certain(e), quelque, plusieurs, divers(es), chaque, tout(e), tous, tel(le), aucun(e), le (la, les) même(s), n'importe quel(le)…

5 **Complétez par un déterminant de la classe indiquée. N'utilisez pas deux fois le même indéfini.**

a. *(indéfini)* .... écrivains ont publié *(possessif)* .... mémoires.

b. Dans *(démonstratif)* .... ouvrages, ils évoquent parfois *(indéfini)* .... événements historiques.

c. *(interrogatif)* .... auteur évoque *(démonstratif)* .... célèbre bataille de Waterloo ?

d. Chateaubriand est *(démonstratif)* .... écrivain.

e. J'ai lu *(indéfini)* .... extraits de *(numéral)* .... autobiographies : *Enfance* et *Mémoires d'outre-tombe*.

6 **Complétez par *ces* ou *ses*.**

a. Elle a raconté .... souvenirs d'enfance dans .... quelques pages.

b. Dans .... rayonnages du CDI, vous ne trouverez que des autobiographies.

c. Ma professeure de français lit beaucoup, ... écrivains préférés sont Hugo et Chateaubriand.

d. .... ancêtres lui ont inspiré .... quelques pages que vous découvrez.

e. .... derniers temps, ma sœur a évolué dans .... goûts littéraires.

7 **Soulignez tous les déterminants de ce texte et recopiez-les dans le tableau.**

Je poursuivis ma route : je n'avais pas fait trente pas que le roulement recommença [...] ; quelquefois il n'était sensible que par une trépidation de l'air, laquelle se communiquait à la terre sur ces plaines immenses, tant il était éloigné. Ces détonations [...] firent naître dans mon esprit l'idée d'un combat. [...] Cette grande bataille, encore sans nom, dont j'écoutais les échos au pied d'un peuplier, et dont une horloge de village venait de sonner les funérailles inconnues, était la bataille de Waterloo !

François-René de Chateaubriand, *Mémoires d'outre-tombe* (1848-1850).

Articles (précisez leur classe) : ....
Déterminants possessifs : ....
Déterminants démonstratifs : ....
Déterminant numéral : ....

Je sais orthographier les déterminants numéraux et indéfinis

Déterminants numéraux

- Invariables. ➤ *deux, quinze...*

Sauf *vingt* et *cent* qui prennent un *s* s'ils sont multipliés sans être suivis d'un chiffre.
➤ *deux cent**s** / trois cent deux.*

- Trait d'union entre unités et dizaines.
➤ *quarante-cinq.*

Déterminants indéfinis

- Invariables. ➤ *chaque, plusieurs.*
- Accord en nombre. ➤ *quelque, autre, même.*
- Accord en genre.
➤ *nul, aucun, différents, divers.*
- Accord en genre et en nombre.
➤ tous les autres déterminants.

8 **Écrivez les chiffres en toutes lettres.**

a. les 80 .... ans de ma grand-mère.

b. tous les 4 .... jours.

c. 600 .... jours.

d. 3905 .... euros.

e. 97 .... épisodes.

f. 220 .... participants.

9 **Accordez si nécessaire les déterminants indéfinis.**

a. Elle vient (chaque) .... mois.

b. Il y a (quelque) .... temps déjà que je n'ai (aucun) .... nouvelle de (certain) .... amies.

c. (Différents) .... options sont proposées à (tout) .... membres du club de voile.

d. Les (même) .... activités ne se pratiquent pas à (n'importe quel) .... saison.

10 ***J'applique pour écrire***

Racontez un souvenir d'enfance particulièrement marquant.

Consigne
- 15 lignes
- 1 déterminant de chaque catégorie

2 Les pronoms (1)

RÉVISIONS
RÉPONSES P. 143

Je connais les caractéristiques des pronoms

Ils remplacent un nom ou un GN pour éviter une répétition.
➤ *Léa aime le chocolat.* ***Elle en*** *boit chaque matin.*

Ils remplacent un adjectif, une proposition…
➤ *Elle est championne ? Oui, elle* ***l'****est.*
➤ *J'ai gagné, mais tu ne* ***le*** *savais pas.*

1 Indiquez le ou les élément(s) remplacé(s) par les pronoms soulignés.

a. Qu'est-ce qu'une « autobiographie » ?
Cela …………………………… désigne un ouvrage où …………………………… un écrivain raconte sa propre vie.

b. Plusieurs écrivains ont écrit la leur ……………………………

c. Ces livres sont-ils intéressants ? Oui, ils le …………………………… sont.

d. J'aimerais écrire un roman inspiré de la mienne. …………………………….

e. Cela …………………………… s'appelle un roman autobiographique.

f. Aimerais-tu lire un roman de ce genre ?
J'aimerais cela ……………………………

2 Évitez la répétition soulignée à l'aide d'un pronom différent à chaque fois.

a. J'ai acheté une nouvelle voiture, la voiture …………… est en bas de chez moi.

b. Prenons la voiture ……………………, laissez votre voiture …………………… au garage.

c. Laisser ma voiture au garage …………… me semble une bonne idée.

d. Nous avons le choix entre deux itinéraires : cet itinéraire-ci …………………… est plus court, mais cet itinéraire-là …………………… est plus agréable.

e. Je préfère l'hôtel du bord de mer à l'hôtel …………………… du centre-ville.

f. Nous avons apporté notre maillot de bain ; Tom a oublié son maillot de bain. ……………………………

Je sais identifier les pronoms personnels

Tableau p. 137

Ils désignent qui parle ou les interlocuteurs d'un dialogue : *je, moi, tu, nous, vous…*

Ils remplacent un élément déjà cité : *il(s), elle(s), le, la, lui, leur, en, y, se…*

3 Soulignez en rouge les pronoms personnels désignant celui qui parle (le narrateur), en bleu ceux qui désignent le ruban et en vert ceux qui désignent Marion.

Le jeune Rousseau a volé un ruban appartenant à la nièce de sa patronne.

Ce ruban seul me tenta, je le volai, et comme je ne le cachais guère on me le trouva bientôt. On voulut savoir où je l'avais pris. Je me trouble, je balbutie, et enfin je dis, en rougissant, que c'est Marion qui me l'a donné. […] Non seulement Marion[1] était jolie, mais elle avait une fraîcheur de coloris […] qui faisait qu'on ne pouvait la voir sans l'aimer. […] On la fit venir […]. Elle arrive, on lui montre le ruban, je la charge effrontément.

Jean-Jacques Rousseau, *Les Confessions* (posth., 1782).

1. Une jeune cuisinière.

4 Précisez la classe grammaticale des mots en rouge.
le, la, les, l' devant un **nom** : **article défini** ;
le, la, les, l' devant un **verbe** : **pronom personnel**.

Comme Mlle Lambercier[1] avait pour nous l'affection …………………… d'une mère, elle en avait aussi l'autorité ……………………, et la portait …………… …………………… quelquefois jusqu'à nous infliger la punition[2] …………………… des enfants quand nous l'avions …………………… méritée. Assez longtemps elle s'en tint à la menace …………………… […] ; mais après l'exécution ……………………, je la trouvai …………… …………………… moins terrible à l'épreuve …………… …………………… que l'attente …………………… ne l'avait …………………… été.

Jean-Jacques Rousseau, *Les Confessions* (posth., 1782).

1. Chez qui Rousseau est pensionnaire. 2. La fessée.

Je sais identifier les autres pronoms

Tableau p. 137

Possessifs : *la mienne, le tien, la nôtre, le leur , le sien, les leurs…*	
Démonstratifs : *ce, celui, celle, ceux (-ci ,- là)*	
Relatifs : *qui, que, dont, où, lequel, laquelle…*	

5 Soulignez les pronoms de ce texte et complétez le tableau.

Je forme une entreprise qui n'eut jamais d'exemple, et dont l'exécution n'aura point d'imitateur. Je veux montrer à mes semblables un homme dans toute la vérité de la nature ; et cet homme, ce sera moi.

Moi seul. Je sens mon cœur et je connais les hommes. Je ne suis fait comme aucun de ceux que j'ai vus ; j'ose croire n'être fait comme aucun de ceux qui existent. Si je ne vaux pas mieux, au moins je suis autre. Si la nature a bien ou mal fait de briser le moule dans lequel elle m'a jeté, c'est ce dont on ne peut juger qu'après m'avoir lu.

Jean-Jacques Rousseau, *Les Confessions* (posth., 1782).

Pronoms personnels : …………………………	
Pronoms relatifs : …………………………	
Pronoms démonstratifs : ………………	

6 Complétez les phrases par un des pronoms proposés : *moi, que, qui, je, toi, le mien, celles-ci, auquel, dont, tu, ceux-là, dont, les tiennes, c'.*

a. Prête-moi un stylo, j'ai oublié ……………

b. J'ai apprécié le film …………… tu m'as recommandé.

c. ……… , ……… suis pour les bleus, ……… , ……… soutiens les rouges.

d. ……… est le nouveau téléphone …………… tout le monde parle.

e. …………… sont venues et …………… sont restés chez eux.

f. Pauline, …………… je t'ai parlé, a gagné.

g. Mes valises sont dans le coffre, où sont …………… ?

h. Le projet …………… il a consacré sa vie a vu le jour.

Je ne confonds pas les homophones

Ce (c'), pronom démonstratif,
est **placé avant *qui, que, à quoi*** ou le verbe ***être***.
➤ *Dis-moi **ce** que tu veux. **C**'était bien.*

Se (s'), pronom personnel,
est **placé avant un verbe**.
➤ *Elle **se** promène. Il **s**'est lavé.*

Leur, pronom personnel **invariable**,
est **placé avant** ou juste **après un verbe**.
➤ *Elles **leur** ont parlé. Dis-**leur** bonjour.*

Leur(s), déterminant possessif,
est **placé avant un nom** et **s'accorde en nombre**.
➤ *Je vois **leur** mère et **leurs** sœurs.*

7 Complétez par *ce, c', se* ou *s'*.

a. Elle ne ……… souvient pas de ……… qui ……… est passé.

b. ……… sont d'excellents produits qui ……… sont très bien vendus.

c. Elle ……… est demandé ……… qu'elle aurait dû dire.

d. Ils ne ……… sont pas vus, ……… est dommage.

e. Était- ……… bien à cette adresse qu'ils ……… étaient rendus ?

f. ……… était vraiment ……… à quoi elles ……… attendaient.

8 Complétez par *leur* ou *leurs*.

a. Elles ne ……… ont rien révélé de ……… intentions.

b. Donne- ……… quelques livres qui ……… seront utiles pendant ……… voyage.

c. ……… résultats sont excellents ; ils ……… ont adressé ……… félicitations.

d. Où ……… avez-vous dit qu'ils devaient déposer ……… affaires ?

9 *J'applique pour écrire*

Imaginez la suite du texte reproduit à l'exercice 3.

Consigne
- 10 lignes
- 1 pronom de chaque catégorie

3 Les pronoms (2)

J'observe

Qui est venu ? Tous sont venus et ont apporté quelque chose.

Que remplace le pronom en gras ? ....

Les pronoms soulignés désignent-ils des personnes ou des objets précis ? ....

Je retiens

A À QUOI SERVENT LES PRONOMS INTERROGATIFS ?

- Les pronoms interrogatifs servent à remplacer la personne, l'objet, l'idée **sur lesquels porte une question**.
- Les pronoms interrogatifs sont : *qui, quoi, que, lequel, laquelle…*
- Ils s'utilisent dans des **interrogations directes** ou **indirectes**.

Que fais-tu ? (directe) *Je me demande* ***lequel*** *il préfère.* (indirecte)

B À QUOI SERVENT LES PRONOMS INDÉFINIS ?

- Les pronoms indéfinis servent à désigner une **réalité indéterminée**, une **quantité imprécise**, la **totalité**, l'**absence**, une **ressemblance**, une **différence**.
- Les principaux pronoms indéfinis sont : *quelqu'un, quelques-uns, plusieurs, tout(e)(s), tous, personne, rien, on, aucun(e), nul(le), certain(e)(s), n'importe qui, la plupart, beaucoup, les uns, les autres, un(e) autre, d'autres, autrui, quiconque, tel, tel quel…*

Personne *ne l'a vu,* ***certains*** *l'ont attendu longtemps,* ***d'autres*** *sont partis.*

C À QUOI SERVENT LES PRONOMS EN ET Y ?

- *En* et *y* sont des **pronoms personnels adverbiaux** (parce qu'invariables).
- *En* remplace un **complément** introduit par de ou un **COD** précédé d'un article partitif.

*Je sors de la maison. → J'****en*** *sors. Je bois du lait. → J'****en*** *bois.*

- *Y* remplace un **complément** introduit par *à*, *en* ou *dans*.

*Je vais à la campagne. → J'****y*** *vais.*

- Ils **ne peuvent pas** s'utiliser pour remplacer un nom d'**être animé**.

*Pense au pain. → J'****y*** *pense.* Mais *Pense à tes amis. → Je pense* ***à eux***.

Je m'entraîne

N'oubliez pas l'inversion du sujet lorsque la question ne porte pas sur le sujet. **Que fais-tu ?**

1 Transformez ces phrases déclaratives en phrases interrogatives en remplaçant le groupe souligné par un pronom interrogatif.

1. Le facteur a sonné. ....
   - Elle a apporté le dessert. ....
2. Elle a invité Claire. ....
   - Elle pense souvent à vous.

   ....
3. Elle a choisi le pull rouge.

   ....
   - Les enfants ont parlé de leurs vacances.

   ....

2 Complétez ces phrases par un des pronoms indéfinis proposés.

chacun • personne • n'importe quoi • on • rien • tout • les uns… les autres

1. .... va bien.
   - .... travaillent, ... s'amusent.
2. Je n'ai rencontré ....
   - .... a eu sa part.
3. Ne dis pas ...., ... a bien vu que tu n'as .... compris.

Comme les autres pronoms compléments, *en* et *y* se placent **avant le verbe**.

3 Reprenez le mot ou groupe souligné par *en* ou *y*.

1. Je retourne à la maison. ....
   • Je reprends des frites. ....
2. Je me méfie de ce qu'elle dit. ....
   • Je réfléchis à une autre solution. ....
3. Nous sommes fiers d'avoir pu vous aider.
   ....
   • Je t'invite à mon gala de danse. ....

4 Lisez le texte et répondez aux questions.

Embarqués sur un vaisseau hollandais, Candide et Martin arrivent sur les côtes d'Angleterre.

« Qu'est-ce que ce monde-ci ? disait Candide sur le vaisseau hollandais.

– Quelque chose de bien fou et de bien abominable, répondait Martin.

– Vous connaissez l'Angleterre ; **y** est-on aussi fou qu'en France ? »

Voltaire, *Candide ou l'Optimisme* (1759).

a) Relevez un pronom indéfini. ....

b) Relevez un pronom interrogatif. Trouvez dans la phrase suivante le groupe qu'il remplace.

....

....

c) Que reprend le pronom en gras ? Réécrivez la phrase en répétant le mot repris. ....

....

....

qui et *que* : interrogatifs (phrase interrogative ou après un verbe de paroles) ou relatifs (après un nom) ; *que* peut aussi être conj. de sub. (après un verbe).

5 Parmi les mots en gras, soulignez en rouge les pronoms interrogatifs, en bleu les relatifs et en vert les conjonctions de subordination.

1. **Qui** a fait le gâteau ? • **Que** me racontes-tu ?
   • La personne **qui** nous a reçus était charmante.
2. Je crois **que** tu as fait une erreur.
   • **Qu'**est-ce que tu racontes ? • À **qui** as-tu parlé ?
3. Où as-tu acheté ce pull **qui** te va si bien ?
   • Dis-moi **qui** t'a acheté ce pull. • Je t'affirme **que** tous les livres **que** tu vois là m'appartiennent.

6 Soulignez *en* lorsqu'il est pronom personnel.

En peut être **pronom personnel** (reprend un nom ou un groupe de mots) ou **préposition** (introduit un nom ou un groupe complément).

1. J'adore le chocolat, j'en mange tous les jours.
   • Je repars en Angleterre cet été.
2. Ce travail est très difficile, je ne m'en sors pas.
   • En été, les jours sont longs, nous en profitons.
3. En rentrant, nous ne l'avons pas vu et nous nous en sommes inquiétés. • Ne soyez pas en retard, vous savez que ma mère en ferait toute une histoire.

7 *J'applique pour lire*

Candide vient d'assister à l'exécution d'un amiral anglais.

Il demanda qui était ce gros homme qu'on venait de tuer en cérémonie.

« C'est un amiral, lui répondit-on.

– Et pourquoi tuer cet amiral ?

– C'est, lui dit-on, parce qu'il n'a pas fait tuer assez de monde. [...] Dans ce pays-ci il est bon de tuer de temps en temps un amiral pour encourager les autres. »

Candide fut si étourdi et si choqué de ce qu'il voyait et de ce qu'il entendait, qu'il ne voulut pas seulement mettre pied à terre.

Voltaire, *Candide ou l'Optimisme* (1759).

a) Réécrivez la dernière phrase en remplaçant le groupe souligné par un pronom personnel.

....

....

b) Relevez un pronom interrogatif et indiquez ce qu'il remplace. ....

....

c) Quel pronom indéfini est répété trois fois ? Qui représente-t-il dans chaque cas ?

....

....

....

....

8 *J'applique pour écrire*

À l'inverse de l'épisode du texte (exercice 7), racontez une scène qui vous a beaucoup fait rire.

Consigne
- 1 pronom interrogatif
- 2 pronoms indéfinis
- *en* et *y* au moins 1 fois

Chacun son rythme

Cochez la couleur que vous avez le mieux réussie.

- Relevez de nouveaux défis ! → exercice 1 p. 16
- Améliorez vos performances ! → exercices 2, 3 p. 16
- Confirmez votre réussite ! → exercice 4 p. 16

4 Les expansions du GN (1)

J'observe

Une leçon de français facile à comprendre.

Le GN minimal est ....

La première expansion est ....

La deuxième expansion est ....

Le groupe qui complète *facile* est ....

Je retiens

A QU'EST-CE QU'UNE ÉPITHÈTE ?

- Une épithète est **un adjectif** placé **avant** ou **après** un nom.

  *un verre **cassé**, un spectacle **étonnant**, un **grand** voyage*

B QU'EST-CE QU'UN COMPLÉMENT DU NOM OU DU PRONOM ?

- Un complément du nom (CDN) ou du pronom est un **nom**, un **GN**, un **pronom**, un **infinitif** (ou groupe infinitif), un **adverbe**, introduit par une **préposition**.

  *un livre **de Français**, l'envie **de partir**, le journal **d'hier**, celui **du jour**, un texto **de toi***

C QU'EST-CE QUE LE COMPLÉMENT DE L'ADJECTIF ?

- Le complément de l'adjectif **précise** l'adjectif.
- Il est introduit par une **préposition**.

  *facile **à comprendre*** (infinitif), *pleine **d'espoir*** (GN), *fier **de toi*** (pronom)

- L'adjectif au **comparatif** ou au **superlatif** peut aussi être suivi d'un **complément** introduit par *que* ou *de*.

  *Le livre est plus intéressant que **le film**. Paul est le plus jeune de **la classe**.*

Je m'entraîne

Il n'y a pas de compléments dans toutes les phrases.

1 Soulignez les adjectifs ou participes épithètes et entourez leurs compléments.

1. De nombreux écrivains dénoncent l'intolérance religieuse.
2. Dans une longue lettre, Voltaire défend le pauvre Calas.
3. Calas était un commerçant digne de confiance.
4. Ce vieil homme fatigué fut accusé du meurtre de son fils.
5. Un jeune homme aussi robuste que toute sa famille réunie ne pouvait avoir été étranglé sans un long et violent combat qui aurait alerté tout le voisinage.
6. L'écrivain sûr de son innocence le défendit.

2 Soulignez en bleu les CDN et précisez leur classe grammaticale.

1. C'est le début de l'été ; nous prenons la route des vacances. ....
2. Je n'ai pas le temps de rentrer, apporte-moi mes affaires de sport. ....
3. Son rêve de toujours est de faire le tour du monde, c'est le rêve de tous. ....

3 Complétez par un CDN de la classe grammaticale indiquée.

1. Elle m'a apporté un paquet (GN) .... et un bouquet (GN) ....
2. Je n'ai pas le courage (infinitif) ...., ni celui (infinitif) ....
3. Le climat (adverbe) .... est agréable mais je n'ai aucune envie (groupe infinitif) ....

4 Lisez le texte et répondez aux questions.

Il n'y a que les **ennemis** les plus cruels du bonheur d'un État qui aient pu suggérer à des souverains que ceux de leurs sujets qui ne pensaient point comme eux étaient devenus des victimes dévouées à la mort et indignes de partager les avantages de la société. […] La fatale **journée** de la Saint Barthélémy[1], où l'on joignit la perfidie à la **barbarie** la plus cruelle, a-t-elle éteint l'hérésie[2] qu'on voulait opprimer ? Par cet **événement** affreux la France fut privée d'une foule de **citoyens** utiles.

Denis Diderot, *L'Encyclopédie* (1751-1757).

1. Jour de massacre de nombreux protestants le 24 août 1572. 2. Croyance considérée comme fausse.

- a) Soulignez en bleu les adjectifs épithètes des noms en gras.
- b) Soulignez en vert au moins quatre compléments du nom et du pronom.
- c) Relevez deux adjectifs ou participes épithètes complétés par un complément que vous relèverez.

....

....

5 Parmi les compléments en gras, soulignez seulement les CDN.

1. **De ma fenêtre**, j'aperçois l'entrée **du collège**.
• Je vais **à la plage** faire de la planche **à voile**.

2. Je me souviens **de l'arrivée des joueurs**.
• Elle obéit **aux ordres de la direction**.

3. **À l'aube**, nous sortirons par la porte **du garage**.
• **En entrant**, elle a cassé le vase **en cristal de sa grand-mère**.

6 Remplacez l'adjectif épithète par un complément du nom de même sens.

1. les fournitures scolaires : ....
• une randonnée pédestre : ....

2. un château médiéval : ....
• la vie rurale : ....

3. une sortie équestre : ....
• un papillon diurne : ....

7 Complétez ces adjectifs par un complément de la classe grammaticale indiquée.

1. un film riche en (GN) ....

2. une femme certaine de (infinitif) ....

3. un candidat très sûr de (pronom personnel) ....

8 *J'applique pour lire*

Aucun homme n'a reçu de la nature **le droit** de commander aux autres. La liberté est un présent du ciel, et chaque individu de la même espèce a **le droit** d'en jouir aussitôt qu'il jouit de la raison. Si la nature a établi quelque autorité, c'est la puissance paternelle ; mais la puissance paternelle a ses bornes ; et dans l'état de nature, elle finirait aussitôt que les enfants seraient en état de se conduire.

Denis Diderot, « Autorité politique », *L'Encyclopédie* (1751-1757).

a) Relevez l'adjectif épithète répété deux fois. Transformez-le en complément du nom.

....

....

b) Relevez un complément du nom dans la proposition soulignée. Quelle idée importante met-il en valeur ?

....

....

....

....

....

c) Relevez les compléments du nom en gras et indiquez leur classe grammaticale. En quoi renforcent-ils le contenu de la phrase soulignée ?

....

....

....

....

....

....

....

....

9 *J'applique pour écrire*

À votre tour, rédigez un texte pour défendre une cause qui vous semble importante (la sauvegarde de la planète, la défense des animaux, les droits des enfants…).

Consigne
• 10 lignes
• 2 CDN
• 3 épithètes

Cochez la couleur que vous avez le mieux réussie.

Relevez de nouveaux défis ! → exercice 5 p. 16
Améliorez vos performances ! → exercices 6, 7 p. 16
Confirmez votre réussite ! → exercice 8 p. 17

Chacun son rythme

5 Les expansions du GN (2)

J'observe

J'ai mis le nouveau maillot de bain que Julie m'a offert.

Le GN minimal est ……………………………………

L'adjectif épithète qui l'enrichit est ……………………………………

Les deux autres groupes qui l'enrichissent sont ……………………………………

Je retiens

A QU'EST-CE QU'UNE PROPOSITION SUBORDONNÉE RELATIVE ?

- Une proposition subordonnée relative est introduite par un **pronom relatif** (*qui, que, dont, où, lequel…*).
- La fonction de la proposition relative est **complément de l'antécédent** (l'antécédent est le nom ou le pronom complété).

*C'est toi **qui m'as fait découvrir le yoga**. La Suède est un pays **où je ne suis jamais allée**.*

B QUELLE EST LA FONCTION DU PRONOM RELATIF ?

- Le pronom relatif a une fonction dans la **proposition relative** (la fonction de l'antécédent s'il avait été répété).

*J'ai reçu un cadeau **qui** m'a fait plaisir. → qui = le cadeau =* sujet *(**le cadeau** m'a fait plaisir)*

- Les formes du pronom relatif correspondent à **différentes fonctions** :

– *qui* (utilisé seul) = **sujet** ;
– *que* = **COD** ;
– *dont, duquel* = **COI** ou **CDN** ;
– *où* = **CC de lieu** ou **de temps** ;
– *auquel (le)(s), à laquelle, duquel, de laquelle… qui, quoi* (précédés d'une préposition) = **COI** ou **CC**.

*L'homme **que** je vois* (que est COD : *je vois **l'homme***).
*L'histoire **dont** on parle* (dont est COI : *on parle **de l'histoire***).
*Cette maison **où** j'ai vécu* (où est CCL : *j'ai vécu **dans cette maison***).
*L'enfant **dont** j'ai oublié le prénom* (dont est CDN : *J'ai oublié le prénom **de l'enfant***).

Je m'entraîne

Un même **antécédent** peut avoir **plusieurs compléments**.

1 Soulignez les propositions relatives et encadrez les antécédents.

1. Les soldes qui commencent la semaine prochaine attirent ceux que la mode intéresse.
2. Où se trouve la maison dont tu m'as parlé et où tu as passé tes vacances ?
3. Sais-tu qui m'a offert ce cadeau auquel je ne m'attendais pas ?

2 Complétez par le pronom relatif qui convient.

1. Je viens de faire un voyage …………… restera gravé dans ma mémoire.
2. Les vêtements …………… tu portes sont élégants.
3. Les livres …………… tu m'avais parlé ne se trouvaient pas à l'endroit …………… tu m'avais indiqué.

3 Remplacez l'épithète soulignée par une subordonnée relative qui en explique le sens.

1. Un animal nocturne : ……………………………………
2. Une activité estivale : ……………………………………
3. Une information fiable : ……………………………………
4. Une personne susceptible : ……………………………………
5. Un homme taciturne : ……………………………………
6. Une femme versatile : ……………………………………

4 **Réécrivez les relatives trouvées à l'exercice 2 en remplaçant le pronom relatif par son antécédent et déduisez la fonction du pronom relatif.**

1. ....
....
....

2. ....
....
....

3. ....
....
....

5 *J'applique pour lire*

Un philosophe discute avec le géant Micromégas qui vient d'arriver sur la Terre.

« Savez-vous bien, par exemple, qu'à l'heure que[1] je vous parle, il y a **cent mille fous de notre espèce, couverts de chapeaux**, qui tuent cent mille autres animaux couverts d'un turban, ou qui sont massacrés par eux, et que, presque par toute la terre, c'est ainsi qu'on en use de temps immémorial. »

Voltaire, *Micromégas* (1752).

1. Où.

a) Soulignez les deux propositions relatives qui complètent le GN en gras et indiquez leur fonction.

....
....
....

b) Indiquez la fonction des pronoms relatifs qui introduisent les deux propositions relatives trouvées.

....
....
....

c) Indiquez la fonction du pronom relatif souligné.

....
....
....

6 **Indiquez la fonction des pronoms relatifs en gras.**

1. Je vois une voiture **qui** s'arrête devant chez nous. ....

2. Je quitte ce collège **où** j'ai passé quatre ans. ....

3. J'ai escaladé la montagne **dont** tu aperçois le sommet. ....

7 *J'applique pour lire*

Mais si vous voyez deux chiens qui s'aboient, qui s'affrontent, qui se mordent et se déchirent, vous dites « Voilà de sots animaux », et vous prenez un bâton pour les séparer. Que si l'on vous disait que tous les chats d'un grand pays se sont assemblés par milliers dans une plaine, et qu'après avoir miaulé tout leur soûl, ils se sont jetés avec fureur les uns sur les autres [...] ; que de cette mêlée il est demeuré de part et d'autre neuf à dix mille chats sur la place, qui ont infecté l'air à dix lieues de là par leur puanteur, ne diriez-vous pas : « Voilà le plus abominable **sabbat**[1] dont on ait jamais ouï parler ? »

Jean de La Bruyère, *Les Caractères* (1668).

1. Prétendue réunion nocturne de sorcières où auraient lieu des sacrifices.

a) Surlignez les quatre relatives qui enrichissent le GN souligné, puis indiquez la fonction du pronom relatif. Quel est l'effet produit ?

....
....
....
....
....

b) Relevez et analysez les deux expansions du nom en gras. ....
....
....
....

c) Quelle idée ces expansions mettent-elles en valeur ?

....
....
....

8 *J'applique pour écrire*

Rédigez un paragraphe dans lequel vous condamnerez la guerre. Utilisez plusieurs expansions de différentes classes grammaticales.

Consigne
- 15 lignes
- au moins 3 expansions

Cochez la couleur que vous avez le mieux réussie.

- Relevez de nouveaux défis ! → exercice 9 p. 17
- Améliorez vos performances ! → exercice 10 p. 17
- Confirmez votre réussite ! → exercice 11 p. 17

6 Les expansions du GN (3)

J'observe

Jacques Vingtras, **personnage principal du roman *L'Enfant***, est maltraité par ses parents.

Sur quoi nous renseigne le groupe en gras ? ....

Où est-il placé ? ....

Je retiens

A QU'EST-CE QU'UNE APPOSITION ?

• C'est une **expansion** du nom, du GN ou du pronom qui renseigne sur l'**identité,** les **caractéristiques**, les **sentiments**… de ce nom ou pronom.

*Ma mère, **professeure de piano**. Cette maison, **vaste et antique résidence**.*
*Des enfants, **terrifiés par le bruit**.*

B QUELLE EST LA PLACE DE L'APPOSITION ?

• L'apposition est le plus souvent **entre virgules**, parfois annoncée par **deux-points** ou placée juste **après le nom**, plus rarement **introduite par *de***.

*Ma voisine, **Sarah**, est une amie. Mon rêve : **dormir**. Son chien **Mouillette**. Cet amour **d'enfant**.*

C QUELLES SONT LES CLASSES GRAMMATICALES DE L'APPOSITION ?

• L'apposition peut être : un **nom** (ou GN), un **pronom**, un **infinitif** (ou groupe infinitif, GI), un **adjectif** ou un **participe** (ou groupe adjectival, GA, ou participial, GP), une **proposition subordonnée conjonctive**.

*Sa mère, **une femme admirable*** (GN). *Mon envie : **que nous partions à la montagne*** (prop. sub.).
Rouge d'émotion (GA), *elle se précipita dans mes bras. Son angoisse : **rater l'avion*** (GI).

Je m'entraîne

Tous les **groupes entre virgules** ne sont pas des **appositions**, toutes les appositions ne sont pas entre virgules.

1 Soulignez les appositions, encadrez les noms ou pronoms qu'elles précisent.

1. Ce matin, Karima, ma sœur, est rentrée de voyage, un séjour linguistique en Angleterre.
2. Passionnée par ma lecture, je n'ai pas entendu le bruit, pourtant très fort, de l'explosion.
3. Son rêve de découvrir le Cameroun, pays de ses ancêtres, se réalisera le 30 juin, jour de ses quinze ans.

2 Proposez deux appositions de classes grammaticales différentes pour les noms ou GN suivants.

1. Paris, ...
....
2. Ce film, ...
....
3. Notre volonté : ....
....

3 Remplacez les propositions relatives soulignées par des appositions (GN ou GA).

1. Mon père, qui travaille dans une banque :
....
2. Un garçon qui s'appelait Omer :
....
3. Cette femme, qui dirigeait une entreprise :
....
4. Ma sœur, qui joue dans une petite troupe de théâtre : ....
5. Pierre, qui se vexe très facilement :
....
6. Un discours, que personne ne pouvait entendre :
....

4 **Lisez le texte et répondez aux questions.**

De mes premières années, je ne retrouve guère qu'une impression confuse : quelque chose de rouge, et de noir, et de chaud. [...] Il faisait chaud et le rouge de la moquette criait dans mes yeux. [...]

C'est à Louise que j'ai dû la sécurité quotidienne. [...] Jeune, sans beauté, sans mystère puisqu'elle n'existait – du moins je le croyais – que pour veiller sur ma sœur et sur moi, elle n'élevait jamais la voix [...].

Ma mère, plus lointaine et plus capricieuse, m'inspirait des sentiments amoureux : [...] elle apparaissait parfois la nuit, près de mon lit, belle comme une image, dans sa robe de verdure mousseuse ornée d'une fleur mauve.

Simone de Beauvoir, *Mémoires d'une jeune fille rangée* (1958) © Gallimard. www.gallimard.fr

a) Soulignez en rouge les deux adjectifs apposés au GN en gras.

b) Soulignez en bleu dans le 3e paragraphe un groupe adjectival apposé. Précisez à quel mot il est apposé.

....

c) Soulignez en vert les appositions contenues dans le 1er et le 2e paragraphes et précisez le nom ou le pronom complété. ....

5 **Complétez ces GN par une apposition de la classe grammaticale indiquée.**

1. Ce livre, **(GN)** ...., je l'ai reçu de Sophie, **(GN)** ....

2. Ces enfants, **(adjectif)** ...., ont organisé une fête pour Myriam, **(GN)** ....

3. Ce secret, **(GP)** ...., je ne l'ai révélé qu'à toi, **(GN)** ....

4. Son histoire, **(GP)** ...., a convaincu son frère, **(GN)** ....

5. Sa mère, **(GN)** ...., a pour elle un grand projet : **(prop. sub. conjonctive)**

....

....

6. Leur but, **(GI)** ...., ne se réalisera qu'à une condition : **(prop. sub. conjonctive)** ....

....

6 J'applique pour lire

Le narrateur est puni par un surveillant et enfermé dans une salle d'étude. Il y trouve le roman Robinson Crusoé *et se met à le lire.*

J'ai le cou brisé, la nuque qui me fait mal, la poitrine creuse ; je suis resté penché sur les chapitres sans lever la tête, sans entendre rien, dévoré par la curiosité, collé aux flancs de Robinson, pris d'une émotion immense, remué jusqu'au fond de la cervelle et jusqu'au fond du cœur [...].

Il est finalement délivré par le surveillant qui, pour le consoler, l'installe au coin du feu avec une boîte de thon et une petite bouteille (topette).

C'est une topette d'eau-de-vie, son péché mignon, sa marotte humide, son dada jaune.

Il est forcé de repartir, de rejoindre sa division. Il me laisse seul, seul avec du thon, – poisson d'Océan – la goutte, – salut du matelot – et du feu, – phare des naufragés.

Jules Vallès, *L'Enfant* (1878).

a) Soulignez en rouge les GP apposés du 1er paragraphe. À quel mot sont-ils apposés ? ....

....

b) Quelle idée mettent-ils en valeur ?

....

....

....

....

c) Soulignez en bleu les GN apposés aux noms soulignés. Que prouvent les trois dernières ?

....

....

....

....

7 J'applique pour écrire

À votre tour, racontez un épisode où, fasciné par un livre, un film ou un jeu, vous avez fini par oublier le monde qui vous entourait.

Consigne
- 20 lignes
- Au moins 2 appositions

Cochez la couleur que vous avez le mieux réussie.

- Relevez de nouveaux défis ! → exercices 12, 13 p. 17
- Améliorez vos performances ! → exercice 14 p. 17
- Confirmez votre réussite ! → exercice 15 p. 17

Chacun son rythme

Chacun son rythme

Les pronoms (2)

1. *Quiz* Cochez les phrases vraies.

☐ Les pronoms interrogatifs s'utilisent dans des interrogations directes ou indirectes.

☐ *En* et *y* s'utilisent pour remplacer un nom d'être animé.

☐ *En* et *y* sont invariables.

☐ Les pronoms indéfinis peuvent désigner une quantité imprécise.

2. *Bouche-trous* Complétez ces phrases à l'aide du pronom interrogatif correspondant au mot ou groupe souligné.

1. J'ai retrouvé ma sœur devant le cinéma. .... as-tu retrouvé devant le cinéma ?
2. Le mercredi soir, je fais mes courses. .... fais-tu le mercredi soir ?
3. Je rêve souvent de voyager dans l'espace. De .... rêves-tu souvent ?
4. On m'a proposé deux itinéraires. .... est le plus rapide ?
5. Julie et Clara se ressemblent. .... est l'aînée ?

3. *Chasse aux intrus* Barrez les phrases où *en* n'est pas pronom personnel.

1. Nous partons en vacances demain.
2. Nous avons rendez-vous à quinze heures, t'en souviens-tu ?
3. Je suis entrée au collège à huit heures et j'en suis sortie à dix-sept heures.
4. Je rentrerai en bus.
5. J'adore le chocolat, j'en mange tous les jours.

4. *Casse-tête* Barrez tous les mots qui ne peuvent pas être des pronoms indéfinis puis utilisez les pronoms trouvés dans des phrases de votre composition.

personnejamaissouventcelaquelqu'unlesnotrequitoutbientôt auqueldontn'importequilequelquoienon

1. ....
2. ....
3. ....
4. ....
5. ....

Les expansions du GN (1)

5. *Quiz* Cochez les phrases vraies.

☐ L'adjectif épithète est toujours placé avant le nom.

☐ Un nom peut être précisé par plusieurs épithètes.

☐ Le CDN est toujours un nom.

☐ Le CDN est introduit par une préposition.

6. *Chasse aux intrus* Barrez les groupes soulignés qui ne sont pas des CDN.

1. Passe-moi le moulin à poivre.
2. Cette baie ressemble à du poivre.
3. C'est bientôt la rentrée des classes.
4. Cette promenade est mon meilleur souvenir de vacances.
5. Je ne me suis pas méfié de ces insectes.

7. *Lettres mêlées* Mettez les lettres dans l'ordre, puis utilisez les mots pour compléter les adjectifs.

txpileo • erdurséo • ésopner • evsriu • eiurc

1. une élève sûre de sa ....
2. un athlète fier de son ....
3. un chemin difficile à ....
4. une pizza prête à ....
5. un problème simple à ....

8. *Grille* Trouvez dans cette grille les sept CDN qui manquent pour compléter ces phrases (vous devrez ajouter la préposition et éventuellement le déterminant).

1. Retire cette touffe ....
2. Le match .... était excellent.
3. Sa manière .... est très différente de celle ....
4. Le chemin .... fut très fatigant.
5. Ferme la porte ....
6. Une rafale .... a emporté le toit de la maison.

H	I	E	R	S	J
E	F	G	E	O	A
R	J	V	T	E	R
B	I	N	O	U	D
E	E	K	U	R	I
V	I	V	R	E	N

Les expansions du GN (2)

9. *Quiz* Cochez les phrases vraies.

- [ ] Une proposition relative est parfois introduite par un pronom relatif.
- [ ] Une proposition relative est toujours introduite par un pronom relatif.
- [ ] Une proposition relative est complément de l'antécédent.
- [ ] Le pronom relatif a une fonction dans la proposition subordonnée relative.

10. *Méli-mélo* Les fonctions des pronoms relatifs soulignés ont été mélangées. Replacez-les au bon endroit.

sujet • COD • CDN • CCT • COI

1. Le jour où l'orage a éclaté, nous n'étions pas encore arrivés. ……………
2. Les spectateurs qui seront en retard n'entreront pas. ……………
3. Nous avons vécu une expérience que nous n'oublierons jamais. ……………
4. Regarde cette maison dont le toit a été emporté par la tempête. ……………
5. Le club de sport auquel j'ai adhéré est ouvert jusqu'à 22 heures. ……………

11. *Casse-tête* Barrez les mots qui ne peuvent pas être des pronoms relatifs. Utilisez les pronoms relatifs trouvés pour compléter les phrases et indiquez leur fonction.

unquedemaintoujoursdontbateaulourdquifenêtreverschezoù tenirboireauquelcoeurdanseaveclequelappositionfleuràqui maisonimmeuble

1. Je vais te raconter une histoire …………… tu te souviendras.
2. C'est toi …………… je verrai.
3. J'ai visité un musée …………… je n'étais jamais allé.
4. Je te prête un livre …………… je tiens beaucoup.
5. C'est mon frère …………… a gagné la course.
6. L'ami …………… je pars connaît bien la montagne.
7. Je te présente l'amie …………… nous avons loué la maison.

Les expansions du GN (3)

12. *Quiz* Cochez les phrases vraies.

- [ ] L'apposition est souvent entre virgules.
- [ ] L'apposition est toujours un GN.
- [ ] L'apposition est parfois une proposition.
- [ ] L'apposition est une expansion du nom ou du pronom.

13. *Bouche-trous* Complétez les phrases à l'aide des appositions proposées.

trois femmes et trois hommes • préparer un futur voyage vers Mars • enfermés sous un dôme pendant un an • un exobiologiste[1] de 26 ans

1. Qui étudie les possibilités d'existence de la vie dans l'Univers.

……………, six volontaires parmi lesquels Cyprien Verseux, ……………, ont retrouvé la liberté dimanche. Ces six personnes, ……………, participaient à une expérience de la Nasa. Pour atteindre leur but, ……………, ils devaient accepter des conditions de vie difficiles. Mais ils ont tous jugé l'expérience positive.

14. *Chasse aux intrus* Barrez les groupes soulignés qui ne sont pas des appositions.

1. Mon amie Julie ne souhaite qu'une chose : faire un voyage dans l'espace.
2. Hier matin, tous les voyageurs d'un train, le Paris-Marseille, ont été évacués en pleine campagne à cause d'un incendie.
3. Nous avons ramassé des coquillages, des crabes, des crevettes.
4. Je ne pense pas qu'ils arriveront avant nous.
5. Nous n'avions qu'une obsession : qu'ils nous rejoignent vite.
6. Redoutant les embouteillages, mes parents ont pris une bonne décision : voyager de nuit.

15. *Méli-mélo* Utilisez ces mots pour constituer deux appositions que vous utiliserez dans deux phrases de votre composition.

neige • olympique • par • champion • bloqués • la • ancien

1. ……………………………………………

……………………………………………

2. ……………………………………………

……………………………………………

Bilan 7
Je sais accorder les mots à l'intérieur du GN

J'observe

De **légers** flocons **de neige** commencèrent à voltiger autour des skieurs qui rentraient.

Quel nom les mots en gras précisent-ils ? ....
Quelle est la fonction de celui qui s'accorde en genre et en nombre avec ce nom ? ....
Avec quel nom s'accorde le verbe souligné ? ....

Je retiens

A COMMENT S'ACCORDENT LES ADJECTIFS ÉPITHÈTES ET LES ADJECTIFS OU GN APPOSÉS ?

- Ils s'accordent en **genre** et en **nombre** avec le nom noyau.
  Une pluie fine ; ses frères, si sportifs ; Gaël, un rappeur.
- S'il y a **plusieurs noms noyaux**, l'adjectif ou le GN est au **pluriel** (masculin pluriel si les noms sont de genre différent).
  Sarah et Karima, mes amies ; une veste et un pantalon bien assortis.

B COMMENT S'ACCORDENT LES COMPLÉMENTS DU NOM ET DE L'ADJECTIF ?

- Ils **s'accordent** selon le **sens**.
  Un troupeau de moutons (plusieurs moutons) *; folles de joie* (un sentiment)

C COMMENT S'ACCORDE LE VERBE DE LA PROPOSITION RELATIVE INTRODUITE PAR *QUI* ?

- Il s'accorde en **nombre** et en **personne** avec l'antécédent.
  Toi qui es grand. Les chemins qui mènent à Rome.

Je m'entraîne

Les adjectifs de couleur composés et ceux formés à partir d'un nom sont **invariables**.

1 Accordez correctement les adjectifs ou participes épithètes ou apposés entre parenthèses.

1. une rose (blanc) .... • un garçon et sa sœur, (impatient d'arriver) .... • Karima, (convaincu) .... par tes arguments • ma sœur, (discret) .... et (réservé) ....
2. des eaux (vert émeraude) .... • un temps et une situation (exceptionnel) .... • une personne (naïf) .... et (peureux) .... • une (étroit) .... route (forestier) ....
3. des murs (marron) .... • une lumière (clair, doux et bleu) .... • des accidents d'avion (exceptionnel) .... mais (catastrophique) .... • une écharpe (violet) .... et des gants (jaune foncé) ....

2 Accordez correctement les GN apposés.

1. une quinzaine d'enfants, élève... de notre collège • quelques chênes, arbre... centenaire... • le printemps et l'été, saison... ensoleillé... • ce pull et ce manteau, vêtement... chaud... et confortable...
2. une pomme et une poire, fruit... cueilli... dans mon jardin • une photo et une carte postale, seul... souvenir... de mon séjour • cette chambre et ce bureau, pièce... spacieu... et clair... • ce chat et ce canari, anima... préféré... de mon frère
3. ce collier et cette bague, bijou... ancien... • Leila et Anne-Sophie, dessinat... très doué... • la panne d'essence et le pneu crevé, péripétie... tumultueu... mais vite oublié... • cette couronne et ces bijoux, joyau... inestimable... des roi... de France

3 Accordez l'adjectif proposé avec chaque GN.

1. **faux** : de .... papiers • une réponse .... • des opérations ....
2. **inégal** : un sol .... • des forces .... • des résultats ....
3. **bancal** : une chaise .... • des tables .... • des meubles ....

4 Lisez le texte et répondez aux questions.

Le jeune Marius observe Cosette.

La personne qu'il voyait maintenant était une (grand et beau) .... créature ayant toutes les formes les plus (charmant) .... de la femme à ce moment précis où elles se combinent encore avec toutes les grâces (naïf) .... de l'enfant ; moment fugitif et pur que peuvent seuls traduire ces deux mots : quinze ans. C'étaient d'admirable .... cheveu........... châtain............ nuancé.......... de veine.......... doré............ [...], des joue.......... qui semblai............. fait............ d'une feuille de rose, un incarnat pâle, une blancheur ému.......... , une bouche exquis......... .

D'après Victor Hugo, *Les Misérables* (1862).

a) **Accordez correctement les adjectifs entre parenthèses.**

b) **Réécrivez le passage souligné en remplaçant *moment* par *période* et *mots* par *paroles*.** ....
....
....
....

c) **Complétez les mots inachevés après le passage souligné.**

5 Conjuguez au présent les verbes entre parenthèses.

1. Les collégiens qui (entrer) .... en 3e arrivent demain.
2. Prenez la place qui (être) .... la plus proche.
3. Les supporters qui (arriver) .... les premiers sont mieux placés.
4. Je fais partie de ceux qui (aimer) .... le cinéma.
5. Moi qui (être) .... là depuis deux jours, je m'ennuie.
6. Toi qui (suivre) .... le match, dis-moi le score.
7. Le camion de fruits qui nous (livrer) .... est arrivé.
8. C'est moi qui (avoir) .... souvent raison.
9. Julie et moi qui (faire) .... du sport, nous sommes en forme.

6 Accordez si nécessaire les compléments du nom et de l'adjectif.

1. un élevage de poulet..... • des enfants rouges d'excitation..... • un bouquet de rose..... rouge..... • des livres remplis d'image.....
2. Un joueur d'échec..... • un film riche en rebondissement..... • un cerisier en fleur..... • une ceinture garnie de clou..... doré..... • un bouquet de rose..... blanc.........
3. deux livres dignes d'intérêt..... • un vol de cigogne..... • un réseau de route..... secondaire..... • des tenues de sport..... • un paquet de pâte..... italien.........

7 Réécrivez ces GN en remplaçant le mot souligné par le mot entre parenthèses.

1. des panneaux (**cloisons**) isolants bien posés :
....
2. un terrain (**pelouses**) abîmé et boueux :
....
3. des projets (**entreprise**) ambitieux mais coûteux :
....

8 *Je prépare la dictée*

Tandis que les enfants couraient avec des cris **de joie**, que des groupes se formaient et s'éparpillaient à travers bois, Meaulnes s'avança dans une allée, où, dix pas devant lui, marchait la jeune fille. Il se trouva près d'elle sans avoir eu le temps de réfléchir :

– Vous êtes belle, dit-il simplement.

Mais elle hâta le pas et, sans répondre, prit une allée transversal..... [...] Il errait au hasard, persuadé...... qu'il ne reverrait plus cette gracieu........... créature, lorsqu'il l'aperçut soudain venant à sa rencontre et forcé........ de passer près de lui dans l'étroit sentier. Elle écartait de ses deux mains nu......... les plis de son grand manteau. Elle avait des souliers noir..... très découvert....... Ses chevilles étaient si fines qu'elles pliaient par instants et qu'on craignait de les voir se briser.

D'après Alain-Fournier, *Le Grand Meaulnes* (1913).

a) **Accordez si nécessaire les adjectifs et participes.**

b) **Quelle est la fonction du groupe en gras ? Pourquoi est-il au singulier ?** ....
....

c) **Justifiez l'orthographe des verbes soulignés.**
....
....
....
....

MÉTHODE 1 Comment bien utiliser les mots invariables ?

Les mots invariables sont très importants pour construire une phrase cohérente ; il faut savoir les utiliser.

Je sais utiliser les prépositions

- Elles introduisent un **groupe prépositionnel** (préposition + GN ou infinitif) et complètent un **nom**, un **pronom**, un **adjectif**, un **verbe**, une **phrase**.
- Les **principales prépositions** sont : *à, avec, chez, dans, en, par, pour, sans, sur, sous, vers, devant, derrière, pendant, avant, après, à côté de, au milieu de, en face de, loin de…*

*Une montre **en** or. Nous étions fous **de** joie. Elle vit **dans** une maison. **Avant de** partir, ferme les fenêtres.*

Je vérifie que j'ai bien compris

1 Entourez les prépositions et soulignez les groupes prépositionnels.

1. Je suis heureuse de vous rencontrer.
2. Je suis rentrée chez moi en courant.
3. Sans votre aide, nous ne serions parvenus à rien.
4. Leur maison de campagne est située au milieu d'une grande forêt.

2 Complétez à l'aide d'une préposition.

1. Es-tu prête .... partir .... le coiffeur ?
2. Je ne suis pas près .... oublier cette journée .... tes cousins.
3. .... sortir, n'oublie pas .... fermer les fenêtres.
4. .... la pluie, nous nous sommes bien amusés.
5. .... toi, j'ai réussi .... aucun effort.

Je sais utiliser les conjonctions

- Les **sept conjonctions de coordination relient** des mots (ou groupes de mots ou propositions) de même classe grammaticale et de même fonction. Elles expriment des **liens logiques** : *mais* (opposition), *ou* (alternative), *et* (addition), *donc* (conséquence), *or* (opposition), *ni* (addition négative), *car* (cause).

Je joue au foot et au tennis. Le soleil brille mais il fait frais.

- Les **conjonctions de subordination** *(que, quand, lorsque, parce que, pour que, si, bien que…)* introduisent une **proposition subordonnée conjonctive**.

Je pense qu'il sera là. Lorsqu'il est arrivé, il pleuvait. Je ne sors pas parce que j'ai trop de travail.

Je vérifie que j'ai bien compris

3 Complétez à l'aide d'une conjonction de coordination.

1. Rentre vite .... la nuit tombe.
2. Je ne peux pas t'attendre plus longtemps, tu feras .... le trajet tout seul.
3. Prends-tu du thé .... du café ?
4. Je peux passer chez toi .... je ne resterai pas longtemps.

4 Complétez les phrases avec ces conjonctions de subordination.

bien que • que • comme • afin que • dès que • si • pendant que

1. .... tu n'es pas pressée, assieds-toi .... je finis de me préparer.
2. .... tu t'entraînes régulièrement, tu amélioreras tes performances.
3. .... le vent se soit calmé, la baignade est encore interdite.
4. .... les enfants ne s'ennuient pas, nous avons sorti le baby-foot.
5. J'espère .... tu nous rejoindras .... tes cours seront finis.

Je sais utiliser les adverbes

- Ils **complètent** ou **modifient** le sens d'un **mot** ou d'une **proposition**.
- Certains permettent d'exprimer le **temps** *(hier, demain)*, la **manière** *(bien, vite)* ou le **lieu** *(ici, ailleurs)*.
- D'autres sont des adverbes d'**intensité** *(très, tellement)*, de **négation** *(ne… pas, ne… plus)*, de **liaison** *(puis, en effet)*, d'**opinion** *(sans doute, oui, non)*…

Je vérifie que j'ai bien compris

5 **Complétez les phrases avec ces adverbes.** pourquoi • d'abord • soigneusement • tellement • en effet • puis • totalement • ensuite • quelquefois • très • ne… jamais • tôt

1. ...., tu fais fondre 200 g de chocolat avec 125 g de beurre, ... tu ajoutes à ce mélange les œufs, la farine et le sucre, ... tu mélanges ....
2. ...., quand le temps est .... beau, je vais à la plage .... le matin.
3. Je .... bois .... de café, ... cette boisson m'empêche .... de dormir.
4. .... veux-tu .... rester dans cet appartement ?

Je sais utiliser les interjections et les onomatopées

- Elles s'utilisent surtout dans les **dialogues**.
- Les **interjections** (toujours suivies d'un point d'exclamation) expriment une **émotion** *(Aïe !, Pouah !, Ah !, Bravo !)* ou un **ordre** bref *(Stop !, Allons !, Attention !)*.
- Les **onomatopées** imitent des **sons** *(Dring, Bang)*.

Je vérifie que j'ai bien compris

6 **Complétez par une des interjections ou onomatopées suivantes.** Pouah ! • Aïe ! • Toc-toc • Attention ! • Ouf ! • Oh !

1. .... tu risques de tomber.
2. ...., c'est moi, ouvre-moi.
3. .... comme tu as grandi !
4. .... je ne mange pas d'insectes.
5. .... tu m'as fait mal.
6. .... je suis reçue.

7 *Bilan* **Lisez le texte et répondez aux questions.**

Denise, nouvellement arrivée à Paris, a trouvé un emploi dans un grand magasin.

D'abord, elle eut à surmonter les terribles fatigues du rayon. Les paquets de vêtements lui cassaient les bras, au point que, pendant les six premières semaines, elle criait la nuit en se retournant, courbaturée, les épaules meurtries. Mais elle souffrit plus encore de ses souliers, de gros souliers apportés de Valognes, et que le manque d'argent l'empêchait de remplacer par des bottines légères. [**Toujours** debout, piétinant du matin au soir, grondée si on la voyait s'appuyer une minute contre une boiserie, elle avait les pieds enflés, des petits pieds de fillette qui semblaient broyés dans des brodequins de torture […]. Sa chambre était son unique refuge, le seul endroit où elle s'abandonnait encore à des crises de larmes, lorsqu'elle avait trop souffert durant le jour.]

Émile Zola, *Au Bonheur des Dames* (1883).

a) Identifiez la classe grammaticale des mots en gras et précisez leur sens. ....
....

b) Relevez et identifiez les mots invariables contenus dans la deuxième phrase. ....
....
....
....

c) Relevez deux conjonctions de coordination dans la 3e phrase, puis remplacez la 1re par un adverbe de liaison de sens voisin. ....
....
....
....

d) Soulignez deux conjonctions de subordination dans la fin du texte entre crochets rouges.

À RETENIR

- Les **prépositions** introduisent un groupe prépositionnel (GN ou infinitif).
- Les **conjonctions de coordination** relient des mots ou des propositions.
- Les **conjonctions de subordination** introduisent une proposition subordonnée.
- Les **adverbes** complètent ou modifient le sens d'un mot ou d'une proposition.

8 Les temps de l'indicatif

Tableaux p. 140-142

RÉVISIONS

RÉPONSES P. 143

Je sais conjuguer au présent de l'indicatif

Principaux verbes	Principales terminaisons	Exemples
• Verbes du 1er **groupe** • Des verbes en *-ir* du 3e **groupe** : *ouvrir, cueillir…*	*-e, -es, -e, -ons, -ez, -ent*	➤ *je chante, tu ouvres*
• Verbes du 2e **groupe** • La plupart des verbes du 3e **groupe** (dont les verbes en ***-soudre***)	*-s, -s, -t, -ons, -ez, -ent*	➤ *je finis, nous finissons, je crains, nous partons, je résous*
• Verbes ***pouvoir, vouloir, valoir***	*-x, -x, -t, -ons, -ez, -ent*	➤ *je peux, nous voulons*
• Verbes en ***-endre, -andre, -ondre, -oudre***	*-ds, -ds, -d, -ons, -ez, -ent*	➤ *je prends, tu couds, nous fondons*

1 Conjuguez au présent à la personne indiquée.

a. je (jouer) ……………………
b. tu (nettoyer) ……………………
c. elle (appeler) ……………………
d. nous (grandir) ……………………
e. vous (dire) ……………………
f. elles (mourir) ……………………
g. tu (craindre) ……………………
h. tu (battre) ……………………
i. elle (dissoudre) ……………………
j. il (falloir) ……………………
k. vous (conclure) ……………………
l. elles (résoudre) ……………………
m. vous (faire) ……………………
n. j'(attendre) ……………………
o. tu (pouvoir) ……………………

Je sais conjuguer à l'imparfait et au passé simple de l'indicatif

Verbes	Terminaisons	Exemples
Imparfait • **Tous** les verbes	*-ais, -ais, -ait, -ions, -iez, -aient*	➤ *je chantais, nous voyions*
Passé simple • Verbes du 1er **groupe** et verbe ***aller***	*-ai, -as, -a, -âmes, -âtes, -èrent*	➤ *j'allai, nous pliâmes*
• Verbes du 2e **groupe** et certains verbes du 3e **groupe** : *dire, voir, faire…*	*-is, -is, -it, -îmes, -îtes, -irent*	➤ *je finis, tu dis, nous vîmes*
• ***être*** et ***avoir*** et quelques verbes du 3e **groupe** : *courir, savoir, falloir…*	*-us, -us, -ut, -ûmes, -ûtes, -urent*	➤ *je fus, tu dus, il vécut*
• Verbes ***tenir, venir*** **et leurs composés**	*-ins, -ins, -int, -înmes, -întes, -inrent*	➤ *je tins, tu vins, nous parvînmes*

2 Conjuguez à l'imparfait (I) ou au passé simple (PS) les verbes entre parenthèses.

Cosette, qui jouait à la poupée avec un sabre emmailloté, vient d'apercevoir la poupée des petites Thénardier, Ponine et Zelma.

Alors elle (laisser, PS) …………………… tomber le sabre emmailloté qui ne lui (suffire, I) …………………… qu'à demi, puis elle (promener, PS) …………………… lentement ses yeux autour de la salle. La Thénardier (parler, I) …………………… bas à son mari et (compter, I) …………………… de la monnaie. Ponine et Zelma (jouer, I) …………………… avec le chat, les voyageurs (manger, I) ……………………, ou (boire, I) ……………………, ou (chanter, I) ……………………, aucun regard n'(être, I) …………………… fixé sur elle. […] Elle (sortir, PS) …………………… de dessous la table en rampant sur ses genoux et sur ses mains, (s'assurer, PS) …………………… encore une fois qu'on ne la (guetter, I) …………………… pas, puis (se glisser, PS) …………………… vivement jusqu'à la poupée, et la (saisir, PS) ……………………

D'après Victor Hugo, *Les Misérables* (1862).

Je sais conjuguer au futur de l'indicatif

Verbes	Terminaisons	Exemples
Verbes du 1er groupe	*er* + -ai, -as, -a, -ons, -ez, -ont	➤ *je jouerai, nous nettoierons*
Verbes des 2e et 3e groupes	*r* + -ai, -as, -a, -ons, -ez, -ont	➤ *je vivrai, nous courrons*

3 Transposez ces verbes de l'imparfait au futur simple.

a. je pliais : ....
b. tu pouvais : ....
c. elle voyait : ....
d. vous rappeliez : ....
e. elles couraient : ....
f. je faisais : ....
g. il fallait : ....
h. elle associait : ....
i. nous riions : ....

4 Conjuguez les verbes entre parenthèses à l'imparfait (I), au passé simple (PS), au présent (P), au futur (F).

Chateaubriand se souvient de la femme qui l'a élevé.

Je m'(attacher, PS) .... à la femme qui (prendre, PS) .... soin de moi, excellente créature appelée La Villeneuve, dont j'(écrire, P) .... le nom avec un mouvement de reconnaissance et les larmes aux yeux. La Villeneuve (être, I) .... une espèce de surintendante de la maison, me portant dans ses bras, me donnant, à la dérobée, tout ce qu'elle (pouvoir, I) .... trouver, essuyant mes pleurs, m'embrassant, me jetant dans un coin, me reprenant et marmottant toujours :

« C'(être, P) .... celui-là qui ne (être, F) .... pas fier ! qui (avoir, P) .... bon cœur, qui ne (rebuter, P) .... point les pauvres gens ! Tiens, petit garçon » ; et elle me (bourrer, I) .... de vin et de sucre.

F.-R. de Chateaubriand, *Mémoires d'outre-tombe* (1848).

Je sais conjuguer aux temps composés de l'indicatif

Temps	Formation	Exemples
Passé composé	Auxiliaire *avoir* ou *être* au **présent** + participe passé	➤ *j'ai fini, nous sommes partis*
Plus-que-parfait	Auxiliaire *avoir* ou *être* à l'**imparfait** + participe passé	➤ *j'avais entendu, vous aviez fait, elles étaient parties*
Passé antérieur	Auxiliaire *avoir* ou *être* au **passé simple** + participe passé	➤ *tu eus réussi, elle fut venue*
Futur antérieur	Auxiliaire *avoir* ou *être* au **futur simple** + participe passé	➤ *il aura appris, elles seront allées*

5 Barrez les phrases où n'apparaît pas un temps composé.

a. J'ai acheté un nouveau magazine.
b. Elle était gentille avec tout le monde.
c. Nous étions partis les premiers.
d. Vous étiez favoris pour cette course.
e. Tu étais arrivée en tête.
f. Nous étions debout au fond de la salle.

6 Identifiez le temps du verbe, puis transposez-le au temps composé correspondant.

a. je sais : ....
b. tu réfléchissais : ....
c. elle revint : ....
d. nous ferons : ....
e. vous alliez : ....

7 ***J'applique pour écrire***

Cosette (exercice 2) veut à tout prix attraper une poupée. Évoquez à votre tour le jouet préféré de votre enfance. Vous expliquerez tout d'abord à quelle occasion il vous a été offert et pourquoi il est devenu votre jouet préféré.

Consigne
- 15 lignes
- 3 temps simples différents
- 2 temps composés

9 Les emplois des temps de l'indicatif

J'observe

Chaque jour il se levait à huit heures, mais ce jour-là il sortit de son lit à six heures pour admirer le lever du soleil.

Quel verbe désigne une action habituelle ? Quel est le temps utilisé ? ....

Quel verbe désigne une action unique, bien datée ? Quel est le temps utilisé ? ....

Je retiens

A QUELS SONT LES PRINCIPAUX EMPLOIS DU PRÉSENT ?

- **Actualité.** *Je **travaille**.*
- **Passé proche** ou **futur proche**. *Elle **arrive** juste. Je **reviens** dans deux minutes.*
- **Habitude.** *Je **me lève** chaque jour à sept heures.*
- **Vérité générale.** *L'eau **bout** à 100°C.*
- **Narration.** *Elle se promenait, son amie Julie **survient** tout à coup.*
- **Ordre, défense.** *Tu m'**attends**.*

B QUELS SONT LES PRINCIPAUX EMPLOIS DU FUTUR SIMPLE ?

- **Action certaine à venir.** *Nous **serons** là à huit heures.*
- **Promesse** ou **supposition**. *Nous **viendrons** te voir. Il **neigera** cette nuit.*
- **Ordre, défense.** *Vous **prendrez** le train de 16h.*

C QUELS SONT LES PRINCIPAUX EMPLOIS DE L'IMPARFAIT ET DU PASSÉ SIMPLE ?

- **Passé simple** : action de **premier plan**, unique, bien datée ou d'une **durée déterminée**.
  *Paul **arriva** le premier, il **resta** une semaine.*
- **Imparfait** : action de **second plan** d'une **durée indéterminée**, ou action **habituelle**, ou **description**.
  *Il **parlait** beaucoup. L'an passé, je **jouais** au tennis le mercredi. Le ciel **était** bleu.*

D QUELS SONT LES PRINCIPAUX EMPLOIS DES TEMPS COMPOSÉS ?

- Ils s'utilisent pour des **actions achevées**. *J'**ai changé** de collège.* (action achevée)
- Ils s'utilisent pour exprimer l'**antériorité** (action qui s'est produite avant une autre).
  *Je savais qu'elle **avait déménagé*** (action 1 : déménager ; action 2 : savoir).

Je m'entraîne

1 Indiquez l'emploi des présents et des futurs soulignés.

1. Chaque année, je pars .... en Italie. • Actuellement, je suis .... dans le train, mais je t'appellerai .... en arrivant. • Vous ferez .... tous les exercices de la page.

2. Les élections auront .... lieu en mai. • Je te rejoins .... vite. • Les feuilles tombent .... en automne. • Tu n'oublieras pas .... de prendre le pain.

3. J'achève .... la pose de la dernière étagère. • Cette année-là, Louis XIV entre .... en guerre. • Le ciel est noir, il pleuvra .... dans cinq minutes. • Tu ne repars pas .... maintenant.

Le **passé simple** s'utilise pour les **actions essentielles**.

2 **Conjuguez les verbes entre parenthèses à l'imparfait ou au passé simple.**

- ■ **1.** Elle (dormir) .... profondément lorsqu'on (sonner) .... à la porte.
- ■ **2.** L'an dernier, elle (nager) .... tous les matins. • À l'ère préhistorique, les hommes (porter) .... des peaux de bêtes.
- ■ **3.** À huit heures, on nous (avertir) .... que la neige (bloquer) .... la route. Cette situation (durer) .... six heures.

3 **Lisez le texte et répondez aux questions.**

Jean-Jacques Rousseau est en pension chez le pasteur Lambercier et sa sœur.

J'étudiais un jour, seul, ma leçon dans la chambre contiguë à la cuisine. La servante avait mis à sécher […] les peignes de Mlle Lambercier. Quand elle revint les prendre, il s'en trouva un dont tout un côté de dents était brisé. […] On m'**interroge** ; je **nie** d'avoir touché le peigne.

Jean-Jacques Rousseau, *Les Confessions* (posth., 1782)

- ■ **a) Identifiez et justifiez le temps des verbes soulignés.** ....
- ■ **b) Soulignez en rouge un verbe au plus-que-parfait et justifiez son emploi.** ....
- ■ **c) Quel est l'emploi des verbes en gras ?** ....

Pour marquer l'**antériorité**, le **temps composé** est formé d'un auxiliaire au même temps que le **temps simple** (*Je **sais** qu'elle **est partie***).

4 **Conjuguez le verbe entre parenthèses au temps composé voulu par le contexte.**

- ■ **1.** Les enfants sortent dès que la cloche (sonner) ....
- ■ **2.** Tu me répondras quand tu (écouter) .... tous mes arguments.
- ■ **3.** Quand tout le monde (installer) ...., le spectacle commença. • Claude achetait tous les produits que la publicité lui (vanter) ....

5 *J'applique pour lire*

Claude est un jeune homme naïf qui croit aveuglément tout ce qu'annoncent les journaux et les publicités.

Claude, ayant lu qu'une somnambule guérissait tous les maux, s'empressa d'aller la consulter sur les maladies qu'il n'avait pas. La somnambule lui offrit obligeamment de le rajeunir en lui indiquant le moyen de n'avoir plus que seize ans. Il s'agissait simplement de prendre un bain et de boire une certaine eau. **Il avala la drogue, se plongea dans le bain, et il s'y rajeunit si absolument, qu'au bout d'une demi-heure, on l'y trouva étouffé.**

Même après sa mort, Claude fut la victime des annonces. Par testament, il avait voulu être enseveli dans une bière[1] à embaumement instantané dont un droguiste venait de prendre le brevet. La bière, au cimetière, s'ouvrit en deux, et le misérable cadavre glissa dans la boue et dut être enterré pêle-mêle avec les planches rompues de la caisse.

Émile Zola, « Une victime de la réclame » (1866).

1. Cercueil.

a) Identifiez et justifiez le temps majoritairement utilisé dans ce récit. ....

b) Que met-il en valeur dans la phrase en gras ? Quel autre temps aurait pu être choisi ? Comment appelle-t-on cet emploi ? ....

c) Identifiez et justifiez les emplois des deux verbes soulignés. En quoi la forme négative du deuxième est-elle humoristique ? ....

6 *J'applique pour écrire*

Faites un récit où un personnage a été victime de sa naïveté.

Consigne

- 20 lignes
- 1 présent de narration
- Passé simple et imparfait
- 2 temps composés

Chacun son rythme

Cochez la couleur que vous avez le mieux réussie.

- ☐ Relevez de nouveaux défis ! → exercices 1, 2 p. 28
- ☐ Améliorez vos performances ! → exercices 3, 4 p. 28
- ☐ Confirmez votre réussite ! → exercices 5, 6 p. 28

10 L'accord du participe passé

J'observe

Ces films, je les ai **vus** plusieurs fois. Les livres qu'elle s'est **achetés** sont intéressants.

Les participes en gras sont-ils accordés avec le sujet du verbe ? ....

Quelle est la fonction des mots avec lesquels ils s'accordent ? ....

Sont-ils conjugués avec le même auxiliaire ? ....

Je retiens

A COMMENT S'ACCORDE LE PARTICIPE PASSÉ UTILISÉ AVEC L'AUXILIAIRE ÊTRE ?

- Il s'accorde en **genre** et en **nombre** avec le **sujet**.

  *Elles sont **parties**. Elle a été bien **accueillie**.*

B COMMENT S'ACCORDE LE PARTICIPE PASSÉ UTILISÉ AVEC L'AUXILIAIRE AVOIR ?

- Il ne s'accorde **jamais** avec le **sujet**.
- Il s'accorde en **genre** et en **nombre** avec le **COD placé avant le verbe**. *Quels films as-tu **vus** ?*

Exceptions :

– quand le COD est ***en***, il n'y a **pas d'accord** ; *J'aime les cerises, j'en ai **cueilli** hier.*

– quand les participes ***fait*** et ***laissé*** sont suivis d'un **infinitif**, le participe est **invariable**.

*Nous les avons **fait** entrer.*

C COMMENT S'ACCORDE LE PARTICIPE PASSÉ DES VERBES PRONOMINAUX ?

- Il s'accorde en **genre** et en **nombre** avec le **sujet** :

– verbes **essentiellement pronominaux**. *Les oiseaux se sont **envolés**.*

– verbes de **sens passif** (le sujet subit l'action). *La chaise s'est **cassée**.*

- Il s'accorde en **genre** et en **nombre** avec le **COD placé avant le verbe** :

– verbes de **sens réfléchi** (le sujet agit sur lui-même).

*Les livres qu'elle s'est **achetés**.* (COD avant le verbe → accord)

*Elle s'est **cassé** le bras.* (COD après le verbe → pas d'accord).

– verbes de **sens réciproque** (les sujets agissent les uns sur les autres).

*Elles se sont **vues**.* (pronom COD avant le verbe → accord).

Je m'entraîne

Repérez bien le **sens du verbe** et la **fonction** du 2e pronom qui peut être COD (accord) ou COI (pas d'accord).

1 Accordez si nécessaire les participes passés de ces verbes pronominaux.

1. Elle s'est évanoui.... en arrivant. • Elles se sont bien amusé.... • Nous nous sommes perdu....

2. Elle s'est lavé.... • Elle s'est lavé.... les mains. • Ces articles se sont très bien vendu....

3. Ils se sont regardé.... et se sont souri.... • Plusieurs incidents se sont succédé.... • Elles se sont serré.... la main.

2 Accordez si nécessaire les participes passés.

1. La recherche de scientifiques indiens a été récompensé.... • Ils ont trouvé.... le lait le plus riche.

2. Où l'ont-ils trouvé.... ? • Dans le ventre de cafards qui l'avaient fabriqué.... sous forme de cristaux.

3. Pourquoi les a-t-on laissé.... entreprendre ces recherches ? • La lutte contre la faim les avait motivé.... • Les autres nations se sont-elles intéressé.... à cette découverte ?

3 Lisez le texte et répondez aux questions.

L'histoire de Nantas était courte. Fils d'un maçon de Marseille, il avait commencé ses études au lycée de cette ville, poussé par l'ambitieuse tendresse de sa mère qui rêvait de faire de lui un monsieur. Les parents s'étaient saignés pour le mener jusqu'au baccalauréat. Puis, la mère étant morte, Nantas dut accepter un petit emploi chez un négociant, où il traîna pendant douze années une vie dont la monotonie l'exaspérait. Il se serait enfui vingt fois, si son devoir de fils ne l'avait cloué à Marseille, près de son père tombé d'un échafaudage et devenu impotent. Maintenant, il devait suffire à tous les besoins. Mais un soir, en rentrant, il **trouva** le maçon mort, sa pipe encore chaude à côté de lui. Trois jours plus tard, il **vendait** les quatre nippes[1] du ménage, et **partait** pour Paris, avec deux cents francs dans sa poche.

Émile Zola, « Nantas » (1878).

1. Vieux vêtements usés.

a) Mettez les verbes en gras au passé composé.

b) Complétez la réécriture des phrases soulignées :

Ses études, il les avait

Si son devoir de fille ne

c) Justifiez l'accord des deux verbes pronominaux en rouge.

4 Conjuguez les verbes entre parenthèses au passé composé.

1. Elles (aller) … en Italie. • Elles (aimer) … ce pays.
2. Tu m'(prêter) … des livres que j'(apprécier) … .
3. La voiture que j'(voir) … passer (appartenir) … à mon père. • Ces robes, où les (faire)-vous … faire ?

5 Je prépare la dictée

Nantas n'a trouvé aucun travail à Paris et il est désespéré.

Cependant, sa fatigue était telle, qu'il s'endormit sur sa chaise. Brusquement, il fut **réveillé** par un bruit de voix. C'était sa concierge qui introduisait chez lui une dame. […]

Nantas, qui s'était éveillé en sursaut, regardait la dame avec surprise. Elle avait levé sa voilette. C'était une personne de quarante-cinq ans, petite, très grasse, d'une figure poupine et blanche de vieille dévote. Il ne l'avait jamais vue. Lorsqu'il lui offrit l'unique chaise, en l'interrogeant du regard, elle se nomma :

« Mlle Chuin… […] Monsieur, je viens en amie… On m'a donné sur votre compte les renseignements les plus touchants. […] Je me suis permis de suivre vos tentatives et j'ai été vivement **frappée** par votre louable fermeté dans le malheur. Enfin, il me semble que vous iriez loin, si quelqu'un vous tendait la main. »

Émile Zola, « Nantas » (1878).

a) Justifiez l'orthographe des participes en gras.

b) Expliquez la différence d'accord entre les deux participes en rouge.

c) Soulignez deux participes passés de verbes pronominaux et justifiez leur accord après avoir précisé leur sens.

6 J'applique pour écrire

Imaginez la suite immédiate du texte de l'exercice 5 : la réaction de Nantas et le dialogue qu'il entame avec Mlle Chuin.

Consigne
- 20 lignes
- Passé composé (récit)
- 2 verbes pronominaux

Chacun son rythme

Cochez la couleur que vous avez le mieux réussie.

- Relevez de nouveaux défis ! → exercices 7, 8 p. 29
- Améliorez vos performances ! → exercices 9, 10 p. 29
- Confirmez votre réussite ! → exercices 11, 12 p. 29

Chacun son rythme

Les emplois des temps de l'indicatif

1. *Quiz* Cochez les phrases vraies.

☐ **1.** Le présent ne se rencontre jamais dans un texte au passé.

☐ **2.** Le futur peut exprimer une promesse.

☐ **3.** L'imparfait ne s'utilise que pour des actions habituelles.

☐ **4.** Le passé simple s'utilise pour des actions d'une durée déterminée.

2. *Range-phrases* Classez ces phrases au présent dans le tableau (par leur numéro).

1. Je reçois le journal chaque matin.
2. Les ovipares pondent des œufs.
3. Je suis là dans cinq minutes.
4. En ce moment, je suis en vacances.
5. Ils déménagent à la rentrée.
6. *Candide* est un conte philosophique.

Vérité générale	Habitude	Actualité	Futur proche

3. *Méli-mélo* Complétez les phrases avec ces verbes mélangés à conjuguer au passé simple ou à l'imparfait.

envoyer • participer • apprendre • distraire • naviguer • faire • rencontrer • dormir

Seize adolescents, guéris ou en voie de guérison d'une grave maladie, ... , grâce à une association, à une expédition en mer. Ils .... pendant quelques jours entre Rouen et Saint-Malo. Chaque soir, ils .... à bord du voilier et .... parfois des escales pour visiter la région. Un jour, ils .... à reconnaître les oiseaux de mer, et une autre fois ils .... même des dauphins. Très souvent, ils .... des messages à leurs amis encore hospitalisés. Cela les .... un peu.

4. *Jeu du pendu* Retrouvez les verbes conjugués à un temps simple (un tiret par lettre), puis identifiez et justifiez l'emploi du temps.

1. Cette plante g _ _ _ _ t les maux de gorge.

....

2. L'an prochain, j' a _ _ _ _ _ _ _ _ i le piano.

....

3. Ce jour-là, elle m'e _ _ _ _ _ _ a qu'elle s'e _ _ _ _ _ _ _ _ t chaque soir. ....

....

4. Pendant un mois, le thermomètre d _ _ _ _ _ _ _ t en dessous de 0°C.

....

5. La mer s'é _ _ _ _ _ _ t à perte de vue, le soleil b _ _ _ _ _ _ t. ....

5. *Pyramide* Complétez cette pyramide à l'aide des définitions. Puis utilisez les verbes au temps simple ou composé voulu pour compléter les phrases.

1. Exprimer par la parole.
2. Se déplacer avec des ailes.
3. Donner à nouveau.
4. Retourner dans le même lieu.
5. Exposer par un récit.
6. Témoigner de la reconnaissance.
7. Poser des questions.
8. Déclencher un accident.

1. □□□□
2. □□□□□
3. □□□□□□
4. □□□□□□□
5. □□□□□□□□
6. □□□□□□□□□
7. □□□□□□□□□□
8. □□□□□□□□□□□

a. Je te répète tout ce qu'elle m' ....
b. Elle .... à mon secours dès qu'elle eut appris la nouvelle.
c. Je te .... le livre que tu m'as prêté.
d. Nous irons à la plage quand elle ....
e. Nous dînerons une fois que tu nous .... ton aventure.
f. Elle me .... de l'aide que je lui ai apportée.
g. Je lui réponds puisqu'il m' ....
h. Elle a réparé les dégâts qu'elle ....

6. *Labo des mots* Complétez le tableau.

Phrases	Temps	Emplois
Je ne recommencerai plus.	....	....
....	passé simple	....
....	....	action à venir
La mer grimpait sur les rochers.	....	....
....	....	habitude dans le passé

L'accord du participe passé

7. *Quiz* Cochez les phrases vraies.

Le participe passé :

☐ 1. utilisé avec l'auxiliaire *avoir* s'accorde avec le COD.

☐ 2. utilisé avec l'auxiliaire *être* s'accorde avec le sujet.

☐ 3. des verbes essentiellement pronominaux s'accorde avec le sujet.

☐ 4. des verbes pronominaux de sens réfléchi ne s'accorde pas.

8. *Range-participes* Classez les participes soulignés dans le tableau.

1. Elles sont parties.
2. Elles ont bien réussi.
3. Où l'as-tu rencontré ?
4. Nous n'avons pas été prévenus.
5. Il s'est souvenu d'eux.
6. Nous avons entendu beaucoup de bruit.
7. Nous ne nous sommes pas vus chez elle.
8. Ils ne nous ont pas obéi.

Accord avec le sujet	Accord avec le COD	Pas d'accord
....	....	....
....	....	....

9. *Lettres mêlées* Trouvez sept participes passés et utilisez-les, en les accordant, pour compléter les phrases.

F	I	N	I	R	E
A	J	O	L	E	M
I	R	U	M	U	P
T	V	R	M	N	A
F	X	R	I	I	R
R	A	F	S	E	E

1. Les progrès que vous avez .... sont extraordinaires.
2. Les voleurs se sont .... de tous les bijoux.
3. Nous nous sommes .... pour discuter.
4. Ces clés, où les avez-vous .... ?
5. Tous les enfants ont beaucoup ....
6. Elles ont .... leurs devoirs.
7. Ces prunes ont .... dans mon jardin.

10. *Méli-mélo* Complétez les phrases à l'aide de ces participes mélangés que vous accorderez.

étonné • persuadé • résisté • ouvert • cueilli

1. La porte n'est pas encore ....
2. Elles ont été très .... de ta réaction.
3. Les retardataires, nous les avons .... de nous rejoindre vite.
4. La toiture n'a pas .... à la tempête.
5. Ces fleurs, je les ai .... ce matin.

11. *Remue-méninges* Barrez les mots qui ne peuvent pas être des participes passés. Puis utilisez les cinq participes trouvés dans des phrases de votre composition où ils seront correctement accordés (variez les auxiliaires).

peintoùlesmaisonspliéparcequesouventmanifesterretrouvé
téléphoneautobiographieguérigrenouilleétonnantréunir
couvertchâteautrousse

Phrase 1 ....

Phrase 2 ....

Phrase 3 ....

Phrase 4 ....

Phrase 5 ....

12. *Charade* Résolvez la charade. Vous trouverez un participe passé que vous devrez employer dans trois phrases :
1) avec l'auxiliaire *être*,
2) avec l'auxiliaire *avoir*,
3) avec un verbe pronominal.

Mon premier est le contraire de *contre* : ....

Mon deuxième est un animal domestique : ....

Mon troisième est la troisième lettre de l'alphabet : ....

Mon tout est le participe passé d'un synonyme de *poursuivi* :

....

Phrase 1

....

Phrase 2

....

Phrase 3

....

11 Conjugaison et emplois du subjonctif

J'observe

Que personne ne te voie. Je craignais qu'elle ne te vît.

Quel verbe retrouve-t-on dans les deux phrases ? ....

Dans quelle phrase exprime-t-il un ordre ? ....

Quelle forme ressemble au passé simple ? ....

Je retiens

A COMMENT CONJUGUE-T-ON UN VERBE AU SUBJONCTIF ?

• Au **présent du subjonctif**, les **terminaisons** sont les **mêmes** pour tous les groupes : ***-e, -es, -e, -ions, -iez, -ent***. Le radical est celui de la 3e personne du pluriel du **présent de l'indicatif**.

que je finisse, que tu prennes

Exceptions : ***avoir*** et ***être***, certains verbes (*pouvoir, faire*…) aux **radicaux particuliers**.

que je sois, qu'il ait, qu'elle puisse

• Le **passé du subjonctif** se forme avec l'auxiliaire au **présent du subjonctif** et le **participe passé**.

*que nous **ayons** pu, qu'elle **soit** venue*

• L'**imparfait du subjonctif** se forme sur la même base que la 3e personne du singulier du **passé simple**. Les terminaisons sont : ***-sse, -sses, -^t, -ssions, -ssiez, -ssent***.

*que je **prisse**, que tu **chantasses**, qu'il **vînt**, que nous **fussions**, que vous **allassiez**, qu'ils **entendissent**.*

• Le **plus-que-parfait du subjonctif** se forme avec l'auxiliaire à l'**imparfait du subjonctif** et le **participe passé**.

*qu'elle **eût** entendu, qu'ils **fussent** allés*

B QUELS SONT LES EMPLOIS DU SUBJONCTIF ?

• Il s'utilise pour des **faits** qui ne sont **pas réels**, contrairement à l'**indicatif**.

• Il s'utilise pour exprimer : **ordre, conseil, défense, prière, doute, souhait, étonnement**.

Qu'il vienne. Pourvu qu'il réussisse. Qu'il soit capable de cela !

• Il s'utilise dans une subordonnée conjonctive introduite par *que* après des verbes de **sentiment**, **volonté** ou **crainte** et après **certaines conjonctions** (*avant que, pour que, bien que*…).

*Je veux qu'il **vienne**. Je t'offre un resto avant que tu **partes**.*

Je m'entraîne

Pour retrouver facilement le **radical**, on peut utiliser *Il faut que* avant le verbe.

1 Conjuguez au temps du subjonctif et à la personne demandés.

1. **présent** / j'(appeler) : ....
   • **présent** / nous (partir) : ....
2. **présent** / tu (venir) : ....
   • **passé** / il (attendre) : ....
3. **présent** / vous (savoir) : ....
   • **passé** / elles (sortir) : ....

2 Conjuguez ces verbes à la 3e personne du singulier du passé simple, puis transposez-les au subjonctif imparfait.

1. jouer : ....
   • bondir : ....
2. prendre : ....
   • écrire : ....
3. savoir : ....
   • retenir : ....

3 **Lisez ce texte, puis répondez aux questions.**

Maître Jacques parle d'un cochon de lait à cuire.
MAÎTRE JACQUES. – Qu'on me l'égorge tout à l'heure ; qu'on me lui fasse griller les pieds, qu'on me le mette dans l'eau bouillante et qu'on me le pende au plancher.

Molière, *L'Avare* (1668), acte V, scène 2.

a) À quel mode et à quel temps sont les quatre verbes de cette réplique ? Quel est leur emploi ?

b) Transposez-les à la 1re personne du pluriel, au même mode et au même temps.

c) Transposez-les à la 3e personne du singulier de l'imparfait du subjonctif.

4 **Conjuguez les verbes entre parenthèses au subjonctif présent et justifiez leur emploi.**

1. Pourvu qu'il (venir) :
2. Qu'il ne (recommencer) jamais :
3. Je souhaite qu'elle nous (rejoindre) vite :

5 **Réécrivez ces phrases de niveau soutenu, en mettant le verbe principal à l'imparfait.**

1. Je crains qu'il ne soit trop tard.
2. Je ne suis pas sûre qu'elle ait le niveau demandé.
3. Je m'étonne qu'elle ne t'ait pas répondu.

Dans la langue soutenue, il faut utiliser l'imparfait ou le plus-que-parfait du subjonctif dans un texte au passé.

6 Je prépare la dictée

Harpagon doit signer le contrat de mariage de sa fille avec un homme riche. Il veut de son côté épouser la jeune Marianne, il a demandé à Frosine de parler de son projet à la mère de la jeune fille.
FROSINE. – Elle a reçu la proposition avec joie ; et quand je lui ai témoigné que vous souhaitiez fort que sa fille **assistât** ce soir au contrat de mariage qui doit se faire de la vôtre, elle y a consenti sans peine, et me l'a confiée pour cela. […]
HARPAGON. – Mais, Frosine, as-tu entretenu la mère touchant le bien qu'elle peut donner à sa fille ? Lui as-tu dit qu'il fallait qu'elle **s'aidât**[1] un peu, qu'elle **fît** *quelque* effort, qu'elle se **saignât** pour une occasion comme celle-ci ? Car encore n'épouse-t-on point une fille, sans qu'elle apporte quelque chose.

Molière, *L'Avare* (1668), acte II, scène 5.

1. Faire des efforts.

a) Justifiez l'accord des participes soulignés.

b) Que signifie le déterminant en italique au singulier ? Quel indice à l'oral vous indique qu'il ne faut pas le mettre au pluriel ?

c) À quel temps et à quel mode sont conjugués les verbes en gras ? Avec quel temps pourriez-vous les confondre ? Par quelle forme pourriez-vous les remplacer ? Donnez un exemple.

J'applique pour écrire

7 **Rédigez deux courts paragraphes sur un thème de votre choix ; le premier commencera par « Il faut » et le second par « il fallait ». Vous utiliserez le présent du subjonctif dans le premier et l'imparfait du subjonctif dans le second.**

Consigne
- 5 lignes par paragraphe
- Au moins 5 subjonctifs

Chacun son rythme

Cochez la couleur que vous avez le mieux réussie.

- Relevez de nouveaux défis ! → exercices 1, 2 p. 36
- Améliorez vos performances ! → exercices 3, 4 p. 36
- Confirmez votre réussite ! → exercices 5, 6 p. 36

12 Conjugaison et emplois du conditionnel

J'observe

Je croyais que tu viendrais plus tard. Si tu pouvais venir plus tard, tu déjeunerais avec nous.

Les verbes de ces phrases ont-ils tous les mêmes terminaisons ? ....

Soulignez ceux dont le radical est le même qu'au futur.

Le dernier verbe exprime-t-il une action certaine ? ....

Je retiens

A COMMENT CONJUGUE-T-ON UN VERBE AU CONDITIONNEL ?

- **Conditionnel présent :** même base que le futur (radical + *er* ou *r*) + terminaisons de l'imparfait.
  *je jou**erais**, nous prend**rions***
- **Conditionnel passé** : auxiliaire (*avoir* ou *être*) au conditionnel présent + participe passé.
  il aurait chanté, tu serais allé

B QUELS SONT LES EMPLOIS DU CONDITIONNEL ?

- Le **futur dans le passé** (pour exprimer le futur dans un texte au passé). *Je savais qu'il **réussirait**.*
- L'**information incertaine**. *Un ouragan **dévasterait** actuellement les Antilles.*
- Une **demande**, un **conseil**, un **reproche**... **atténués**. ***Pourrais**-tu m'attendre un peu ?*
- Une **situation imaginaire** souvent envisagée par jeu. *Je **serais** la magicienne et toi le dragon.*
- Une **hypothèse** ou une **action soumise à une condition**.
  *Tu **aurais été*** (hypothèse) *là, tu **aurais été** étonnée* (action soumise à une condition).
  *Si tu écoutais, tu **comprendrais**.* (action soumise à une condition)

Je m'entraîne

1 Conjuguez les verbes au temps du conditionnel et à la personne indiquée.

1. **présent** / j'(attacher) ....
   présent / elle (finir) ....
2. **présent** / nous (faire) ....
   passé / il (lire) ....
3. **passé** / tu (mettre) ....
   passé / elle (partir) ....

2 Indiquez l'emploi du conditionnel souligné : hypothèse, action soumise à une condition ou situation imaginaire.

1. Si tu écrivais un livre, que raconterais-tu ?
   ....
2. Prends un trousseau de clés au cas où je serais en retard. ....
   On n'irait plus à l'école, on jouerait toute la journée.
   ....
3. À ta place, je lui dirais la vérité. ....
   ....
   Tu n'aurais pas été là, les rangements n'auraient pas été terminés à temps. ....
   ....

3 Indiquez l'emploi du conditionnel souligné : futur dans le passé, information incertaine, atténuation.

1. Une tempête sévirait actuellement sur les côtes bretonnes. ....
   Voudriez-vous entrer ? ....
2. Aimerais-tu nous accompagner ?
   ....
   Les résultats du match auraient déjà été affichés.
   ....
3. Je pensais que tu n'y serais pas arrivé.
   ....
   Tu devrais faire un peu de sport. ....

4 Lisez le texte et répondez aux questions.

La narratrice a une amie, Zaza, à laquelle elle est très attachée. Ce jour-là, Zaza est absente en cours.

« Si elle ne devait jamais plus s'y asseoir, si elle mourait, que **deviendrais**-je ? » […] J'imaginai que Mlle Gontran allait entrer, balayant le sol de sa longue jupe, et elle nous dirait : « Priez mes enfants : votre petite compagne, Élizabeth Mabille, a été rappelée par Dieu la nuit dernière. » Eh bien, me dis-je, je mourrais sur l'heure ! Je glisserais de mon tabouret, et je tomberais sur le sol, expirante. Cette solution me rassura. Je ne croyais pas pour de bon qu'une grâce divine m'ôterait la vie.

Simone de Beauvoir, *Mémoires d'une jeune fille rangée* (1958) © Gallimard, www.gallimard.fr

Observez bien le **contexte** avant d'identifier l'**emploi** du **conditionnel**.

a) Quel est l'emploi du conditionnel en gras ?

b) Réécrivez la phrase soulignée en remplaçant *Je ne croyais pas* par *Je ne crois pas* et déduisez-en l'emploi du conditionnel.

c) Soulignez les autres verbes au conditionnel et indiquez leur emploi.

5 Réécrivez ces phrases au conditionnel pour exprimer des informations incertaines.

1. Son avion décolle à midi.

Il arrivera à quinze heures.

2. Un incendie ravage le centre-ville.

Les pompiers sont déjà sur place.

3. Un vaccin révolutionnaire contre la grippe a été mis au point.

La maladie disparaîtra définitivement.

6 *Je prépare la dictée*

La tante du narrateur ne quitte pas sa chambre, observe de sa fenêtre tout ce qui se passe dans la rue et en discute avec Françoise, sa domestique.

« Françoise, vous seriez venue cinq minutes plus tôt, vous auriez vu passer Mme Imbert qui tenait des asperges deux fois grosses comme celles de la mère Callot ; tâchez donc de savoir par sa bonne où elle les a **eues**. Vous qui, cette année, nous mettez des asperges à toutes les sauces, vous auriez pu en prendre de pareilles pour nos voyageurs.

– Il n'y aurait rien d'étonnant qu'elles viennent de chez M. le curé, disait Françoise.

– Ah ! je vous crois bien, ma pauvre Françoise, répondait ma tante en haussant les épaules, chez M. le curé ! Vous savez bien qu'il ne fait pousser que de méchantes petites asperges de rien. »

Marcel Proust, *Du côté de chez Swann* (1913).

a) À quel mode et quel temps sont les verbes soulignés ? Quel est leur emploi ?

b) Justifiez la différence d'accord de leurs participes passés.

c) Justifiez l'orthographe du participe passé en gras.

7 *J'applique pour écrire*

Faites le portrait de votre meilleur(e) ami(e) et expliquez ce qu'il ou elle vous apporte.

Consigne
- 15 lignes
- 2 verbes au conditionnel (emplois différents)

Chacun son rythme

Cochez la couleur que vous avez le mieux réussie.

- Relevez de nouveaux défis ! → exercices 7, 8 p. 36
- Améliorez vos performances ! → exercices 9, 10 p. 37
- Confirmez votre réussite ! → exercice 11 p. 37

13 La forme impersonnelle et la forme passive

J'observe

Il fait trop chaud ! *Les enfants* sont accablés par la chaleur.

Le pronom en gras remplace-t-il un mot ? ....
Le sujet en italique fait-il l'action exprimée par le verbe ? ....
Qu'est-ce qui accable les enfants ? ....

Je retiens

A QUELLES SONT LES CARACTÉRISTIQUES DE LA FORME IMPERSONNELLE ?

- Le verbe est toujours **précédé du pronom *il*** ne remplaçant aucun mot. On distingue :

– les verbes **toujours impersonnels** ; *il pleut, il faut, il y a…*
– les verbes **occasionnellement impersonnels**. ***Il reste** deux parts de gâteau.* (forme impersonnelle)
*Deux parts de gâteau **restent** sur la table.* (forme personnelle)

B QUELLES SONT LES CARACTÉRISTIQUES DE LA FORME PASSIVE ?

- Le sujet du verbe **ne fait pas l'action**, il la subit.
- Celui qui agit est parfois exprimé par le **complément d'agent** introduit par ***de*** ou ***par***.

Le toit de la maison ***a été arraché*** *par la tempête.*
subit l'action — fait l'action

- Il n'y a **pas de temps simple** : toutes les formes sont composées avec l'**auxiliaire *être***.

C COMMENT PASSER DU PASSIF À L'ACTIF OU INVERSEMENT ?

- Du passif à l'actif : le **sujet** devient **COD**, le **complément d'agent** devient **sujet** ou est **remplacé par *on*** s'il n'est pas exprimé.

Les maisons (sujet) ***ont été détruites*** (verbe) *par l'ouragan* (c. d'agent). → *L'ouragan* (sujet) ***a détruit*** (verbe) *les maisons* (COD).

Des voitures autonomes (sujet) ***ont été testées*** (verbe). → *On* ***a testé*** (verbe) *des voitures autonomes* (COD).

- De l'actif au passif : le **COD** devient **sujet**, le **sujet** devient **complément d'agent**.

Ses fans (sujet) ***applaudirent*** (verbe) *le chanteur* (COD). → *Le chanteur* (sujet) ***fut applaudi*** (verbe) *par ses fans* (c. d'agent).

Je m'entraîne

Toutes les formes verbales avec *être* ne sont pas au **passif**.
Tous les compléments introduits par *de* ou *par* ne sont pas des **compléments d'agent**.

1 Soulignez les verbes à la forme passive et encadrez les compléments d'agent.

1. Pauline a été réveillée par un cri. • Les alpinistes ont été surpris par une avalanche.
2. Les enfants sont passés par hasard devant chez toi. • Les troupeaux sont souvent agressés par des hordes d'insectes.
3. Ce vaccin a été découvert de façon étonnante. • Elle sera partie avant ton retour. • Je suis étonnée de ton absence.

2 Barrez les phrases qui ne sont pas à la forme impersonnelle.

1. Il pleut tous les jours. • Il vient tous les jours • Il faut réagir rapidement. • Il a réagi rapidement.
2. Il m'est arrivé une chose incroyable. • Il est arrivé avec un retard incroyable. • Il nous manque. • Il manque encore quelques amis.
3. Il reste deux bonbons. • Il reste toute la journée sur la plage. • Il est évident qu'il a tort. • Il est évident, ce problème que tu m'as soumis.

Un verbe qui n'a pas de COD ou qui se conjugue avec l'auxiliaire *être* à la forme active ne peut être transposé à la **forme passive**.

3 Identifiez la forme des phrases (actives ou passives), puis transposez-les à la forme inverse lorsque c'est possible. Quand la transformation est impossible, dites pourquoi.

1. Victor Hugo a découvert l'histoire de Claude Gueux dans la presse.

Les lecteurs de l'époque appréciaient beaucoup les faits divers.

2. Claude Gueux fut transformé en héros par l'écrivain.

Le véritable Claude Gueux n'était pas aussi exemplaire que le personnage de la nouvelle.

3. Claude Gueux avait été séparé de son compagnon de cellule.

Le directeur des ateliers, jaloux, s'était ainsi vengé de lui.

4 Identifiez les phrases (personnelles ou impersonnelles), puis transposez-les à la forme inverse.

1. Il souffle un vent très violent depuis ce matin.

2. Retrouver un objet dans le sable est impossible.

3. Qu'il n'ait rien entendu me semble étonnant.

Il me ferait plaisir que vous veniez nous voir.

5 *J'applique pour lire*

Une fois arrivé à Clairvaux, Claude Gueux fut numéroté dans un atelier et rivé à une besogne. Le directeur de l'atelier fit connaissance avec lui, le reconnut bon ouvrier, et le traita bien. […]

Au bout de quelques mois, […] Claude avait acquis un ascendant singulier sur tous ses compagnons. Comme par une sorte de convention tacite, et sans que personne sût pourquoi, pas même lui, tous ces hommes le consultaient, l'écoutaient, l'admiraient et l'imitaient, ce qui est le dernier degré ascendant de l'admiration. Ce n'était pas une médiocre gloire d'être obéi par toutes ces natures désobéissantes. Cet empire[1] lui était venu sans qu'il y songeât. […]

Il y a des hommes qui sont fer et des hommes qui sont aimant. Claude était aimant.

Victor Hugo, *Claude Gueux* (1834).

1. Pouvoir.

a) Réécrivez la proposition soulignée à la forme active. Quelle situation la forme passive met-elle en valeur ?

b) Soulignez un infinitif passif et son complément d'agent. Quels mots de la même famille trouve-t-on dans ce groupe ? Quelle situation étonnante ces deux mots soulignent-ils ?

c) Encadrez un verbe impersonnel. Quel mot introduit-il ? Et quelle idée met-il en valeur ?

6 *J'applique pour écrire*

Faites le portrait d'un personnage remarquable, homme ou femme : défenseur de la paix, résistant, athlète, artiste que vous appréciez…

Consigne
- 15 lignes
- 1 verbe impersonnel
- 1 verbe au passif

Cochez la couleur que vous avez le mieux réussie.

- Relevez de nouveaux défis ! → exercices 12, 13 p. 37
- Améliorez vos performances ! → exercice 14 p. 37
- Confirmez votre réussite ! → exercice 15 p. 37

Chacun son rythme

Conjugaison et emplois du subjonctif

1. *Quiz* Cochez les phrases vraies.

☐ Les terminaisons du présent du subjonctif sont les mêmes pour tous les groupes.

☐ L'imparfait du subjonctif se forme sur la base de l'imparfait de l'indicatif.

☐ Le subjonctif s'utilise pour des faits qui ne sont pas réels.

☐ Pour former le passé du subjonctif, on conjugue l'auxiliaire au présent du subjonctif et on ajoute le participe passé.

2. *Chasse à l'intrus* Barrez les verbes qui ne peuvent pas être au subjonctif.

prends • vienne• fut • fût • rie • rit • coure • allons • saviez • chantât • croyions • croyez • eusse • vînt

3. *Range-phrases* Soulignez les verbes au subjonctif puis classez-les dans le tableau.

1. Pourvu que tout aille bien.
2. Qu'elle ne se fatigue pas trop.
3. Incroyable que Loïc soit arrivé le premier !
4. Qu'il ne trouve pas encore une bonne excuse !
5. Vivement qu'elles arrivent.
6. Qu'il se dépêche de me rendre mon livre.

Ordre / défense	Conseil	Souhait	Étonnement

4. *Lettres mêlées* Mettez les lettres en ordre pour trouver cinq verbes à l'infinitif que vous conjuguerez au présent ou à l'imparfait du subjonctif pour compléter les phrases.

rsealsi • erdantet • ienretr • rurvoi • ertê

1. Je craignais qu'il ne …………………… pas sage.
2. Il ne faut pas qu'elle …………………… trop.
3. Je ne veux pas que tu …………………… cette fenêtre.
4. J'aurais voulu qu'elle nous …………………… un message.
5. J'aimerais que tu …………………… cette leçon.

5. *Casse-tête* Barrez les verbes au subjonctif. Les mots restants désignent quatre emplois de ce mode. Illustrez-les dans des phrases.

prennesvenionssouhaitchantâtvinssesétonnementfinisse rîtaimassionsordrefassionsprissesreconnûtdéfensefassions fîtcourût

1er emploi : ……………………

Phrase : ……………………

2e emploi : ……………………

Phrase : ……………………

3e emploi : ……………………

Phrase : ……………………

4e emploi : ……………………

Phrase : ……………………

6. *Pyramide* Remplissez la pyramide avec le subjonctif présent (à la personne indiquée) des verbes donnés à l'infinitif. Puis complétez les phrases avec les formes trouvées.

1. Avoir (1re du sing.) ☐☐☐
2. Lire (3e du sing.) ☐☐☐☐
3. Croire (3e du sing.) ☐☐☐☐☐
4. Penser (2e du sing.) ☐☐☐☐☐☐
5. Savoir (3e du plur.) ☐☐☐☐☐☐☐
6. S'attarder (2e du sing.) ☐☐☐☐☐☐☐☐

2. Vivement que j' …………………… mon permis de conduire.
2. Qu'elle …………………… ce livre : il va lui plaire.
3. J'ai dit la vérité, pourvu qu'il me …………………… .
4. Elle craint que tu ne …………………… plus à elle.
5. Qu'ils …………………… que nous ne sommes pas pressés.
6. Il ne faut pas que tu t' …………………… dans ce lieu désert.

Conjugaison et emplois du conditionnel

7. *Quiz* Cochez les phrases vraies.

Le conditionnel :

☐ présente les mêmes terminaisons que l'imparfait.

☐ permet d'atténuer une demande ou un reproche.

☐ permet d'exprimer une hypothèse.

☐ s'utilise pour des faits réels.

8. *Chasse aux intrus* Barrez les verbes qui ne sont pas au conditionnel.

1. je réfléchirais.
2. tu espérais.
3. elle pourrait.
4. nous croirions.
5. vous courriez.
6. ils bâtiraient.
7. nous saurons.
8. j'irai.
9. vous verriez.
10. j'essayerai.
11. tu aurais.
12. elle demanderait.

9. *Range-mots* **Rangez les verbes soulignés sur la bonne ligne.**

1. Je t'ai dit que nous ne viendrions pas.
2. Nous nous nourririons de fruits sauvages et nous dormirions dans une cabane.
3. Pourrais-tu me prêter une paire de bottes ?
4. Savais-tu que la maison serait vendue ?
5. Si tu m'avais prévenue, je me serais dépêchée.
6. On aurait découvert un théâtre antique tout près d'ici.

Futur dans le passé	....
Situation imaginaire	....
Atténuation	....
Action soumise à une condition	....
Information incertaine	....

10. *Jeu du pendu* **Trouvez les verbes au conditionnel (une lettre par tiret) puis précisez leur emploi.**

1. Tu m'avais dit que tu r_ _ _ _ _ _ _ _ _ _s mardi.
Emploi : ....
2. La canicule d_ _ _ _ _ _t encore quinze jours.
Emploi : ....
3. Si tu t'entraînais davantage, tu a_ _ _ _ _ _ _ _ _ _ _s tes performances.
Emploi : ....
4. A_ _ _ _ _ _ _ _ _s-tu de m'accompagner ?
Emploi : ....

11. *Grille* **Trouvez dans cette grille cinq verbes à l'infinitif puis utilisez-les au conditionnel (présent ou passé) dans des phrases de votre choix correspondant aux emplois indiqués.**

R	E	G	N	A	M
E	F	A	A	I	E
T	J	G	G	N	T
T	I	H	E	U	T
R	E	E	R	I	R
E	R	I	R	C	E

1. Information incertaine : ....
2. Demande atténuée : ....
3. Futur dans le passé : ....
4. Situation imaginaire : ....
5. Fait soumis à une condition : ....

La forme impersonnelle et la forme passive

12. *Quiz* **Cochez les phrases vraies.**

- ☐ Un verbe à la forme impersonnelle est toujours précédé de *il*.
- ☐ La forme passive comporte des temps simples et des temps composés.
- ☐ Le passif se conjugue toujours avec l'auxiliaire *être*.
- ☐ Le sujet d'un verbe passif subit l'action.

13. *Range-phrases* **Classez ces phrases par leur numéro dans la bonne colonne.**

1. Il me téléphone souvent.
2. Il faut se dépêcher.
3. Il me semble que vous commettez une erreur.
4. Il me semble en parfaite santé.
5. Il vaut mieux que nous rentrions.

Formes impersonnelles	Formes personnelles
....	....

14. *Chasse aux intrus* **Barrez les phrases qui ne sont pas à la forme passive.**

1. Cette randonnée est très bien organisée.
2. Robin et Karima sont passés par un raccourci.
3. Cette voiture était tirée par deux chevaux.
4. Vous serez étonnés par sa performance.
5. Vous serez arrivés bien avant nous.

15. *Labo des phrases* **Complétez ce tableau.**

Forme active	Forme passive
....	Nous avons été récompensés.
....	Nous sommes étonnés d'être là.
Les voisins l'avaient prévenue.	....

Bilan 14

Je sais changer le système des temps et veiller à la concordance des temps

J'observe

Je pense que le vent a soufflé toute la nuit.
Je pensais que le vent avait soufflé toute la nuit.

À quels temps sont les verbes de la 1re phrase ? ....

À quels temps sont les verbes de la 2e phrase ? ....

Je retiens

A QUELS TEMPS DOIT-ON UTILISER DANS LE SYSTÈME DU PRÉSENT ?

- Actions ou idées **principales** : au **présent**.
- Actions **antérieures** : au **passé composé** ou à l'**imparfait**.
- Actions **postérieures** : au **futur** ou au **futur antérieur**.

*Je **crois** qu'il **était** fatigué quand il **est arrivé** hier. Il **repartira** demain quand il **aura dormi**.*

B QUELS TEMPS DOIT-ON UTILISER DANS LE SYSTÈME DU PASSÉ ?

- Actions ou idées **principales** : au **passé simple** ou à l'**imparfait**.
- Actions **antérieures** : au **plus-que-parfait** ou au **passé antérieur**.
- Actions **postérieures** : au **conditionnel présent** ou **passé**.

*Je **croyais** qu'ils n'**avaient** pas encore **dîné** et qu'ils **partageraient** notre repas.*

C QUELS TEMPS DOIT-ON UTILISER AVEC LA CONJONCTION *SI* ?

- *Si* + **présent** ou **passé composé** → **présent** ou **futur** dans la proposition principale.

  *Si tu **écoutes** bien, tu **comprends** (ou **comprendras**).*
  *Si tu **as** bien **écouté**, tu **comprends** (ou **comprendras**).*

- *Si* + **imparfait** → **conditionnel présent** dans la proposition principale.

  *Si tu **venais**, je **serais** contente.*

- *Si* + **plus-que-parfait** → **conditionnel passé** dans la proposition principale.

  *Si tu **étais venu**, j'**aurais été** contente.*

Je m'entraîne

Vérifiez si les actions des verbes ont lieu **en même temps** ou si certaines sont **anté-rieures** ou **postérieures** à d'autres.

1 Réécrivez ces phrases en mettant le verbe souligné à l'imparfait.

1. Nous sortons chaque jour quand le temps le permet. ....
....

2. Dès qu'il est sorti du collège, il va jouer au foot.
....
....

3. J'imagine que, dès qu'elle aura aménagé la maison, elle s'occupera du jardin. ....
....
....

2 Barrez la forme incorrecte.

1. Il affirme que nous (arriverons / arriverions) demain. • Si tu prends cette route, tu te (perdrais / perdras).

2. Si tu (pars / partais) tôt, tu auras moins d'embouteillages. • Il examinait les dessins que son père (a faits / avait faits).

3. Aussitôt qu'il eut mis son manteau, il (sortit / sortait). • Elle nous promit que nous (visiterons / visiterions) le musée dès qu'il (serait réouvert / sera réouvert). • J'(aurai / aurais) fait une erreur si je t'avais écouté.

Le **temps** utilisé après la conjonction ***si*** conditionne le **temps** de la **principale**.

3 **Conjuguez les verbes entre parenthèses au temps et au mode voulus.**

1. S'il (refuser) …………………… de venir, nous partirons sans lui. • Si vous nous accompagniez, nous (être) …………………… très contents.

2. Si, par hasard, tu te perdais, nous (venir) …………………… à ton secours. • L'arbitre arrêterait le match si le brouillard (s'épaissir) ……………………

3. Si tu avais mis des gants, tu (ne pas se blesser) …………………… • J'aurais été furieuse si tu (ne pas m'ouvrir) …………………… la porte.

4 Je m'entraîne à la réécriture

Le zartog Sofr est un savant reconnu, appartenant à une civilisation du futur. Il s'interroge sur l'avenir de l'humanité.

Mais voici qu'après ces deux cents années de paix une cinquième période semblait …………………… s'annoncer. Des bruits fâcheux, venus on ne savait …………………… d'où, circulaient …………………… depuis quelque temps. Il **s'était révélé** …………………… des penseurs pour réveiller dans les âmes des souvenirs ancestraux […]. L'ancien sentiment de la race ressuscitait …………………… sous une forme nouvelle, caractérisée par des mots nouveaux. […] Des groupements apparaissaient …………………… qu'on voyait …………………… grandir peu à peu et qui commençaient …………………… à s'agiter. Comment cette évolution naissante **tournerait**-elle …………………… ? L'empire allait-il …………………… se désagréger à peine formé ? […] **Faudrait**-il …………………… avoir encore recours aux effroyables hécatombes[1] qui, durant tant de millénaires, **avaient fait** …………………… de la Terre un charnier[2] ?

Jules Verne, *L'Éternel Adam* (1910).

1. Massacre.
2. Lieu où sont entassés des cadavres.

a) Quel est le système des temps utilisé dans ce passage ? Quel est le temps majoritaire ? ……………………

……………………

b) Identifiez les temps des verbes en gras et justifiez leurs emplois.

……………………

c) Réécrivez les verbes soulignés en changeant le système des temps.

5 Je m'entraîne à la réécriture

Sofr découvre dans son jardin un étui contenant un manuscrit sous forme de journal venant d'un passé lointain.

C'est …………………… donc le 24 mai que commence …………………… le récit des effroyables événements que j'entends …………………… ici rapporter pour l'enseignement de ceux qui viendront …………………… après moi, si toutefois l'humanité est …………………… encore en droit de compter sur un avenir quelconque.

En quelle langue écrirai-je …………………… ? En anglais ou en espagnol, que je parle …………………… couramment ? Non ! j'écrirai …………………… dans la langue de mon pays : en français.

Ce jour-là, le 24 mai, j'avais réuni …………………… quelques amis dans ma villa de Rosario. […]

Une dizaine d'années auparavant, je m'y étais installé …………………… pour diriger l'exploitation d'une mine d'argent qui m'appartenait …………………… en propre. Mes affaires avaient étonnamment prospéré ……………………. J'étais …………………… un homme riche, très riche même.

Jules Verne, *L'Éternel Adam* (1910).

• **Réécrivez les verbes soulignés en changeant les systèmes des temps.**

6 Je m'entraîne à la réécriture

Voici la suite de l'extrait de l'exercice 5.

Ce jour-là, 24 mai, nous étions …………………… huit assis autour de ma table, à la lumière des lampes qu'alimentaient …………………… des groupes électrogènes installés dans le jardin. […]

On en était venu …………………… – comment, peu importe ! – à parler des progrès merveilleux accomplis par l'homme. Le docteur Bathurst[1] dit, à un certain moment :

« Il est de fait que **si Adam** (naturellement, en sa qualité d'Anglo-Saxon, il prononçait *Edem)* **et Ève** (il prononçait *Iva*, bien entendu) **revenaient sur Terre, ils seraient joliment étonnés !** »

Jules Verne, *L'Éternel Adam* (1910).

1. Un des convives.

a) Réécrivez les verbes soulignés au système du présent.

b) Réécrivez les propositions en gras en utilisant le présent après *si*. ……………………

……………………

MÉTHODE 2 Comment bien employer les modes ?

Le mode verbal indique la manière dont on envisage l'action.

Je sais utiliser l'indicatif et le subjonctif dans une phrase simple

- L'indicatif s'utilise pour un **fait certain** (qui est sûr ou le sera) situé dans le **passé**, le **présent** ou le **futur**.

  *Nous **avons dîné** dehors. Le ciel **est** bleu. Il **arrivera** à 8h.*

- Le subjonctif s'utilise souvent pour un **fait incertain** (qui n'est pas sûr) : **ordre** ou **défense** (à la 3e personne), **souhait**. *Qu'il nous **laisse** tranquilles. Pourvu qu'il **fasse** beau.*

Je vérifie que j'ai bien compris

1 Identifiez le mode des verbes soulignés et justifiez leur emploi.

1. À cette époque, la France était une monarchie. ……………………
2. Que personne ne sorte. ……………………
3. Je prendrai le train de 7 h. ……………………
4. Pourvu que tout se passe bien. ……………………
5. Je prends des céréales le matin. ……………………

2 À partir des situations données, rédigez deux phrases conformes aux sens proposés.

1. Ton frère (faire les courses et préparer le repas).

Fait certain du passé : ……………………

Ordre à la 3e personne : ……………………

2. Nous (partir en vacances au bord de la mer).

Fait certain du futur : ……………………

Souhait : ……………………

3. Les élèves (sortir du collège avant l'heure autorisée).

Fait certain du passé : ……………………

Défense : ……………………

Je sais utiliser l'indicatif et le subjonctif dans une proposition subordonnée

- L'**indicatif** s'utilise dans des propositions subordonnées :

  – introduites par ***que*** après des verbes de **déclaration**, de **certitude**, de **connaissance**…

  – introduites par certaines **conjonctions** telles que *quand, lorsque, parce que, puisque…*

  *Je t'affirme que tout **va** bien. Je viens parce que j'**ai fini** mon travail.*

- Le **subjonctif** s'utilise dans des propositions subordonnées :

  – introduites par ***que*** après des verbes de **volonté**, de **crainte**, de **sentiment**…

  – introduites par certaines **conjonctions** telles que *avant que, bien que, à condition que…*

- L'imparfait du subjonctif s'utilise dans les textes au **passé**.

  *Je veux qu'il **reste** tard. Je continuais pour que tout **fût** parfait.*

Je vérifie que j'ai bien compris

3 Identifiez le mode des verbes soulignés et justifiez leur emploi.

1. Je t'annonce que j'ai oublié mon maillot de bain. ……………………
2. Il fallait qu'il réussît cette épreuve. ……………………
3. Je t'ai apporté ce petit pull pour que tu n'attrapes pas froid. ……………………
4. Je suis émerveillée quand je l'entends chanter. ……………………
5. Tout n'est pas terminé bien que j'aie fait tout ce que j'ai pu. ……………………

4 **Conjuguez le verbe entre parenthèses à l'indicatif ou au subjonctif et justifiez votre choix.**

1. Je regrette que tu (ne pas venir) ....
2. Je sais qu'elle (apprendre) .... le chinois.
3. Rentre vite avant qu'il ne (pleuvoir) ....
4. Je rentre vite lorsque j'(avoir) .... beaucoup de travail.
5. J'aurais souhaité qu'elle m'(écrire) ....
6. Je me dépêche pour que tu ne (être) .... pas à la porte.

Je sais utiliser le futur de l'indicatif et le présent du conditionnel

- Le **futur simple** de l'**indicatif** s'utilise pour des **faits futurs** par rapport au **présent**.
- Le **présent** du **conditionnel** s'utilise pour des **faits futurs** par rapport au **passé**.

Je pense qu'il ***arrivera*** *vite. Je pensais qu'il* ***arriverait*** *vite.*

Je vérifie que j'ai bien compris

5 **Identifiez les valeurs du futur simple de l'indicatif et du présent du conditionnel.**

1. J'espérais que le temps serait meilleur. ....
2. Il paraît que les prochaines élections auront lieu au mois de mai. ....
3. Je ne croyais pas qu'elle sortirait en chemise par ce froid. ....

6 **Réécrivez ces phrases en mettant le verbe souligné au temps indiqué. Veillez à la concordance des temps.**

1. Je pense (imparfait) que cette nouvelle de Zola l'intéressera.
....
2. Si tu attendais (présent) un peu, tu le verrais.
....
3. Elle m'a dit (présent) qu'elle irait au cinéma mercredi.
....
4. Crois-tu (passé composé) qu'il gagnera ?
....

7 *Bilan* **Lisez le texte et répondez aux questions.**

Pendant la guerre de 1870, Dominique doit être exécuté par les Prussiens. Sa future femme vient de passer par la fenêtre pour le rejoindre dans la pièce du moulin où il est enfermé.

– Il **faut** fuir, il **faut** fuir, **bégaya**-t-elle. Ne perdons pas une minute. […] Oh ! je t'en **prie**, écoute-moi… Si tu meurs, je mourrai. Dans une heure, il **fera** jour. Je **veux** que tu partes tout de suite.

Alors, rapidement, elle **expliqua** son plan. L'échelle de fer **descendait** jusqu'à la roue ; là, il pourrait s'aider des palettes et entrer dans la barque qui se **trouvait** dans un enfoncement. Il lui serait facile ensuite de gagner l'autre bord de la rivière et de s'échapper.

Émile Zola, « L'attaque du moulin » (1880).

a) Identifiez le mode des verbes en gras et justifiez leur emploi.
....
....
....

b) Relevez un verbe au subjonctif et précisez sa valeur.
....
....
....

c) Soulignez en rouge les verbes au conditionnel et précisez leur valeur.
....
....

À RETENIR

- **Indicatif :** fait certain dans une phrase simple ou une subordonnée.
- **Subjonctif :** fait incertain dans une phrase simple ou une subordonnée.
- **Futur simple de l'indicatif :** futur dans les textes au présent.
- **Présent du conditionnel :** futur dans les textes au passé.

15 Types et formes de phrases Phrases simples et complexes

RÉVISIONS

RÉPONSES P. 143

Je connais les trois types de phrases

Déclarative : énonce un fait ; se termine par un point. ➤ *Il pleut.*

Impérative : donne un ordre ou un conseil ; se termine par un point ou un point d'exclamation. ➤ *Dépêche-toi.*

Interrogative : pose une question ; se termine par un point d'interrogation. ➤ *Viens-tu ?*

● Une phrase déclarative ou impérative peut être à la **forme exclamative** pour exprimer une **émotion** ou un **sentiment**. Elle se termine par un **point d'exclamation**.
➤ *Quel beau temps ! Arrête tout de suite !*

1 Identifiez le type des phrases dans ce dialogue de théâtre.

> JEAN. – Toujours en retard évidemment ! (..........)
> *(Il regarde sa montre-bracelet.)* (..........)
> Nous avions rendez-vous à onze heures trente. (..........)
> Il est bientôt midi. (..........)
>
> BÉRENGER. – Excusez-moi. (..........)
> Vous m'attendez depuis longtemps ? (..........)
>
> Eugène Ionesco, *Rhinocéros* (1959), acte I
> © Gallimard, www.gallimard.fr.

Je sais utiliser les phrases interrogatives

Interrogation totale : réponse par « oui » ou « non ». ➤ *Es-tu bien arrivé ?*

Interrogation partielle : commence par un mot interrogatif. ➤ *Comment vas-tu ?*

Niveau de langue de l'interrogation :
- **soutenu** (inversion du sujet) ➤ *Viens-**tu** ?*
- **courant** (*Est-ce que…*) ➤ ***Est-ce que** tu viens ?*
- **familier** (point d'interrogation) ➤ *Tu viens **?***

2 Précisez si ces interrogations sont totales ou partielles.

a. Quand reviens-tu ? ....
b. Est-ce que vous allez bien ? ....
c. Nous partons bientôt ? ....
d. Pourquoi fait-elle cela ? ....
e. Qui est là ? ....
f. Comment ont-elles fait ? ....

3 Identifiez le niveau de langue puis transposez chaque phrase aux autres niveaux.

a. Quand reviendras-tu ? ....
b. Tu fais quoi ? ....
c. Qu'est-ce qu'elle veut ? ....

Je connais les formes affirmative et négative

Affirmative. ➤ *Je chante. Chante !*

Négative : le verbe est encadré par une négation (*ne… pas / plus / jamais…*).
➤ *Je **ne** chante **plus**.*

4 Mettez ces phrases à la forme négative.

a. Elle travaille le dimanche. ....
b. Tu réussis toujours. ....
c. J'ai tout vu. ....
d. Apporte-moi un parapluie. ....

Je distingue la phrase simple et la phrase complexe

Phrase non verbale : pas de verbe conjugué.
➤ *Quel temps !*

Phrase simple : un seul verbe conjugué = une seule proposition.
➤ *Nous **déménageons** demain.*

Phrase complexe : au moins deux verbes conjugués et autant de propositions.
➤ *J'**ai lu** un livre / que j'**ai** bien **aimé**.*

Proposition indépendante : fait sens à elle seule. ➤ *Il part ce soir.*

5 **Identifiez les phrases suivantes : non verbale, simple, complexe.**

a. Tout va bien. .... **b.** Je ne pense pas qu'elle soit là. .... **c.** Merci pour tout. ....
d. Elle a un visage que l'on oublie pas. .... **e.** Violents orages en fin de journée. ....
f. Elle m'a demandé de faire vite. .... **g.** Dis-moi si tu rentres dîner. ....

J'identifie la juxtaposition, la coordination et la subordination

Propositions juxtaposées : des propositions souvent indépendantes reliées par un signe de ponctuation (, ; :). ➤ *Il fait beau : je sors.*

Propositions coordonnées : des propositions souvent indépendantes reliées par un outil de coordination.
➤ *Il fait beau / **donc** je sors.*

Proposition subordonnée introduite par un subordonnant *(qui, que, quand, parce que…)* et précédée ou suivie d'une proposition principale.
➤ *Il part ce soir / **parce qu'**il neige demain.*
prop. princ. — prop. sub.

6 **Séparez les propositions puis soulignez en rouge les indépendantes, en bleu les principales et en vert les subordonnées.**

Jeannot et Colin étaient fort jolis pour des Auvergnats ; ils s'aimaient beaucoup, et ils avaient ensemble de petites privautés, de petites familiarités, dont on se ressouvient toujours avec agrément quand on se rencontre ensuite dans le monde.

Le temps de leurs études était sur le point de finir, quand un tailleur apporta à Jeannot un habit de velours à trois couleurs, avec une veste de Lyon de fort bon goût ; le tout était accompagné d'une lettre à Monsieur de La Jeannotière.

Voltaire, *Jeannot et Colin* (1764).

7 **Soulignez en rouge les propositions juxtaposées et en bleu les propositions coordonnées.**

Dès ce moment Jeannot n'étudia plus, se regarda au miroir, et méprisa tout le monde. Quelque temps après un valet de chambre arrive en poste, et apporte une seconde lettre à monsieur le marquis de la Jeannotière : c'était un ordre de monsieur son père de faire venir monsieur son fils à Paris.

Voltaire, *Jeannot et Colin* (1764).

8 **Reliez ces couples de propositions par un outil de coordination adapté au sens.**

a. Elle parle beaucoup, ... elle agit peu. **b.** Nous ne sortirons pas .... il fait trop froid. **c.** Il n'a pas entendu son réveil, ... il sera en retard. **d.** Il entre .... il sort sans arrêt. **e.** Il est le meilleur, ... il reste modeste.

9 ***J'applique pour écrire***

Rédigez un dialogue entre deux amis : l'un propose d'aller à la piscine, l'autre d'aller au cinéma. Le dialogue devra comporter tous les types et formes de phrases. Vous pouvez présenter le dialogue comme un dialogue de théâtre.

Consigne
- 15 lignes
- Tous les types de phrases
- Toutes les formes de phrases

16 Le sujet, l'attribut du sujet et leurs règles d'accord

J'observe

Ces hommes sont devenus **des soldats** lorsqu'ils sont partis à la guerre.

Peut-on supprimer les mots soulignés et garder une phrase cohérente ? ....

Quelle est leur fonction ? ....

Sur qui le mot en gras apporte-t-il des précisions ? ....

Je retiens

A QUELLES SONT LES CARACTÉRISTIQUES DU SUJET ?

- C'est un **élément essentiel** de la phrase ; il désigne **qui fait l'action** (forme active) ou **qui la subit** (forme passive).
- Sa **classe grammaticale** : **nom** (ou GN), **pronom**, **infinitif** (ou groupe infinitif) ou **proposition subordonnée conjonctive**.

__Ce film__ sort mercredi. __Eva__ a un fils __qui__ est mon ami. __Que tu partes__ m'attriste.

B QUELLES SONT LES CARACTÉRISTIQUES DE L'ATTRIBUT DU SUJET ?

- Il apporte des **précisions** sur le **sujet** et se rencontre après un **verbe d'état**.
- Sa **classe grammaticale** : **adjectif** (ou groupe adjectival), **nom** (ou GN), **pronom**, **infinitif** (ou groupe infinitif) ou **proposition subordonnée conjonctive**.

Cet ouvrage paraît __remarquable__. L'important est __que nous soyons réunis__.

C QUELLES SONT LES RÈGLES D'ACCORD DU SUJET ET DE L'ATTRIBUT DU SUJET ?

- Le **sujet** commande l'accord du verbe en **nombre** et en **personne**.
- Si un verbe a **deux sujets** de **personnes différentes**, la **2e personne** l'emporte sur la 3e et la **1re** sur les deux autres.

Brahim et toi __nagez__ très bien. Toi et moi __arriverons__ en retard.

- L'**attribut du sujet** s'accorde en **genre** et en **nombre** avec le **sujet**.

Mes grand-mères sont __nantaises__. Courir est __épuisant__.

Je m'entraîne

Les **sujets** ne sont pas toujours placés **avant le verbe**. Il n'y a pas d'**attribut** dans chaque phrase.

1 Soulignez en bleu les sujets et en rouge les attributs du sujet.

1. Bali est une île d'Indonésie. • Savez-vous dans quelle région du monde se situe ce pays ?

2. On y trouve une région qui s'appelle Uluwatu où est caché le temple de Pura Luhur. • Ce temple est devenu un lieu très touristique.

3. En effet, il est courant d'y rencontrer des singes en liberté. • Et savez-vous quelle est leur occupation favorite ? • Les passions de ces primates sont apparemment les nouvelles technologies. • Nombreux sont les touristes ayant quitté le temple sans leur smartphone.

2 Conjuguez les verbes entre parenthèses au présent.

1. Aya et sa sœur (partir) .... demain dans un pays où (vivre) .... des singes en liberté.

2. Tu les (envier) ...., toi et tous ceux qui (s'intéresser) .... aux primates. • S'intéresser aux primates me (sembler) .... étrange.

3. Ta mère et toi qui (aimer) .... les singes, allez à Pura Luhur. • Visiter ces régions ne me (tenter) .... pas. • Ta mère et moi (préférer) .... partir moins loin en vacances.

Les **adjectifs de couleur composés** et les **noms** utilisés comme **adjectifs** sont **invariables**.

3 Accordez les attributs du sujet entre parenthèses.

1. Ces pièces ne sont pas assez (clair) ....
2. Cette bague et ces boucles d'oreilles sont (bleu marine) ....
3. Cette table et cette chaise sont (un beau meuble) ....

4 Lisez le texte et répondez aux questions.

Ce récit évoque les soldats qui se retrouvent dans les tranchées, pendant la Première Guerre mondiale.

Lamuse **fut** valet de ferme, Paradis, charretier […]. Le père Blaire **était** métayer dans la Brie. De son triporteur, Barque, garçon livreur, **faisait** des acrobaties entre les tramways et les taxis parisiens […]. Et puis, ici, attachés ensemble par un destin irrémédiable, emportés malgré nous sur le même rang, par l'immense aventure, on **est** bien **forcé**, avec les semaines et les nuits, d'aller se ressemblant. L'étroitesse terrible de la vie commune nous **serre**, nous adapte, nous efface les uns dans les autres. C'**est** une espèce de contagion fatale. Si bien qu'un soldat **apparaît** pareil à un autre sans qu'il soit nécessaire, pour voir cette similitude, de les regarder de loin, aux distances où nous ne **sommes** que des grains de la poussière qui **roule** dans la plaine.

Henri Barbusse, *Le Feu* (1916).

a) Soulignez en bleu les sujets des verbes en gras. Quelles sont leurs classes grammaticales ? ....

b) Soulignez en rouge trois attributs du sujet dans les lignes 1 et 2. Pour lequel le verbe est-il sous-entendu ? ....

c) Relevez l'attribut du sujet dans le groupe en rouge, puis réécrivez ce passage à la même personne du singulier. ....

5 Complétez ces débuts de phrases en conjuguant les verbes entre parenthèses au présent et en ajoutant au moins un attribut du sujet.

1. Tara et Zoé (avoir l'air) ....
2. Ta sœur et toi (paraître et jouer) ....
3. Ma cousine et moi (revenir) .... du Japon.

6 Je prépare la dictée

Malgré les diversités **d'âge, d'origine, de culture, de situation**, et de tout ce qui fut, malgré les abîmes qui nous séparaient jadis, nous sommes en grandes lignes les mêmes. À travers la même silhouette grossière, on cache et on montre les mêmes mœurs, les mêmes habitudes, le même caractère simplifié **d'hommes revenus à l'état primitif**. […]

On attend. On se fatigue d'être assis : on se lève. Les articulations s'étirent avec des crissements de bois qui joue et de vieux gonds : l'humidité rouille les hommes comme les fusils, plus lentement mais plus à fond. Et on recommence, autrement, à attendre.

On attend toujours, dans l'état de guerre. On est *devenus* des machines à attendre.

Henri Barbusse, *Le Feu* (1916).

a) Encadrez les sujets avec lesquels s'accordent les verbes et l'attribut soulignés. Pour les pronoms relatifs, surlignez les antécédents.

b) Justifiez l'accord du participe passé en italique. ....

c) Indiquez la fonction des groupes en gras et justifiez leur nombre. ....

7 J'applique pour écrire

Décrivez un groupe dont vous avez fait partie (colonie de vacances, équipe de sport, stage…). Décrivez d'abord chaque personnalité, puis l'union au sein du groupe.

Consigne
- 20 lignes
- Plusieurs classes de sujets
- Plusieurs classes d'attributs du sujet

Cochez la couleur que vous avez le mieux réussie.

- Relevez de nouveaux défis ! → exercices 1, 2 p. 50
- Améliorez vos performances ! → exercices 3, 4 p. 50
- Confirmez votre réussite ! → exercices 5, 6 p. 50

Chacun son rythme

17 Les compléments essentiels

J'observe

Chateaubriand avait un frère aîné. La mère **préférait** le frère aîné au plus jeune.

Peut-on supprimer le groupe souligné sans déformer le sens de la phrase ? ....

Quel verbe complète-t-il ? ....

Quels sont les deux groupes qui complètent le verbe en gras ? ....

Je retiens

A QUELLES SONT LES CARACTÉRISTIQUES D'UN COMPLÉMENT ESSENTIEL ?

- On ne peut **ni le supprimer, ni le déplacer** sans déformer le sens de la phrase.
- Il peut en général être **remplacé** par un **pronom personnel**.

  Je vois la mer. (*Je vois* n'a pas de sens dans ce contexte) → *Je* ***la*** *vois.*

B QUELS SONT LES DIFFÉRENTS COMPLÉMENTS ESSENTIELS ?

- Le **COD** (construction directe sans préposition), qui se remplace par *le, la, les*.

  Je lis un manga. → *Je* ***le*** *lis.*

- Le **COI** (construction indirecte avec préposition *à, de, au, du*…), qui se remplace par *lui, leur, en, y*…

  Il a parlé de toi. → *Il* ***en*** *a parlé.*

Remarque : certains verbes sont complétés par deux compléments d'objet (1 COD + 1 COI ou 2 COI).

J'ai invité Samir (COD) à déjeuner (COI). J'ai parlé de lui (COI) à ma mère (COI).

- L'**attribut du COD** qui complète le COD après des verbes tels que *appeler, juger, élire, nommer, rendre, trouver, considérer comme*…

  Je trouve cette idée (COD) stupide (attr. du COD).

- Le **complément essentiel** de lieu, temps, manière, prix…

  Je vais à la plage. → *J'****y*** *vais.*

Je m'entraîne

L'**attribut du sujet** ne complète pas le verbe, il renseigne sur le sujet.

1 Soulignez en rouge les COD, en bleu les COI et barrez les attributs du sujet.

1. Les corbeaux sont des oiseaux très intelligents. Ils fabriquent des outils et les utilisent. Pourquoi font-ils cela ?
2. Ils s'en servent pour trouver leur nourriture. Cela semble incroyable. Je doute de cette information. Je vais la vérifier.
3. Ils savent si quelqu'un a été injuste avec eux et disposent d'une excellente mémoire. Ils passent pourtant pour des créatures maléfiques dont les hommes se méfient. Je pense que leur plumage noir en est la cause.

2 Indiquez la classe grammaticale et la fonction des mots ou groupes soulignés.

1. J'aime cette ville (..........), même si je ne la (..........) connais pas bien.
2. Les voyages coûtent cher (..........) mais ils nous (..........) procurent beaucoup de plaisir (..........). N'hésitez pas à partir (..........).
3. Je trouve cette ville accueillante. (..........) Je te (..........) conseille de la visiter (..........).

3 Lisez le texte et répondez aux questions.

Quand je fus rapporté[1] à Saint-Malo, mon père était à Combourg[2], mon frère au collège de Saint-Brieuc ; mes quatre sœurs vivaient auprès de ma mère.

Toutes les affections de celle-ci s'étaient concentrées dans son fils aîné ; non qu'elle ne chérît **ses autres enfants**, mais elle témoignait une préférence aveugle au jeune comte de Combourg. […]

Je commençais à passer pour un vaurien, un révolté, un paresseux, un âne enfin. Ces idées entraient dans la tête de mes parents : mon père disait que tous les chevaliers de Chateaubriand avaient été des fouetteurs[3] de lièvres, des ivrognes et des querelleurs. Ma mère soupirait et grognait en voyant le désordre de ma jaquette. Tout enfant que j'étais, le propos de mon père **me** révoltait.

F.-R. de Chateaubriand, *Mémoires d'outre-tombe* (1848).

1. Ramené (il avait été chez une nourrice).
2. Le château familial. 3. Chasseurs.

a) **Indiquez la classe grammaticale et la fonction des groupes en gras.**

b) **Relevez et analysez les compléments du verbe souligné.**

c) **Soulignez en rouge trois compléments essentiels de lieu dans la première phrase.**

Le pronom **en** peut remplacer un complément introduit par *de* ou précédé d'un article partitif.

4 Donnez la fonction des groupes soulignés puis remplacez-les par un pronom personnel.

1. J'ai lu ce livre très rapidement.

Il ressemble à un conte.

2. Je me rends en Angleterre.

Je me méfie de ces outils pointus.

3. Je ne bois jamais de boissons sucrées.

Je transmets les dernières nouvelles à mes parents.

5 Soulignez en bleu les adjectifs attributs du COD (ne peuvent être supprimés) et en rouge les épithètes (peuvent être supprimées).

1. Il me rend folle. J'ai une folle envie de partir.

2. Je trouve ce livre excellent. Je trouve d'excellents livres dans cette librairie.

3. Julie me prend pour plus intelligente que je ne suis. Julie prend souvent des décisions intelligentes.

6 *J'applique pour lire*

J'ignore si la dure éducation que je reçus est bonne en principe, mais elle fut adoptée de mes proches sans dessein et par une suite naturelle de leur humeur. Ce qu'il y a de sûr […], c'est qu'elle a imprimé à mes sentiments un caractère de mélancolie née chez moi de l'habitude de souffrir à l'âge de la faiblesse, de l'imprévoyance et de la joie.

Dira-t-on que cette manière de m'élever m'aurait pu conduire à détester les auteurs de mes jours ? […] Aurait-on mieux développé **mon intelligence** (..........) en me jetant plus tôt dans l'étude ? J'en doute : ces flots, ces vents, cette solitude qui furent mes premiers maîtres convenaient peut-être mieux **à mes dispositions natives** (..........) ; peut-être dois-je **à ces instituteurs sauvages** (..........) quelques vertus que j'aurais ignorées.

F.-R. de Chateaubriand, *Mémoires d'outre-tombe* (1848).

a) **Soulignez deux propositions subordonnées COD (il y en a une dans chaque paragraphe).**

b) **Indiquez la fonction des GN en gras.**

c) **Indiquez la classe grammaticale et la fonction des groupes soulignés. Que mettent-ils en valeur ?**

7 *J'applique pour écrire*

Chateaubriand considère que la nature a été son premier maître. Et vous, quelle place la nature occupe-t-elle dans votre vie ? Rédigez un court récit où vous analyserez ce qu'elle vous apporte.

Consigne
- 15 à 20 lignes
- Plusieurs compl. du verbe
- Au moins un compl. essentiel

Cochez la couleur que vous avez le mieux réussie.

Chacun son rythme

- Relevez de nouveaux défis ! → exercices 7, 8 p. 50
- Améliorez vos performances ! → exercices 9, 10 p. 50-51
- Confirmez votre réussite ! → exercice 11 p. 51

18 Les subordonnées conjonctives avec *que* et interrogatives indirectes

J'observe

Sais-tu que les planètes ont des sœurs jumelles ? Je ne vois pas comment c'est possible.

Peut-on supprimer ou déplacer les propositions soulignées sans déformer le sens des phrases ? ……………………

Quelle est leur fonction ? ……………………………………………………………………………

Je retiens

A QUELLES SONT LES CARACTÉRISTIQUES DE CES SUBORDONNÉES ?

- On ne peut **ni les supprimer ni les déplacer** sans déformer le sens de la phrase.
- La **subordonnée conjonctive** introduite par la conjonction ***que*** est **COD**, **sujet** ou **attribut du sujet**.

  Je sais qu'il part. (COD) *Qu'il parte m'étonne.* (sujet) *Mon souhait est qu'il parte.* (att. du suj.)

- La **subordonnée interrogative indirecte** est introduite par un **mot interrogatif** (*pourquoi, comment, si, qui, où, que, ce que, à quoi, quel…*) et elle est toujours **COD**.

  Je ne sais pas pourquoi elle est toujours en retard.

B À QUELS MODES SONT CES SUBORDONNÉES ?

- La **subordonnée conjonctive** introduite par ***que*** :

– est à l'**indicatif** lorsque la **principale** exprime la **connaissance**, la **certitude,** l'**affirmation**.

*Je confirme qu'il **était** présent.*

– est au **subjonctif** lorsque la **principale** exprime une **volonté**, un **doute**, un **sentiment**.

*Je veux qu'il **parte**.*

– est toujours au **subjonctif** quand elle est en fonction **sujet**.

*Qu'il **ait réussi** nous a réjouis.*

- La **subordonnée interrogative indirecte** :

– est en général à l'**indicatif**.

*Je me demande comment elle **a fait**.*

– est au **conditionnel** si la principale est au **passé** et que la question porte sur le **futur**.

*Elle m'a demandé quand je **serais** là.*

– est à l'**infinitif** pour exprimer l'**hésitation**.

*Elle ne sait pas quoi **choisir**.*

Je m'entraîne

Ex : Comment est-ce possible ? Expliquez-le-moi.
→ Expliquez-moi **comment c'est possible.**

1 Construisez une phrase comportant une interrogative indirecte à partir des phrases données.

1. Qui croire ? On ne sait pas.

……………………………………………………………………

2. A-t-il fait ses devoirs ? Je me le demande.

……………………………………………………………………

3. Arrivera-t-il à temps ? Je me le suis demandé longtemps.

……………………………………………………………………

……………………………………………………………………

2 Identifiez les subordonnées soulignées : conjonctives (C) ou interrogatives (I).

1. Sais-tu que le Soleil a un frère jumeau ? (……) Je me demande où tu as lu cela. (……)

2. Que des étoiles jumelles existent (……) ne m'étonne pas, mais j'ignore comment se nomme ce jumeau solaire. (……)

3. Il me semble qu'il a été surnommé Némésis (……) mais on ignore où il se trouve. (……) On sait qu'il est né en même temps que lui (……) et qu'il s'est très vite déplacé dans la Voie lactée. (……)

3 **Lisez le texte et répondez aux questions.**

Madame de La Jeannotière cherche quelles études faire faire à son fils. Un maître beau parleur et ignorant lui répond.

L'aimable ignorant prit alors la parole et dit : « Vous avez très bien remarqué, madame, **que la grande fin de l'homme est de réussir dans la société**. De bonne foi, est-ce par les sciences qu'on obtient ce succès ? S'est-on jamais avisé dans la bonne compagnie de parler de géométrie ? Demande-t-on jamais à un honnête homme quel astre se lève aujourd'hui avec le soleil ? S'informe-t-on à souper si Clodion le chevelu[1] passa le Rhin ?

– Non, sans doute, s'écria la marquise de La Jeannotière. »

Voltaire, *Jeannot et Colin* (1764).

1. Chef des Francs, ancêtre de Clovis.

a) Indiquez la classe grammaticale et la fonction de la subordonnée en gras. ....

....

b) Soulignez en bleu deux interrogatives indirectes.

c) Transformez la proposition soulignée en interrogative indirecte. Vous commencerez par *Le maître demande à la marquise...* ....

....

4 **Soulignez en bleu les relatives, en rouge les conjonctives et encadrez les interrogatives indirectes.**

Une **relative** complète un nom ; une **conjonctive** ou une **interrogative** complète un verbe.

1. Les livres que tu m'as envoyés m'ont intéressée. J'imagine que tu les as tous lus et que tu les as beaucoup appréciés.

2. Il se peut que nous partions demain. Apporte-moi la valise que nous avons achetée l'an dernier et qui est restée chez toi.

3. Dis-moi qui est arrivé le premier. Le message que j'ai reçu n'était pas clair. Je ne sais pas ce qu'il a fait ni pourquoi il a affirmé que j'y avais participé.

5 **Mettez le verbe de la subordonnée au mode qui convient : indicatif ou subjonctif.**

1. Je sais qu'elle (ressembler) .... à sa sœur mais qu'elle (être) .... moins grande.

2. Je veux qu'elle nous (rejoindre) .... Je pense qu'elle n'en (avoir) .... pas le temps.

3. Qu'elle (obtenir) .... un résultat rapide m'étonnerait. J'aimerais qu'elle (pouvoir) .... y parvenir.

6 *J'applique pour lire*

Le géant Micromégas et un autre géant de la planète Saturne observent sur la Terre les êtres minuscules que sont pour eux les baleines.

Le Saturnien, convaincu que notre monde est habité, s'imagina bien vite qu'il ne l'était que par des baleines ; et comme il était grand raisonneur, il voulut deviner d'où un si petit atome tirait son mouvement, s'il avait des idées, une volonté, une liberté. Micromégas y fut fort embarrassé ; il examina l'animal fort patiemment, et le résultat de l'examen fut **qu'il n'y avait pas moyen de croire** qu'une âme fût logée là. Les deux voyageurs inclinaient donc à penser qu'il n'y a point d'esprit dans notre habitation[1].

Voltaire, *Micromégas* (1752).

1. La Terre.

a) Soulignez en bleu deux interrogatives indirectes.

b) Indiquez la classe grammaticale et la fonction de la subordonnée en gras. ....

....

c) Indiquez la classe grammaticale et la fonction des subordonnées soulignées. Quelle attitude des deux personnages mettent-elles en valeur ?

....

....

....

....

....

7 *J'applique pour écrire*

Imaginez la suite immédiate de l'extrait de *Micromégas* (exercice 6) : les deux géants aperçoivent un bateau rempli de marins.

Consigne
- 15 lignes
- 2 conjonctives
- 1 interrogative indirecte

Chacun son rythme

Cochez la couleur que vous avez le mieux réussie.

Relevez de nouveaux défis ! → exercices 12, 13 p. 51
Améliorez vos performances ! → exercice 14 p. 51
Confirmez votre réussite ! → exercices 15, 16 p. 51

Chacun son rythme

Le sujet et l'attribut du sujet

1. *Quiz* **Cochez les phrases vraies.**

- ☐ Le sujet est toujours placé juste avant le verbe.
- ☐ Le sujet fait toujours l'action exprimée par le verbe.
- ☐ Le verbe s'accorde en nombre et en personne avec son sujet.
- ☐ L'attribut du sujet se rencontre après un verbe d'état.

2. *Méli-mélo* **Utilisez les sujets en désordre pour compléter les phrases.**

dormir toute la journée • mes sœurs et moi • tous les participants • ton frère et toi

1. .... est mon rêve.
2. .... ont maintenant franchi la ligne d'arrivée.
3. .... êtes toujours ensemble.
4. .... ferons un voyage cet été.

3. *Chasse aux intrus* **Barrez les phrases qui ne comportent pas d'attribut du sujet.**

1. Son chien s'appelle Médor.
2. J'appelle mon chien.
3. Ils sont arrivés très joyeux.
4. Ils sont arrivés en retard.
5. Elle est passée me voir.
6. Elle est passée pour une surdouée en répondant à toutes les questions.

4. *Lettres mêlées* **Mettez les lettres en ordre pour trouver quatre attributs du sujet que vous accorderez correctement.**

ralbtûn • eitaftnt • dgéfnloé • fteacfé

1. Les deux roues me semblent ....
2. Sabrina me semble .... par tes remarques.
3. Yanis et Léa sont restés .... tout le film.
4. Attention, la plaque est .... !

5. *Devinette* **Résolvez la devinette, puis utilisez le mot trouvé dans deux phrases : l'une où il sera sujet, et l'autre où il sera attribut du sujet.**

Qu'est-ce qui réfléchit sans réfléchir ?

Réponse : ....

Phrase 1 : ....

Phrase 2 : ....

6. *Pyramide* **Remplissez la pyramide à l'aide des définitions, puis utilisez les mots trouvés dans une phrase de votre composition. Le 1er sera sujet, le 2e attribut du sujet et ainsi de suite.**

1. Terre entourée d'eau. ☐☐☐
2. Joli. ☐☐☐☐
3. Il peut être d'eau, de maths ou de français. ☐☐☐☐☐
4. Table de travail. ☐☐☐☐☐☐
5. Accroché au mur de chaque classe, il est parfois numérique. ☐☐☐☐☐☐☐

Phrase 1 : ....

Phrase 2 : ....

Phrase 3 : ....

Phrase 4 : ....

Phrase 5 : ....

Les compléments essentiels

7. *Quiz* **Cochez les phrases vraies.**

Les compléments essentiels :

- ☐ ne sont, en général, ni supprimables ni déplaçables.
- ☐ sont toujours introduits par une préposition.
- ☐ indiquent parfois le lieu ou le temps.
- ☐ sont toujours des GN.

8. *Chasse aux intrus* **Barrez les groupes soulignés qui ne sont pas des compléments essentiels.**

1. Elle m'a offert une belle bague. **2.** Elle travaille dans sa chambre. **3.** Nous sommes dans la classe. **4.** Nous avons laissé nos affaires dans la classe. **5.** Je la trouve aimable. **6.** Elle a bien travaillé. **7.** Elle y va. **8.** Vous reviendrez plus tard. **9.** Cet ordinateur coûte cinq cents euros.

9. *Range-mots* **Rangez les mots en gras sur la bonne ligne en précisant le numéro de la phrase.**

1. Tu ne **nous** as pas reconnus. **2.** Elle ne **nous** téléphone pas souvent. **3.** Les enfants **nous** ont raconté **leur week-end.** **4.** Elles sont **dans leur chambre.** **5.** N'**y** allez-pas. **6.** J'ai appelé **mon chien Tago**.

COD	....
COI	....
Attribut du COD	....
Compl. essentiel	....

10. *Charade* **Résolvez la charade, puis utilisez le mot dans trois phrases où il sera COD, COI, puis attribut du COD.**

Mon premier est la première lettre de l'alphabet : ....

Mon deuxième est le petit de la vache : ....

Mon troisième vient avant la lettre *L* : ....

Mon tout est un fruit ou une profession : ....

1. Phrase avec le mot COD : ....

....

2. Phrase avec le mot COI : ....

....

3. Phrase avec le mot attribut du COD : ....

....

11. *Grille* **Trouvez dans cette grille cinq noms communs que vous utiliserez dans cinq phrases de votre choix où deux seront COD, un COI, un attribut du COD, un complément essentiel.**

R	E	I	H	A	C
E	F	A	I	A	H
T	J	G	R	N	I
E	N	T	R	É	E
R	E	E	R	I	N
U	A	E	T	A	B

1. Phrase avec COD : ....

....

2. Phrase avec COD : ....

3. Phrase avec COI : ....

4. Phrase avec attribut du COD : ....

....

5. Phrase avec complément essentiel : ....

....

Les subordonnées essentielles

12. *Quiz* **Cochez les phrases vraies.**

- [ ] Les conjonctives introduites par *que* peuvent être COD.
- [ ] Les interrogatives indirectes sont toujours COD.
- [ ] Les interrogatives indirectes sont introduites par un mot interrogatif.
- [ ] Les conjonctives introduites par *que* sont toujours à l'indicatif.

13. *Range-phrases* **Classez les propositions soulignées par leur numéro dans la bonne colonne.**

1. Dis-moi ce que tu prends au petit déjeuner.
2. Je pense que nous arriverons très tard.
3. Elle m'a dit que je me trompais.
4. Je ne sais pas quand je prendrai des vacances.
5. Que tu l'apprécies à ce point m'étonne beaucoup.
6. J'ignore qui est arrivé en tête.

Propositions conjonctives	Propositions interrogatives indirectes

14. *Chasse aux intrus* **Barrez les phrases qui ne comportent pas de subordonnée essentielle.**

1. Les fruits que tu m'as apportés étaient délicieux. **2.** Je ne pense pas que ce travail soit très difficile. **3.** Il ne m'a pas dit quand il arriverait. **4.** Il m'a apporté le cadeau dont je rêvais. **5.** Je ne connais pas du tout les enfants qui sont arrivés au dernier moment. **6.** Ma mère ne sait pas du tout qui gardera mon petit frère ce soir.

15. *Méli-mélo* **Identifiez le mode de chaque verbe puis utilisez-le dans une subordonnée essentielle qui complétera la principale proposée.**

sorte • prend • répondre • reviendrait • a terminé

1. Je sais qu'il .... (**mode :** ....) son voyage hier.
2. Je souhaite que Robin .... (**mode :** ....).
3. Je me demande comment .... (**mode :** ....) à une question aussi stupide.
4. J'imaginais qu'il .... (**mode :** ....) le lendemain.
5. Je te rappelle que Paul .... (**mode :** ....) des cours de chinois tous les mercredis.

16. *Remue-méninges* **Barrez les mots qui ne peuvent pas introduire une subordonnée interrogative indirecte, puis utilisez les cinq subordonnants trouvés dans une phrase de votre composition.**

Routefleurpourquoichapeauvenirmaiscommentordinateurtélévisionquandpourdontoùfenêtresi

1. ....
2. ....
3. ....
4. ....
5. ....

19 Les compléments circonstanciels : lieu, temps, manière, moyen…

J'observe

Chaque matin, je vais au collège avec une amie.

La proposition soulignée est-elle grammaticalement correcte ? ....

À quelles questions répondent les groupes qui ne sont pas soulignés ? ....

Je retiens

A QU'EST-CE QU'UN COMPLÉMENT CIRCONSTANCIEL (CC) ?

- Il précise les **circonstances** de l'action principale.
- Ce n'est **pas un complément essentiel** : on peut le **supprimer** ou le **déplacer**.

*Cette année, nous avons fait du sport **le lundi**.* → *Nous avons fait du sport **le lundi cette année**.*
→ *Nous avons fait du sport.*

B COMMENT RECONNAÎTRE LES CC DE LIEU, TEMPS, MANIÈRE… ?

Complément circonstanciel	Sens	Exemple
Lieu (L)	Où ?	*Je travaille **dans ma chambre**.*
Temps (T)	Quand ? Combien de temps ?	*Je pars **demain**.*
Manière (Ma)	Comment ?	*Elle me parle **gentiment**.*
Moyen (Mo)	Avec quoi ? Par quel moyen ?	*J'ouvre la porte **avec ma clé**.*
Accompagnement (Ac)	Avec qui ? Sans qui ?	*Je voyage **avec mes parents**.*

C QUELLES SONT LEURS CLASSES GRAMMATICALES ?

- Un **nom** ou GN. *Elle court **dans la forêt**.* (L)
- Un **pronom**. *Il est rentré **avec moi**.* (Ac)
- Un **infinitif** ou groupe infinitif. *Prends un parapluie **avant de sortir**.* (T)
- Un **gérondif**. *Elle s'est cassé la jambe **en skiant**.* (Ma)
- Un **adverbe**. *J'ai passé mon enfance **ici**.* (L)
- Une **proposition subordonnée**. *Je m'ennuie **quand tu n'es pas là**.* (T)

Je m'entraîne

Pour bien identifier le complément, posez-vous la **question** où ?, quand ?, comment ?…

1 Identifiez les compléments circonstanciels soulignés.

1. Le matin (..........), je prends mon petit déjeuner dans la cuisine (..........) avec mes parents (..........).
2. Sur cette plage (..........), l'an dernier (..........), une tempête a gravement (..........) endommagé toutes les installations.
3. Je n'aime pas voyager en train (..........) lorsque je suis seule (..........) ; je m'y (..........) ennuie énormément (..........).

2 Réécrivez ces phrases pour les compléter en respectant les consignes (classe grammaticale, circonstance).

1. Je joue au foot. (adverbe, temps ; GN, lieu) ....
2. Je travaillais. (prop. sub., temps) ....
3. Mes cousins arrivent. (pron., lieu ; GN, moyen ; g. inf., temps) ....

3 Lisez le texte et répondez aux questions.

La narratrice évoque le moment de la dictée à l'école.

La maîtresse se promène dans les travées entre les pupitres, sa voix sonne clair, elle articule chaque mot très distinctement, parfois même elle triche un peu en accentuant exprès une liaison, pour nous aider, pour nous faire entendre par quelle lettre tel mot se termine.

Nathalie Sarraute, *Enfance* (1983)
© Gallimard, www.gallimard.fr

a) Soulignez en bleu deux GN compléments de lieu.

b) Encadrez deux adverbes compléments de manière.

c) Soulignez en rouge un autre complément de manière et un complément de moyen. Indiquez leurs classes grammaticales.

4 Lisez le texte et répondez aux questions.

Le narrateur et son oncle, le professeur Lidenbrock, rentrent chez leur hôte, M. Fridriksson.

Après une bonne promenade, lorsque je rentrai dans la maison de M. Fridriksson, mon oncle s'y trouvait déjà en compagnie de son hôte.

Le dîner était prêt ; il fut dévoré avec avidité par le professeur Lidenbrock.

La conversation se fit en langue indigène, que mon oncle entremêlait d'allemand et M. Fridriksson de latin, afin que je pusse la comprendre.

Jules Verne, *Voyage au centre de la Terre* (1864).

a) Soulignez en bleu un complément de lieu.

b) Soulignez en rouge un complément de manière et un complément de moyen, puis indiquez leur classe grammaticale.

c) Relevez trois compléments de temps de classes grammaticales différentes (que vous préciserez).

5 Je prépare la dictée

Un coup de vent fit battre la porte de l'arrière-chambre qui communiquait avec la sienne et dont la fenêtre donnait aussi sur la cour aux voitures. Meaulnes allait la refermer, lorsqu'il aperçut dans cette pièce une lueur, comme celle d'une bougie **allumée** sur la table. Il avança la tête dans l'entrebâillement de la porte. Quelqu'un était entré là […]. Autant qu'on pouvait voir, c'était un très jeune homme. Nu-tête, une pèlerine[1] de voyage sur les épaules, il marchait sans arrêt, comme affolé par une douleur insupportable. Le vent de la fenêtre qu'il avait laissée grande ouverte faisait flotter sa pèlerine et, chaque fois qu'il passait près de la lumière, on voyait luire des boutons dorés sur sa fine redingote.

Alain-Fournier, *Le Grand Meaulnes* (1913).

1. Manteau ample sans manches ressemblant à une cape.

a) Indiquez la fonction des compléments circonstanciels soulignés. Puis justifiez l'orthographe de *aux voitures* et recopiez deux fois *entrebâillement*.

b) Justifiez l'orthographe du participe passé en gras.

c) Justifiez l'orthographe des mots en rouge.

6 J'applique pour écrire

Imaginez la suite immédiate du texte de l'exercice 5.
Par exemple, Meaulnes rencontre ce mystérieux personnage qui lui expliquera son comportement étrange…

Consigne
- 20 lignes
- 1 compl. circ. de chaque catégorie
- 1 subordonnée (temps)

Chacun son rythme

Cochez la couleur que vous avez le mieux réussie.

- Relevez de nouveaux défis ! → exercice 1 p. 60
- Améliorez vos performances ! → exercice 2 p. 60
- Confirmez votre réussite ! → exercice 3 p. 60

20 Les compléments circonstanciels : cause, conséquence, but

J'observe

La voiture s'est arrêtée **parce que le réservoir était vide.**
Le réservoir était vide **si bien que la voiture s'est arrêtée.**

Les deux phrases ont-elles le même sens ? ....
Quelle proposition en gras indique la conséquence de la proposition précédente ? ....
Quelle proposition en gras explique la cause de la précédente proposition ? ....

Je retiens

A COMMENT RECONNAÎTRE UN CC DE CAUSE, BUT, CONSÉQUENCE ?

- Il exprime un **lien logique** avec l'action principale.

Complément circonstanciel	Sens	Exemple
Cause (Ca)	Pourquoi ?	*Je ne sors pas **à cause de la pluie**.*
Conséquence (Co)	Avec quel résultat ?	*Il a **tant** plu **que je ne suis pas sorti**.*
But	Dans quel but ?	*Je viens **pour te faire plaisir**.*

B QUELLES SONT LEURS CLASSES GRAMMATICALES ?

- Un **nom** ou GN. *Je sors **pour un rendez-vous**.* (But)
- Un **pronom**. *Il est là **grâce à moi**.* (Ca)
- Un **infinitif** ou groupe infinitif. *Je travaille **pour réussir mon examen**.* (But)
- Un **participe** ou groupe participial. ***Ayant beaucoup nagé**, je suis fatiguée.* (Ca)
- Une **proposition subordonnée**. ***Comme je m'ennuie**, je pars.* (Ca)
- Une **indépendante coordonnée**. *Il pleure **car elle le quitte**.* (Ca)

C QUELS MOTS INVARIABLES INTRODUISENT LES COMPLÉMENTS CIRCONSTANCIELS ?

	Prépositions	Conjonctions, adverbes
Cause	*Par, de, à cause de, en raison de, grâce à…*	*Parce que, puisque, comme… / Car, en effet…*
Conséquence	*À, au point de, trop (assez)… pour*	*De sorte que, si… que… / Donc, ainsi, c'est pourquoi…*
But	*Pour, en vue de, afin de, de peur de…*	*Pour que, afin que, de peur que, de crainte que…*

Je m'entraîne

Pour peut introduire des *CC* de **lieu**, de **temps**, de **but**, de **cause**, de **conséquence**.

1 Identifiez les compléments circonstanciels introduits par la préposition *pour*.

1. Je viens **pour te faire plaisir**. .... • Je suis inscrite au foot **pour toute l'année**. ....
2. Nous partons **pour Toulouse** .... **pour retrouver nos cousins**. ....
3. Le gâteau était très sec **pour être resté trop longtemps au four**. .... • Elle est arrivée **trop** tard **pour être autorisée à entrer**. ....

2 Identifiez les compléments circonstanciels soulignés.

1. Je n'ai plus faim à cause de tous les chocolats que j'ai mangés. .... • Je me dépêche pour partir avec Émilie. ....
2. Je ne l'avais pas reconnue, si bien que je ne lui ai pas dit bonjour. .... • J'ai refusé l'invitation de peur d'avoir trop de travail. ....
3. Il court à en perdre le souffle. .... • De crainte d'un court-circuit ...., j'ai coupé le courant.

3 **Lisez le texte et répondez aux questions.**

Claude Gueux, emprisonné pour un vol, est très populaire auprès des autres prisonniers.

Nous avons déjà parlé du directeur des ateliers. Cet homme, haï des prisonniers, était souvent obligé, pour se faire obéir d'eux, d'avoir recours à Claude Gueux, qui en était aimé. […] En effet, pour contenir les prisonniers, dix paroles de Claude valaient dix gendarmes. Claude avait maintes fois rendu ce service au directeur. **Aussi** le directeur le détestait-il cordialement.

Victor Hugo, *Claude Gueux* (1834).

a) **Identifiez la classe grammaticale et la fonction des groupes soulignés.**

b) **Identifiez le lien exprimé par l'adverbe en gras.**

c) **Transformez les deux dernières phrases du texte en une seule phrase comportant une subordonnée.**

4 **Transformez la 2e proposition en proposition subordonnée dont vous indiquerez le sens.**

1. Il a reçu une coupe ; il a gagné la course.

2. Il neige ; la route est coupée.

3. Ses parents lui ont donné de l'argent ; il pourra partir aux États-Unis.

5 **Complétez ces propositions en respectant les consignes (classe grammaticale, circonstance).**

1. Elle regarde la télévision. (GN, temps ; groupe infinitif, but)

2. Notre famille déménage. (adverbe, temps ; prop. sub., cause)

3. J'ai eu chaud. (gérondif, temps ; prop. sub., conséquence)

6 *J'applique pour lire*

Pangloss, un philosophe optimiste, explique sa théorie.

« Il est démontré, disait-il, que les choses ne peuvent être autrement : car, tout étant fait pour une fin, tout est nécessairement pour la meilleure fin. Remarquez bien que les nez ont été faits pour porter des lunettes, **aussi avons-nous des lunettes**. Les jambes sont visiblement instituées pour être chaussées, **et nous avons des chausses**. Les pierres ont été formées pour être taillées, et pour en faire des châteaux, **aussi monseigneur a un très beau château**. »

Voltaire, *Candide* (1759).

a) **Quel est le sens des compléments soulignés ? Identifiez leur classe grammaticale.**

b) **Relevez une conjonction de coordination exprimant la cause.**

c) **Quel est le sens des indépendantes en gras ? Pensez-vous que ces conclusions doivent être prises au sérieux ? Quelle est l'intention de Voltaire ?**

7 *J'applique pour écrire*

Rédigez un paragraphe argumentatif pour défendre une cause sérieuse (la paix, la protection des espèces menacées…) ou fantaisiste (remplacer l'école par les jeux, instaurer la semaine de deux jours de travail…).

Consigne
- 15 lignes
- 3 CC (cause, conséquence, but)

Chacun son rythme

Cochez la couleur que vous avez le mieux réussie.

- Relevez de nouveaux défis ! → exercice 4 p. 60
- Améliorez vos performances ! → exercice 5 p. 60
- Confirmez votre réussite ! → exercice 6 p. 60

21 Les compléments circonstanciels : condition, opposition, comparaison

J'observe

Je me dépêche alors que toi tu traînes. Si tu ne viens pas à la piscine, je n'irai pas non plus.

Soulignez en rouge la proposition qui exprime une condition.
Soulignez en bleu la proposition qui souligne une opposition entre deux attitudes.

Je retiens

A COMMENT RECONNAÎTRE LES CC D'OPPOSITION, DE COMPARAISON ET DE CONDITION ?

Complément circonstanciel	Sens	Exemple
Condition (Cond)	À quelle condition ?	***Si tu as un peu de temps***, *passe me voir.*
Opposition (Op)	Contrairement à qui, à quoi ? Malgré quoi ?	*Je lis,* ***tandis que toi tu cours.***
Comparaison (Comp)	Comme quoi, qui ?	*Elle nage* ***comme un poisson.***

B QUELLES SONT LEURS CLASSES GRAMMATICALES ?

- Un **nom** ou GN. — ***Malgré le froid***, *je suis sortie.* (Op)
- Un **pronom**. — ***Sans toi***, *je serais tombée.* (Cond)
- Un **infinitif** ou groupe infinitif. — *Je viens,* ***à condition de vous aider.*** (Cond)
- Un **gérondif**. — ***En dormant davantage***, *tu te sentiras mieux.* (Cond)
- Une **proposition subordonnée**. — ***Alors qu'il rit***, *tu pleures.* (Op)
- Une **indépendante coordonnée**. — *Il est venu,* ***mais nous n'avons pas parlé.*** (Op)

C QUELS SONT LES MOTS INVARIABLES QUI LES INTRODUISENT ?

	Prépositions	Conjonctions, adverbes
Condition	*En cas de, avec, sans, à condition de…*	*Si, à condition que, à supposer que…*
Opposition	*Malgré, en dépit de, au lieu de, avec, sans, et…*	*Bien que, quoique, alors que, même si, tandis que…* *Mais, pourtant, cependant, toutefois…*
Comparaison	*À la façon de, à la manière de…*	*Comme, de même que…*

Je m'entraîne

1 Classez les groupes soulignés par leur numéro dans le tableau.

1. Si tu manges trop de sucre, tu ne pourras plus t'arrêter.
2. Bien qu'il soit très impressionnant, ce chien est très gentil.
3. Elle le regarde comme elle regarderait un extraterrestre.
4. En cas de besoin, téléphonez-nous.
5. Au lieu de partir, le train resta en gare.
6. Malgré la neige, les vols seront tous assurés.
7. Tout s'est déroulé ainsi que nous l'avions prévu.
8. À la moindre remarque, il se met en colère.
9. En dépit de son sourire, elle est très autoritaire.
10. Sans ton intervention rapide, la maison brûlait.
11. Nous allons être en retard, tu marches comme une tortue.
12. Même si tu insistes, elle ne viendra pas.

Condition	Opposition	Comparaison
…………	…………	…………

2 **Réécrivez ces couples de phrases en introduisant un lien d'opposition de la classe grammaticale indiquée.**

1. Il fait chaud dans la cuisine. Le salon est glacé. (indépendante coordonnée) ....

2. Ma sœur est très bavarde. Moi je suis très réservée. (prop. sub.) ....

3. C'est interdit. La voiture s'est engagée dans la rue. (GN) ....

3 **Lisez le texte et répondez aux questions.**

Zadig vient de rencontrer un ermite[1].

« Vous me paraissez bien chagrin, lui dit ce bon père. – Hélas ! que j'en ai sujet ! dit Zadig. – Si vous permettez que je vous accompagne, repartit le vieillard, peut-être vous serais-je utile [...]. »

Les deux voyageurs arrivèrent le soir à un château superbe. [...] On les présenta à un principal domestique, qui leur fit voir les appartements magnifiques du maître. Ils furent admis à sa table, au bas bout, **sans que le seigneur du château les honorât d'un regard** ; *mais* ils furent servis comme les autres, avec délicatesse et profusion.

Voltaire, *Zadig* (1747).

1. Religieux retiré dans un lieu désert.

a) Soulignez une subordonnée de condition.

b) Quel lien logique exprime le mot en italique ? Remplacez-le par un mot invariable de sens voisin.

....

c) Identifiez la fonction du groupe en gras, puis réécrivez-le en modifiant la conjonction mais pas le sens. ....

4 ***J'applique pour lire***

Le narrateur est un Persan qui vient d'arriver à Paris.

Tous voulaient me voir. Si je sortais, tout le monde se mettait aux fenêtres ; si j'étais aux Tuileries, je voyais aussitôt un cercle se former autour de moi : les femmes même faisaient un arc-en-ciel, nuancé de mille couleurs, qui m'entourait ; si j'étais aux spectacles, je trouvais d'abord cent lorgnettes dressées contre ma figure [...]. Je souriais quelquefois d'entendre des gens qui n'étaient presque jamais sortis de leur chambre, qui disaient entre eux : « Il faut avouer qu'il a l'air bien persan. » [...]

Je ne me croyais pas un homme si curieux et si rare ; et, **quoique j'aie très bonne opinion de moi,** je ne me serais jamais imaginé que je dusse troubler le repos d'une grande ville où je n'étais point connu.

Montesquieu, *Lettres persanes* (1721), lettre XXX.

a) Identifiez le complément en gras (classe grammaticale, circonstance exprimée).

....

b) Soulignez trois subordonnées CC de condition. Quelle idée mettent-elles en valeur ?

....

c) Réécrivez les subordonnées que vous avez soulignées en mettant le verbe au présent et en faisant les modifications nécessaires dans la proposition principale.

....

5 ***J'applique pour écrire***

Racontez un épisode où, pour une raison quelconque, un personnage est l'objet d'une curiosité excessive.

Consigne
- 20 lignes
- 2 compléments (condition)
- 1 complément (opposition)

Cochez la couleur que vous avez le mieux réussie.

Chacun son rythme

Relevez de nouveaux défis ! → exercice 7 p. 61
Améliorez vos performances ! → exercice 8 p. 61
Confirmez votre réussite ! → exercice 9 p. 61

22 Les subordonnées infinitives et participiales

J'observe

Tout étant prêt, nous pouvons partir : j'entends la voiture arriver.

À quels modes sont les verbes dans les groupes en gras ? ....

....

Relevez leurs sujets. ....

Je retiens

A QU'EST-CE QU'UNE PROPOSITION INFINITIVE ?

- Une proposition infinitive est une subordonnée dont le **verbe à l'infinitif** a son **propre sujet**, différent de celui du verbe de la proposition principale.
- Elle est toujours **COD**.
- Elle se rencontre après les verbes *laisser, faire* et les verbes de perception : *voir, entendre, sentir...*

*Ana écoute **les oiseaux chanter**.*

Sujet de *écoute* — Sujet de *chanter*

Remarque : le sujet du verbe à l'infinitif peut être un **pronom personnel** : *je **les** entends **chanter***

B QU'EST-CE QU'UNE PROPOSITION PARTICIPIALE ?

- Une proposition participiale est une subordonnée dont le **verbe au participe** (présent ou passé) a son **propre sujet** différent de celui du verbe de la proposition principale.
- Elle est toujours **complément circonstanciel** (le plus souvent de temps, cause, condition).

***Le temps étant incertain**, la réunion se tiendra à l'intérieur.*

CC de cause

Je m'entraîne

1 Soulignez les propositions participiales, encadrez leurs sujets.

1. Tous mes devoirs étant terminés, je vais me promener. • La route étant trop dangereuse, nous renonçons à ce voyage.

2. Je suis rentrée chez moi une fois la salle remise en état. • Julie n'ayant pas répondu à mon message, je pars seule.

3. Les prévisions météorologiques étant mauvaises, nous annulerons la réunion prévue dans le parc. • Mes parents venant me chercher tôt, je quitterai la fête vers 20 heures.

2 Indiquez la fonction des propositions participiales en gras, puis réécrivez-les en les remplaçant par une subordonnée conjonctive de même sens.

1. **Une fois la pâte terminée**, je mets le gâteau au four. ....

....

2. **Les moustiques me faisant peur**, je préfère fermer la fenêtre. ....

....

....

3. **Toutes les précautions prises**, nous aurions évité le drame. ....

....

....

3 Lisez le texte, puis répondez aux questions.

Simon et Jeanne, jeune couple provincial, visitent Paris pour la première fois.

Une fois la première semaine écoulée, il [Simon] dit à sa jeune compagne : […]

« Si tu veux, ma chérie, […] nous allons prendre l'omnibus.[…] Monte dans l'intérieur, moi je grimpe dessus pour fumer au moins une cigarette avant mon déjeuner. » […]

Tous les autres voyageurs alignés et muets […] avaient l'air d'une collection de caricatures. […] Les cahots de la voiture ballotaient un peu leurs têtes, les secouaient, faisaient trembloter la peau flasque des joues ; et la trépidation des roues les abrutissant, ils semblaient idiots et endormis.

Guy de Maupassant, « La dot » (1884).

a) Soulignez la proposition participiale dans la phrase en gras et indiquez son sujet et sa fonction.

....

....

b) Soulignez une autre proposition participiale à la fin du texte, puis indiquez sa fonction.

....

....

c) Réécrivez les deux phrases contenant des participiales en les remplaçant par des subordonnées conjonctives.

....

....

....

....

Le pronom personnel sujet de l'infinitive est placé avant le verbe conjugué.

4 Réécrivez ces phrases en remplaçant le sujet des infinitives en gras par un pronom personnel.

1. J'écoute **le tonnerre** gronder.

....

2. Ils laissent **les enfants** jouer dehors.

....

3. J'ai fait travailler **mon petit frère**.

....

5 Soulignez les propositions infinitives et encadrez leurs sujets.

1. J'ai vu mon petit frère sortir. • Mes parents regardent notre chat jouer avec une balle.

2. Je vois le soleil se lever. • J'ai observé les nuages noirs obscurcir le ciel.

3. Elle ne nous a pas entendus arriver. • Elle n'a pas laissé ma sœur entrer.

6 *J'applique pour lire*

Monsieur Madeleine essaie de sauver un vieil homme écrasé sous la charrette qu'il conduisait.

On vit Madeleine presque à plat ventre sous ce poids effrayant essayer deux fois en vain de rapprocher ses coudes de ses genoux. On lui cria : « Père Madeleine ! retirez-vous de là ! » […]

Les assistants haletaient. Les roues avaient continué de s'enfoncer, et il était déjà devenu presque impossible que Madeleine sortît de dessous la voiture.

Tout à coup on vit l'énorme masse s'ébranler, la charrette se soulevait lentement, les roues sortaient à demi de l'ornière. *On entendit une voix étouffée qui criait* : « Dépêchez-vous ! aidez ! » C'était Madeleine qui venait de faire un dernier effort.

Victor Hugo, *Les Misérables* (1862).

a) Soulignez deux propositions infinitives et indiquez leur sujet.

....

....

b) Dans la phrase en italique, remplacez le groupe souligné par une proposition infinitive.

....

c) Que mettent en valeur ces propositions infinitives et les verbes des propositions principales qui les précèdent ? ....

....

....

....

....

7 *J'applique pour écrire*

À votre tour, racontez un exploit auquel vous avez assisté et analysez ce que vous avez ressenti.

Consigne
- 20 lignes
- 1 prop. infinitive
- 1 prop. participiale

Cochez la couleur que vous avez le mieux réussie.

Relevez de nouveaux défis ! → exercices 10, 11 p. 61
Améliorez vos performances ! → exercice 12 p. 61
Confirmez votre réussite ! → exercice 13 p. 61

Chacun son rythme

Chacun son rythme

Les compléments circonstanciels (1)

Temps, lieu, manière, moyen, accompagnement

1. *Quiz* Cochez les phrases vraies.

- [ ] Les CC ne sont pas supprimables.
- [ ] Les CC de lieu et de temps répondent aux questions *où* ? et *quand* ?
- [ ] Un adverbe ne peut pas être CC.
- [ ] Les CC de manière, moyen et accompagnement peuvent être introduits par *avec*.

2. *Chasse aux intrus* Barrez les groupes soulignés qui ne sont pas compléments circonstanciels.

1. Ne t'éloigne pas de nous. • Il se souvient de nous. • Elle est très appréciée de tous.

2. Ils nous ont rejoints à dix heures. • Je n'ai pas résisté à cette proposition. • La fête s'est terminée à minuit.

3. Je suis entrée par la fenêtre. • J'ai raté ce rendez-vous par négligence.

4. Nous sommes partis en voiture. • Ils ont tout fait en très peu de temps. • On m'a offert une montre en or.

3. *Grille* Trouvez dans cette grille cinq prépositions que vous utiliserez pour introduire un complément circonstanciel dans une phrase de votre composition.

H	C	E	V	A
E	F	G	E	S
R	J	R	R	E
D	A	N	S	R
P	O	U	R	P
T	N	A	V	A

Phrase 1 : ....

....

Phrase 2 : ....

Phrase 3 : ....

....

Phrase 4 : ....

....

Phrase 5 : ....

Les compléments circonstanciels (2)

Cause, conséquence, but

4. *Quiz* Cochez les phrases vraies.

- [ ] La cause explique pourquoi un fait a eu lieu.
- [ ] La conséquence indique le résultat de l'action.
- [ ] Le complément de but est souvent introduit par *pour*.
- [ ] La conjonction *car* exprime la conséquence.

5. *Méli-mélo* Associez ces propositions grâce à un outil grammatical introduisant un rapport de cause ou de conséquence.

Causes : Elle adore le cinéma. • J'avais oublié ma carte d'identité. • Il y a des travaux sur la voie ferrée. • Elle est restée longtemps sur la plage. • Les enfants ont fait un stage de voile.

Conséquences : Je lui ai offert un abonnement d'un an. • Je n'ai pas pu partir avec les autres. • Elle a attrapé un coup de soleil. • Les enfants sont en pleine forme. • J'irai travailler en voiture.

1. ....

....

2. ....

....

3. ....

....

4. ....

....

5. ....

....

6. *Lettres mêlées* Retrouvez les conjonctions ou prépositions dont les lettres ont été mélangées, puis utilisez-les pour introduire des compléments de but dans des phrases de votre composition.

ruop (..................) • nifa euq (..........................) • ed trinace euq (..........................) • ne uev ed (..........................) • ed ruep ueq (..........................)

1. ....

2. ....

3. ....

....

4. ....

....

5. ....

Chacun son rythme

Les compléments circonstanciels (3)

Condition, opposition, comparaison

7. *Quiz* Cochez les phrases vraies.

☐ Le complément d'opposition est souvent introduit par *bien que* ou *quoique*.

☐ La subordonnée de condition n'est jamais introduite par *si*.

☐ La subordonnée de comparaison est souvent introduite par *comme*.

☐ Le gérondif peut exprimer la condition.

8. *Méli-mélo* Associez ces propositions en introduisant un rapport d'opposition. Ne reprenez pas deux fois le même outil grammatical.

Liste 1 : L'avion décolle. • Darina est rousse. • J'ai fini mes devoirs. • Elle ne m'a pas convaincue. • Elle est toujours souriante.

Liste 2 : Elle a fait un bon discours. • Toi tu ne les as pas commencés. • Le vent souffle très fort. • Sa sœur jumelle est brune. • Son frère est toujours de mauvaise humeur.

1. ....
2. ....
3. ....
4. ....
5. ....

9. *Casse-tête* Barrez tous les mots qui ne peuvent pas désigner la classe grammaticale d'un complément exprimant la condition, puis rédigez une phrase illustrant les quatre classes trouvées.

uniquegérondifdifficilechantervoituregroupenominalrangermais groupeinfinitifverre propositionsubordonnéerougirmaison.

1. ....
2. ....
3. ....
4. ....

Les subordonnées infinitives et participiales

10. *Quiz* Cochez les phrases vraies.

☐ Les propositions infinitives et participiales ont leur sujet propre.

☐ Les propositions infinitives sont parfois COD.

☐ Les propositions participiales sont toujours CC.

☐ Le verbe d'une proposition participiale est un participe présent.

11. *Chasse aux intrus* Barrez les phrases qui ne comportent ni infinitives, ni participiales.

1. J'ai entendu une porte claquer.
2. Avant de sortir, n'oublie pas de fermer la fenêtre.
3. Ayant beaucoup couru, je suis essoufflée.
4. Cet article étant épuisé, vous devez choisir un autre modèle.
5. Je vois les voisins sortir de chez eux.

12. *Méli-mélo* Les fonctions des propositions participiales en gras ont été mélangées. Replacez-les correctement.

CC de cause • CC de temps • CC de condition • CC de temps • CC de cause

1. **Toutes les valises bouclées**, nous nous installons dans la voiture. ....
2. **La tempête arrivant une heure plus tôt**, nous aurions fait naufrage. ....
3. **Toutes les places ayant été vendues en une heure**, nous n'avons pas pu assister au concert. ....
4. **Ceci dit**, je pars. ....
5. **Mon parapluie étant resté à la maison**, je suis trempée ! ....

13. *Remue-méninges* Réécrivez ces phrases pour qu'elles contiennent une infinitive ou une participiale.

1. J'entends des pas qui se rapprochent. ....
2. Puisque le soleil est de retour, nous pouvons aller à la plage. ....
3. Dès que le rideau est tombé, les spectateurs se lèvent. ....
4. Je vois que les invités arrivent. ....
5. J'ai brûlé mon tee-shirt, parce que j'ai mal réglé la température du fer à repasser. ....

Bilan 23

Je sais reconnaître les principales fonctions

J'observe

La semaine dernière, un pilote d'hélicoptère a repéré deux bateaux *au milieu de l'Océan*.

Qui fait l'action exprimée par le verbe souligné ? ....

Quel groupe complète ce verbe ? ....

Quels renseignements apportent les groupes en italique ? ....

Je retiens

A COMMENT RECONNAÎTRE UN SUJET ?

- C'est un élément essentiel de la phrase qui indique **de qui** ou **de quoi** parle le **verbe**.
- Il désigne **qui fait l'action** (forme active) ou **qui la subit** (forme passive).
- Placé le plus souvent **avant le verbe**, il peut être **inversé**.

__Les enfants__ arrivent. __L'arbre__ a été abattu par la tempête. D'où viennent-__ils__ ?

B COMMENT RECONNAÎTRE UN ATTRIBUT DU SUJET ?

- C'est un élément essentiel qui apporte des **précisions** sur le sujet et se rencontre après un **verbe d'état** *(être, paraître, sembler, passer pour, avoir l'air…)*.

Ces remarques semblent __intéressantes__. Ce bébé est __mon petit cousin__.

C COMMENT RECONNAÎTRE UN COMPLÉMENT ESSENTIEL ?

- C'est un élément **essentiel** qui précise l'**idée** exprimée par le **verbe** :

– **COD** (sans préposition), *Je crois __qu'elle est là__.* (COD)

– **COI** (avec préposition), *Je pense __à lui__.* (COI)

– **attribut du COD** (précise le COD), *Je trouve ce paysage __magnifique__.*

– **complément essentiel** de lieu, temps, prix… *Cette courgette pèse __3 kilos__.*

– Le **complément d'agent** (à la forme passive), introduit par *de* ou *par* (est supprimable).

Ce dessin a été peint __par un enfant__.

D COMMENT RECONNAÎTRE UN COMPLÉMENT CIRCONSTANCIEL ?

- C'est un élément que l'on peut **déplacer** ou **supprimer** sans nuire à la correction grammaticale de la phrase.
- Il renseigne sur les **circonstances de l'action** ou sur les **liens logiques** qui permettent de mieux comprendre l'idée principale.

__Hier__ (date), __comme je me sentais fatiguée__ (cause), je ne suis pas sortie.

Je m'entraîne

1 Soulignez en bleu les sujets, en rouge les compléments d'objet et les attributs du sujet et en vert les compléments circonstanciels.

1. La ville la plus froide du monde est Oïmiakon. En plein hiver, dans ce petit village de Sibérie, les températures sont glaciales.

2. Il y a cinq cents ans, les êtres humains construisaient déjà des robots. Les robots ont toujours fasciné les humains.

3. Il y a quelques jours, dans un zoo, des tigres ont attaqué et capturé un drone. Le saviez-vous ? Ils l'ont croqué et l'engin volant a pris feu.

2 Lisez le texte et répondez aux questions.

> **Elle** s'approcha *à pas de loup* de la fenêtre qui était encore ouverte. **Une persienne** servit à la cacher. *Au fond de la chambre* il y avait un lit et quelqu'un dans ce lit. **Son premier mouvement** fut de se retirer ; mais **elle** aperçut une robe de femme jetée sur une chaise. *En regardant mieux la personne qui était au lit,* **elle** vit qu'**elle** était blonde et apparemment fort jeune. **Elle** ne douta plus que **ce** ne fût une femme. **La robe jetée sur une chaise** était ensanglantée.
>
> Stendhal, *Vanina Vanini* (1829).

a) Quelle est la fonction des groupes en gras ?

....

b) Quelle est la fonction des groupes en italique ?

....

....

....

c) Encadrez les groupes qui complètent les verbes soulignés puis indiquez leurs fonctions.

....

....

....

3 Constituez une phrase à partir de ces verbes conjugués et identifiez la fonction des éléments ajoutés.

1. .... ai rencontré ....•

.... a été recouverte ....

2. .... ont offert .... •

a été couronné ....

3. .... a appelé ce petit chat ....•

.... suis fatigué ....

4 Complétez ces débuts de phrases conformément aux consignes.

1. 1 COD + 1 CC

Mes parents m'ont offert ....

....

....

2. 1 att. du sujet + 2 CC

Ma petite sœur deviendra ....

....

....

....

....

3. 1 COD + 1 attr. du COD + 1 CC

Nous avons élu ....

....

....

5 J'applique pour lire

> *Georges Duroy doit se battre en duel le lendemain.*
>
> Non certes il n'aurait pas peur puisqu'il était résolu à aller jusqu'au bout, puisqu'il avait cette volonté bien arrêtée de se battre, de ne pas trembler. Mais il se sentait si profondément ému qu'il se demanda : « Peut-on avoir peur malgré soi ? » Et ce doute l'envahit, cette inquiétude, cette épouvante ! **Si une force plus puissante que sa volonté, dominatrice, irrésistible, le domptait**, qu'arriverait-il ? Oui, que pouvait-il arriver ?
>
> Guy de Maupassant, *Bel-Ami* (1885).

a) Quelle est la fonction des propositions soulignées ? Que mettent-elles en valeur ?

....

....

....

....

b) Relevez le sujet du verbe en rouge. Quels mots reprennent ce sujet ? Quelle évolution des sentiments mettent-ils en valeur ?

....

....

....

....

c) Qu'exprime le complément circonstanciel en gras ? En quoi fait-il monter la tension dramatique ?

....

....

....

....

....

6 J'applique pour écrire

Comme le personnage de l'exercice 5, vous avez un jour eu peur avant un événement important. Racontez cet épisode.

Consigne
- 20 lignes
- 1 attribut du sujet
- 2 compléments d'objet
- 3 CC

MÉTHODE 3 Comment enrichir son texte avec des subordonnées ?

Savoir bien utiliser les subordonnées permet d'apporter des précisions qui enrichissent une rédaction.

Je sais utiliser les subordonnées relatives

- Les subordonnées **relatives** sont des **expansions du nom**.
- Elles permettent de **décrire**, d'**évoquer le passé**, d'**analyser les sentiments**, d'**expliquer des actions**...

Le village, dans la nuit des temps, fut fondé par les Mahé, une famille ***qui vint s'établir là et qui poussa fortement au pied de la falaise****.* (*É. Zola*) → Les relatives évoquent le passé de la famille.

Je vérifie que j'ai bien compris

1 Lisez le texte et répondez aux questions.

Une longue maison rouge, avec cinq portes vitrées, sous des vignes vierges, à l'extrémité du bourg ; une cour immense avec préaux et buanderie, qui ouvrait en avant sur le village par un grand portail ; sur le côté nord, la route où donnait une petite grille et qui menait vers la gare, à trois kilomètres ; au sud et par-derrière, des champs, des jardins et des prés qui rejoignaient les faubourgs... tel est le plan sommaire de cette demeure où s'écoulèrent les jours les plus tourmentés et les plus chers de ma vie – demeure d'où partirent et où revinrent se briser, comme des vagues sur un rocher désert, nos aventures.

Alain-Fournier, *Le Grand Meaulnes* (1913).

a) Soulignez les sept propositions relatives.

b) Quels sont les deux types de renseignements fournis par ces propositions ?

....

....

....

....

....

....

....

....

....

2 Complétez les relatives en donnant par exemple des précisions de lieu ou sur le passé.

1. Nous avons emprunté le petit chemin qui ....
et que ....
2. J'ai revu hier le village où ....
et où ....
3. J'ai rassemblé dans cette pièce tous les objets auxquels ....
et dont ....

Je sais utiliser les subordonnées compléments circonstanciels

- Les subordonnées **compléments circonstanciels** donnent des précisions sur les **circonstances** des actions :
  – en les situant dans le **temps** ;
  – en expliquant leur **enchaînement** (cause, conséquence, condition...).

Dès qu'il est apparu dans le village dix ans après son départ pour l'Amérique (subordonnée qui donne des renseignements sur le passé), *la nouvelle s'est répandue comme une traînée de poudre, parce que personne ne l'avait oublié* (subordonnée qui explique le comportement des villageois).

Je vérifie que j'ai bien compris

3 Remplacez le GN souligné par une proposition subordonnée qui apportera plus de précisions.

1. J'ai choisi ce métier par passion. ....
2. Je m'ennuie depuis ton départ. ....
3. À ta place, je n'aurais pas été capable de plonger. ....
4. Tu as accepté ce projet, malgré mes réticences. ....

Je sais utiliser les subordonnées essentielles

- Les subordonnées **conjonctives** avec ***que*** permettent de développer les **informations** fournies par le complément d'objet.

  J'attends mon train. (COD)
  J'attends ***que mon train prévu à huit heures arrive.*** (sub.)

- Les subordonnées **interrogatives indirectes** permettent d'intégrer une **question** à un texte en évitant la formulation *est-ce que*, l'inversion du sujet et la ponctuation spécifique.

  Je leur ai demandé : « Quand est-ce que vous rentrez ? » → Je leur ai demandé ***quand ils rentraient.***

Je vérifie que j'ai bien compris

4 Remplacez le GN COD par une proposition subordonnée COD que vous enrichirez de quelques précisions.

1. Nous craignons une défaillance technique. ....
2. Nous demandons l'abandon du projet. ....
3. On a prouvé l'authenticité de cette lettre. ....

5 Transformez ces interrogations directes en interrogations indirectes en commençant par l'expression entre parenthèses.

1. Comment est-ce que c'est possible ? (Expliquez-moi) ....
2. Où est-ce que j'ai rangé ce livre ? (Je ne sais plus) ....

6 Bilan Lisez le texte et répondez aux questions.

À huit heures, Millie[1], qui avait ouvert la porte pour jeter dehors les miettes du repas, fit : « Ah ! » d'une voix **si** claire **que nous nous approchâmes pour regarder**. Il y avait sur le seuil une couche de neige… Comme il faisait très sombre, je m'avançai de quelques pas dans la cour pour voir si la couche était profonde. Je sentis des flocons légers qui me glissaient sur la figure et fondaient aussitôt. On me fit rentrer très vite et Millie ferma la porte frileusement.

À neuf heures nous nous disposions à monter nous coucher ; ma mère avait déjà la lampe à la main, **lorsque nous entendîmes très nettement deux grands coups lancés à toute volée dans le portail, à l'autre bout de la cour**. Elle replaça la lampe sur la table et nous restâmes tous debout, aux aguets, l'oreille tendue.

Alain-Fournier, *Le Grand Meaulnes* (1913).

1. La mère du narrateur.

a) Soulignez les trois propositions relatives et précisez ce qu'elles apportent au texte.

....

b) Identifiez les circonstances exprimées par les subordonnées en gras. En quoi peut-on dire qu'elles jouent un rôle important dans l'action ?

....

c) Retrouvez dans le texte l'interrogative indirecte correspondant à la question : « Est-ce que la couche est profonde ? » ....

À RETENIR

- Les **différentes subordonnées** permettent de **décrire**, **développer** des informations, **préciser** les circonstances des actions.
- Elles aident à **enrichir** un texte en le rendant plus **clair** et plus **expressif**.

24 La formation des mots

RÉVISIONS

RÉPONSES P. 144

Je connais l'origine des mots

Mots issus du latin	Mots issus du grec	Mots issus d'autres langues
Mots empruntés ou déformés par l'usage ➤ *ex-aequo* ➤ *aqua → eau*	Mots formés à partir de radicaux (vocabulaire technique et scientifique) ➤ *micro (= petit) + scope (= voir) → microscope*	Mots d'origine gauloise, germanique, arabe, espagnole, anglaise.. ➤ *hasard, parking...*
Mots formés à partir de radicaux latins ➤ ***fragil**is → **fragil**e*		

1 **Complétez par un de ces mots latins directement passés en français.**

référendum • agenda • omnibus • alibi • a priori

a. Note bien tes devoirs dans ton ....

b. Le peuple sera consulté par ....

c. Cet homme a été interpellé par la police mais il avait un solide .... au moment du meurtre.

d. Le trajet sera long car le train est ....

e. Ma sœur n'a pas voulu m'accompagner au cinéma, elle a beaucoup d' .... au sujet des films policiers.

2 **Trouvez un mot français issu de ces mots latins ou grecs.**

a. *juvenis* : ....

b. *stratêgos* : ....

c. *theatron* : ....

d. *lupus* : ....

e. *libertas* : ....

f. *arkhaios* : ....

3 **Remplacez le mot souligné d'origine anglaise par un mot ou une expression française de sens voisin.**

a. J'attends les résultats de mon examen : le stress .... est intense.

b. J'adore l'odeur de l'after-shave .... de mon père.

c. La baby-sitter .... de ma petite sœur est anglaise.

d. Un audacieux hold-up .... s'est produit dans une agence bancaire du centre-ville.

e. Je voudrais intégrer une école de commerce pour travailler dans le marketing ....

f. Mets ta voiture au parking ....

g. Elle a des rollers ....

h. Elle a trouvé un bon job ....

Je sais former des mots dérivés

Préfixe : placé avant le radical, il modifie le sens du mot mais pas sa classe grammaticale.
➤ *possible, **im**possible*

Suffixe : ajouté après le radical, il change la classe grammaticale ou (parfois) modifie le sens.
➤ *jaune, jaun**ir** ; noir, noir**âtre***

4 **Formez des mots de sens contraire à l'aide d'un préfixe.**

a. lisible : ....

b. accord : ....

c. régulier : ....

d. entente : ....

e. adroit : ....

f. paraître : ....

g. normal : ....

h. légal : ....

5 **Formez des noms à partir des verbes et adjectifs suivants.**

a. avare : ....

b. immense : ....

c. nager : ....

d. blesser : ....

e. fier : ....

f. précis : ....

g. exclure : ....

h. honnête : ....

i. maigre : ....

j. élever : ....

6 **Lisez le texte et répondez aux questions.**

Demain, dès l'aube, à l'heure où **blanchit** la campagne,
Je partirai. Vois-tu, je sais que tu m'attends.
J'irai par la **forêt**, j'irai par la **montagne**.
Je ne puis demeurer loin de toi plus longtemps.

Victor Hugo, *Les Contemplations* (1856).

a) Utilisez le même préfixe pour modifier le sens des verbes soulignés. Quel est le sens du préfixe ? ....

....

b) Utilisez des suffixes pour changer la classe grammaticale des mots en gras. ....

....

Je sais reconnaître les familles de mots

Famille de mots : ensemble des mots ayant le même radical ou deux radicaux de même sens.

- Dans une même famille de mots, le **radical** peut avoir des **formes différentes**.
  ➤ *fleur, fleuriste, fleurir, floral, floraison*

- Une famille de mots peut être issue de deux **radicaux différents** de **même sens**.
  ➤ famille de *peuple* : ***popul**aire*, ***popul**ation* (radical *popul* = *peuple*) ; ***démo**cratie*, ***démo**cratique* (radical *démo* = *peuple*)

7 Regroupez ces mots en quatre familles.

a. passage **b.** horaire **c.** horrible **d.** dépasser **e.** terrasse
f. heure **g.** territoire **h.** horreur **i.** horloge **j.** terrine
k. passoire **l.** horrifier **m.** terrier **n.** dépassement
o. horodateur **p.** enterrer **q.** horoscope **r.** horripiler

Famille 1 : ....

Famille 2 : ....

Famille 3 : ....

Famille 4 : ....

8 Trouvez au moins quatre mots appartenant à la famille de *vie* : deux viendront du radical latin *vita* et deux du radical grec *bio*.

....

....

9 Pour chaque mot en gras, trouvez au moins trois mots de la même famille.

> Ayant **poussé** la porte étroite qui chancelle,
> Je me suis promené dans le petit **jardin**
> Qu'**éclairait doucement** le soleil du matin,
> Pailletant chaque fleur d'une humide étincelle.
>
> Paul Verlaine, « Après trois ans », dans *Poèmes saturniens* (1866).

Poussé : ....

....

Jardin : ....

Éclairait : ....

....

Doucement : ....

Je sais former des mots composés

Mot composé de deux radicaux grecs ou latins
➤ *polychrome* : des radicaux grecs ***poly*** *(plusieurs)* et ***chrom*** *(couleur)*
➤ *herbivore* : des radicaux latins ***herba*** *(herbe)* et ***vorare*** *(dévorer)*

Mot composé de deux mots français soudés, juxtaposés, reliés par un trait d'union ou une préposition
➤ *portefeuille, chou-fleur, pomme de terre.*

• **Attention** : les verbes ou mots invariables utilisés dans les mots composés restent **invariables** au pluriel ; les noms et adjectifs **s'accordent** si le sens le permet.
➤ *des laissez-passer, des gratte-ciel, des brosses à dents*

10 Formez des noms composés en associant ces mots (vous devrez parfois ajouter un trait d'union ou une préposition) puis mettez-les au pluriel.

Liste 1 : tire • moulin • chasse • essuie • hors • chou • camion • rouge

Liste 2 : citerne • glace • poivre • bouchon • gorge • neige • fleur • œuvre

....

....

....

....

....

....

....

11 ***J'applique pour écrire***

Rédigez un court paragraphe qui commencera, comme le poème de Verlaine (exercice 9), par « Ayant poussé la porte... » où vous raconterez comment vous avez découvert un lieu (jardin, nouvelle maison...).

Consigne
- 10 lignes
- 3 séries de 3 mots de la même famille

25 Le champ lexical et le champ sémantique

J'observe

La neige **tombe**, de gros flocons voltigent depuis ce matin, tout est blanc.

À quel thème se rattachent les mots soulignés ? ....

Tu **tombes** bien !

Le verbe *tomber* a-t-il le même sens que dans la première phrase ? Donnez une définition pour chaque sens.

....

....

Je retiens

A QU'EST-CE QU'UN CHAMP LEXICAL ?

- C'est l'ensemble des mots appartenant à un **même thème**.
- Ils peuvent appartenir à des **classes grammaticales différentes**.

  crayons, livres, cahiers, tableau, devoirs, étudier (champ lexical de l'école)

B QU'EST-CE QU'UN CHAMP SÉMANTIQUE ?

- C'est l'ensemble des **sens** qu'un même mot peut avoir. Un mot qui a plusieurs sens est **polysémique**.

  *J'ai admiré ce **tableau** de Picasso. Dans une classe, il y a souvent un **tableau**.*
- Certains mots ont un **sens propre** (souvent un sens concret) et un **sens figuré** (souvent imagé).

  *J'ai **dévoré** mon hamburger.* (sens propre) *J'ai **dévoré** cette BD.* (sens figuré)

Je m'entraîne

1 À quel champ lexical appartiennent ces listes ? Enrichissez-les d'au moins un mot.

1. ballon, poupée, ours en peluche, puzzle : ....

2. four, casserole, poêle, friteuse : ....

3. pic, alpinisme, sommet, vallée : ....

2 Proposez un synonyme différent du mot souligné pour chaque couple de phrases. Vous pouvez aussi utiliser une expression de sens voisin.

1. Ma grand-mère me donne souvent des cadeaux. .... • Nos fenêtres donnent sur la mer. ....

2. Ne touche pas à ce vase, il est fragile. .... • Notre voyage touche à sa fin. ....

3. Je ne me remets pas de cette maladie. .... • Je remets mon départ en vacances. ....

3 Rédigez trois phrases où ces adjectifs auront des sens différents.

1. Clair : ....

2. Doux : ....

3. Frais : ....

4 Lisez le texte et répondez aux questions.

Sous le pont Mirabeau coule la Seine
Et nos **amours**
Faut-il qu'il m'en souvienne
La **joie** venait toujours après la **peine**

Vienne la nuit sonne l'heure
Les jours s'en vont je demeure

Guillaume Apollinaire,
« Le pont Mirabeau », dans *Alcools* (1913).

a) Quel champ lexical apparaît dans le 1er vers ? Utilisez ensuite le nom souligné dans une phrase où il sera utilisé avec un sens figuré. ……

b) À quel champ lexical appartiennent les mots en gras ? Donnez le sens du mot souligné puis utilisez-le dans une phrase où il aura un autre sens. ……

c) À quel champ lexical se rattachent les mots en italique ? Le verbe souligné est-il utilisé au sens propre ? Utilisez-le dans une phrase où il aura un autre sens que vous préciserez. ……

5 Trouvez au moins quatre mots appartenant au champ lexical proposé.

1. Cinéma : ……

2. Musique : ……

3. Théâtre : ……

6 Trouvez le mot qui pourrait compléter chaque série puis proposez une phrase avec un autre sens.

1. Il y avait du …… hier au cinéma. • Le …… sous-marin me fascine. • ……

2. J'ai mal à la …… • Ma sœur est toujours en …… • Ma mère est à la …… d'une grosse entreprise. • ……

3. Il a les …… fragiles. • L'argent est le …… de la guerre. • Par moments, tu me tapes sur les …… • Elle s'est sectionné un …… • ……

7 J'applique pour lire

Salut, bois couronnés d'un reste de verdure,
Feuillages jaunissants sur les gazons épars !
Salut, derniers beaux jours ! le deuil de la nature
Convient à la douleur et plaît à mes regards.

Je **suis** d'un pas rêveur le sentier solitaire ;
J'aime à revoir encor, pour la dernière fois,
Ce soleil pâlissant, dont la faible **lumière**
Perce à peine à mes **pieds** l'obscurité des bois.

Alphonse de Lamartine, « L'automne »,
dans *Méditations poétiques* (1820).

a) Soulignez en rouge les mots ou expressions qui se rattachent au champ lexical de l'automne.

b) À quel champ lexical peut-on rattacher les mots en rouge ? Pourquoi le poète l'associe-t-il à l'automne ? ……

c) Utilisez les mots en gras dans une phrase où ils auront un sens différent. ……

8 J'applique pour écrire

En vous inspirant du poème de Lamartine (exercice 7), évoquez la nature au printemps et les sentiments joyeux qu'elle suscite en vous. Vous pouvez commencer par *Salut*…

Consigne
- 10 lignes environ
- 5 mots du champ lexical du printemps

Cochez la couleur que vous avez le mieux réussie.

- Relevez de nouveaux défis ! → exercices 1, 2 p. 72
- Améliorez vos performances ! → exercices 3, 4 p. 72
- Confirmez votre réussite ! → exercices 5, 6 p. 72

Chacun son rythme

26 Les reprises pour éviter les répétitions ou enrichir son texte

J'observe

Ma grand-mère a un perroquet ; cet oiseau bavard distrait beaucoup cette vieille dame solitaire.

Quels mots reprennent les groupes soulignés ? ....

Quels autres renseignements apportent-ils ? ....

Je retiens

A POURQUOI ET COMMENT FAIRE UNE REPRISE PRONOMINALE ?

• Les reprises pronominales permettent d'**éviter la répétition** d'un mot, d'un groupe de mots ou d'une proposition.

• On peut utiliser un **pronom** :

– **personnel**. *Elle est reçue, je **le** sais.*

– **démonstratif**. *J'ai perdu mes gants de laine ; **ceux-ci** ne sont pas assez chauds.*

– **possessif**. *J'ai acheté un nouveau manteau : **le mien** était usé.*

– **indéfini**. *Tous mes amis sont arrivés, **certains** viennent de très loin.*

– **relatif**. *Je t'ai apporté le livre **dont** je t'avais parlé.*

B POURQUOI ET COMMENT FAIRE UNE REPRISE NOMINALE ?

• Les reprises nominales permettent d'**éviter une répétition** et parfois d'apporter des **précisions** sur le mot ou le groupe repris.

• On peut utiliser :

– le **même nom** avec **un autre déterminant** et éventuellement **un adjectif**,
*Un lion s'est échappé du zoo, **ce lion très dangereux** a été vite retrouvé.*

– un **synonyme**. *Trois lionceaux sont nés : la lionne nourrit **ses petits**.*

– un **terme générique** (nom plus général). *Un lion s'est échappé, **ce félin** est dangereux.*

– une **périphrase** (groupe de mots qui le caractérise). *Nous avons visité Paris, **la ville lumière** nous a séduits.*

– un **nom résumant une proposition**. *Un lion s'est échappé du zoo, **cette évasion** m'a affolé.*

Je m'entraîne

1 Soulignez les reprises pronominales. Identifiez le pronom et le mot ou groupe remplacé.

1. J'ai rencontré Karim qui courait parce qu'il était en retard. ....

....

2. – Veux-tu choisir ton dessert ? – Cela m'est égal.
– Celui-ci est plus léger, mais moi je préfère celui-là.

....

....

3. Tous mes amis étaient là : les uns étaient venus en train, les autres en voiture, la plupart à pied.

....

2 Soulignez les reprises nominales et pronominales puis identifiez-les.

1. J'aime les fables de La Fontaine. Ces fables nous délivrent toujours une morale intéressante. ....

....

2. Cette leçon est le plus souvent exprimée à la fin du texte. ....
On y rencontre souvent des renards.

....

3. Ces animaux ont des caractéristiques humaines : le mammifère roux incarne la ruse. ....

....

3 Lisez le texte et répondez aux questions.

Capitaine Renard allait de compagnie
Avec son ami Bouc des plus haut encornés.
Celui-ci ne voyait pas plus loin que son nez ;
L'autre était passé maître en fait de tromperie.
La soif les obligea de descendre en un puits.
Là chacun d'eux se désaltère.

J. de La Fontaine, « Le Renard et le Bouc », *Fables* (1668).

- **a) Identifiez le pronom souligné. Quel(s) mot(s) reprend-il ?** ……………………………………
- **b) Quel GN le pronom en gras reprend-il ? Quelle est sa classe grammaticale ?** ……………………………………
- **c) Relevez deux autres reprises pronominales, identifiez-les et précisez les mots repris.** ……………………………………

4 Complétez par un pronom reprenant les mots en gras.

1. **Les fonds sous-marins** sont fascinants ; on …………… rencontre des espèces étranges.
2. La faune sous-marine est dotée de **talents exceptionnels** …………… personne ne soupçonne.
3. **Beaucoup d'espèces** ont des couleurs extraordinaires : …………… sont rouge vif, …………… bleu turquoise.

5 Complétez par une reprise nominale conforme aux consignes.

1. **Même nom avec adjectif** Je viens d'adopter un chat : …………… est noir et blanc.
2. **Synonyme** Mon père m'a offert un livre ; je te montrerai …………… quand tu viendras.
3. **Nom générique** Ma mère m'a acheté un fauteuil et un nouveau bureau, elle a trouvé …………… dans une brocante.

6 Remplacez le contenu des propositions soulignées par une reprise nominale.

1. J'ai eu un nouveau portable pour mon anniversaire : …………… m'a fait plaisir.
2. La police a interrogé tous les témoins, mais …………… n'a rien donné.
3. Notre car a percuté une voiture, mais heureusement …………… n'a fait aucune victime.

7 J'applique pour lire

Il est un pays superbe, *un pays de Cocagne*, dit-on, que je rêve de visiter avec une vieille amie. Pays singulier, noyé dans les brumes de notre Nord, et qu'on pourrait appeler l'Orient de l'Occident, la Chine de l'Europe, tant la chaude et capricieuse fantaisie s'y est donné carrière, tant elle l'a patiemment et opiniâtrement illustré de ses savantes et délicates végétations.

Un vrai pays de Cocagne, où tout est beau, riche, tranquille, honnête ; où le luxe a plaisir à se mirer[1] dans l'ordre ; où la vie est grasse et douce à respirer ; d'où le désordre, la turbulence et l'imprévu sont exclus.

Charles Baudelaire, « L'invitation au voyage », dans *Petits poèmes en prose* (1869).

1. Se refléter.

a) Identifiez les trois pronoms en rouge et indiquez ce qu'ils remplacent. ……………………………………

b) Soulignez une reprise nominale et une reprise pronominale répétée pour les GN en italique.

c) Que mettent en valeur ces deux reprises ? ……………………………………

8 J'applique pour écrire

Décrivez un pays idéal qui représenterait tout ce que vous aimez. Les reprises nominales que vous choisirez donneront des précisions sur ce pays.

Consigne
- 15 lignes
- 3 reprises pronominales
- 3 reprises nominales

Cochez la couleur que vous avez le mieux réussie.

- Relevez de nouveaux défis ! → exercices 7, 8 p. 73
- Améliorez vos performances ! → exercices 9, 10 p. 73
- Confirmez votre réussite ! → exercices 11, 12 p. 73

Chacun son rythme

Chacun son rythme

Le champ sémantique et le champ lexical

1. *Quiz* **Cochez les phrases vraies.**

- [ ] Tous les mots sont polysémiques.
- [ ] Le champ lexical regroupe des mots se rattachant à un même thème.
- [ ] Les mots appartenant au même champ lexical ont la même classe grammaticale.
- [ ] Le champ sémantique regroupe tous les sens d'un mot.

2. *Méli-mélo* **Classez ces mots en deux listes et nommez chaque champ lexical.**

1) champ • 2) immeuble • 3) bois • 4) forêt • 5) magasins • 6) voitures • 7) arbre • 8) rivière • 9) feux tricolores • 10) embouteillages • 11) vallon • 12) prés • 13) bruit • 14) calme

Liste A : ……………………

Champ lexical : ……………………

Liste B : ……………………

Champ lexical : ……………………

3. *Chasse à l'intrus* **Barrez le mot qui n'appartient pas au même champ lexical que les autres et justifiez votre choix en nommant le champ lexical.**

1. livre, roman, lecture, conte, lire, bibliothèque, piano, librairie : ……………………

……………………

2. lueur, éblouir, sombre, illuminer, scintiller, lumineux :

……………………

……………………

3. tendresse, admirer, détester, rancune, habileté, amour, haine : ……………………

……………………

4. *Jeu du pendu* **Trouvez le mot manquant puis utilisez-le dans une phrase où il aura un sens différent.**

1. Mon nouveau b __ __ __ __ u est rouge. ……………………

……………………

2. Ma mère a accroché de nouveaux r__ __ __ __ __x dans ma chambre. ……………………

……………………

3. Tu achèteras une b__ __ __ __ __ __e de pain. ……………………

……………………

4. J'ai reçu un projectile en pleine f__ __ __ __e. ……………………

……………………

5. *Charade* **Résolvez la charade, puis utilisez le nom trouvé dans deux phrases où il aura un sens différent.**

Mon premier est une lettre de l'alphabet toute ronde : ……………………

Mon deuxième est la lettre qui suit : ……………………

Mon troisième est un rongeur : ……………………

Mon quatrième est un verbe tranchant à la 1re personne du pluriel : ……………………

Mon tout est un nom mathématique : ……………………

Phrase 1 : ……………………

……………………

Phrase 2 : ……………………

6. *Grille* **Trouvez dans cette grille sept mots désignant une partie du corps puis utilisez-les dans deux phrases : l'une avec son sens propre, l'autre avec un sens figuré (niveau de langue familier autorisé).**

E	T	E	T	S	L
C	G	I	F	A	I
U	I	R	I	R	E
O	O	I	T	B	O
P	D	D	E	I	P
T	B	N	I	A	M

1. ……………………

……………………

……………………

2. ……………………

……………………

3. ……………………

……………………

……………………

4. ……………………

……………………

……………………

5. ……………………

……………………

……………………

6. ……………………

……………………

7. ……………………

……………………

……………………

Chacun son rythme

Les reprises nominales et pronominales

7. *Quiz* Cochez les phrases vraies.

- ☐ Les reprises permettent d'éviter des répétitions.
- ☐ On utilise toujours un pronom personnel pour une reprise pronominale.
- ☐ On peut utiliser un synonyme ou un nom générique pour une reprise nominale.
- ☐ On peut reprendre le contenu d'une phrase par un nom ou un pronom.

8. *Méli-Mélo* Replacez ces reprises mélangées dans la phrase qui convient.

qui • ce pays • le • cet enfant • cette victoire

1. J'aime beaucoup le petit frère de Mélanie, ... est toujours souriant.
2. Nous passons toutes nos vacances en Espagne, nous apprécions beaucoup ....
3. Pour l'anniversaire de Mateo, nous organisons une fête .... se déroulera à la campagne.
4. Ce film est magnifique, je te .... recommande.
5. Notre équipe a remporté la coupe départementale : .... nous a vraiment fait plaisir.

9. *Range-mots* Soulignez les reprises, puis classez-les dans le tableau.

1. Ilias habite à côté de chez nous, ce jeune homme est un sportif de haut niveau.
2. Ma sœur vient de passer le bac, elle attend les résultats.
3. Je n'écoute jamais la radio, ce média ne m'intéresse pas.
4. J'ai attendu deux heures alors qu'on m'avait demandé de patienter dix minutes.
5. Mon père collectionne les timbres, quelques-uns ont une grande valeur.
6. Ma mère m'a toujours parlé en anglais et mon père en français ; je m'exprime aussi bien dans la langue de Shakespeare que dans la langue de Molière.

Pronom personnel	....
Pronom indéfini	....
Synonyme	....
Mot générique	....
Périphrase	....

10. *Lettres mêlées* Trouvez les mots dont les lettres ont été mélangées, puis utilisez-les pour supprimer les répétitions.

elimsp : .... • ec tsredse : .... • reisdsmliu : .... • eilcu-àl : ....

1. J'ai mangé une mousse au chocolat. Et toi, aimes-tu la mousse au chocolat ? ....
2. Elle m'a caché la vérité, mais elle n'a pas pu la cacher longtemps. ....
3. Cet exercice est très facile, mais cet exercice est encore plus facile. ....

11. *Pyramide* Remplissez cette pyramide, puis utilisez les mots trouvés comme termes de reprise dans des phrases de votre composition.

1. Pronom personnel sujet, masculin singulier ☐☐
2. Pronom personnel complément, singulier ☐☐☐
3. Pronom personnel sujet, féminin singulier ☐☐☐☐
4. Rose, tulipe, iris... ☐☐☐☐☐
5. Se mange avec de la vinaigrette ☐☐☐☐☐☐

1. ....
2. ....
3. ....
4. ....
5. ....

12. *Casse-tête* Barrez les mots qui ne peuvent pas désigner une catégorie de reprise, puis rédigez une phrase pour illustrer chacune des trois catégories trouvées.

cinémapronompossessifadjectifqualificatifconjonction
périphraseverbeconjuguéadverbenomgénérique
gérondifarticledéfini

1. ....
2. ....
3. ....

27 Le vocabulaire de l'écriture de soi

Je retiens

A QU'EST-CE QU'ÉCRIRE SUR SOI ?

- C'est écrire son **portrait physique** : décrire le **corps**, la **silhouette**, le **visage**, le **regard**, les **vêtements**, les **attitudes** (souplesse, raideur, manière de se déplacer...).
- C'est écrire son **portrait moral** : évoquer les **défauts** (colérique, impatient...), les **qualités** (sociable, honnête...).
- C'est faire revivre son **passé** et raconter ses **souvenirs** pour **porter un regard rétrospectif** sur les événements du passé : récit de la naissance, souvenir d'enfance ou d'école, premier chagrin, amitié, vacances...

B COMMENT ÉCRIRE SUR SOI ?

- Vous utiliserez les **champs lexicaux** du portrait physique ou moral associés à un vocabulaire **mélioratif** (pour valoriser) ou **péjoratif** (pour dévaloriser) et à des **figures de style** (comparaison, hyperbole...).
- Vous utiliserez la **1re personne**, associée aux temps du **passé** (moment du souvenir) et aux temps du **présent** (moment de l'écriture).
- Vous exprimerez les **sentiments**, les **émotions** et les **doutes** liés au souvenir ou au portrait.

Je m'entraîne

1 Classez ces mots par champs lexicaux (7 mots par champ), puis ajoutez au moins deux mots de votre choix à chaque liste.

yeux • se souvenir • rebelle • sourire • gesticuler • patient • oubli • orgueilleux • évocation • chevelure • silhouette • généreux • visage • obsédant • réminiscence • courageux • tolérant • se remémorer • démarche • revivre • astucieux

Portrait physique : ....

....

....

Portrait moral : ....

....

....

Souvenir : ....

....

....

2 Lisez le texte et répondez aux questions.

Au physique, je suis de taille moyenne, plutôt petit. J'ai des cheveux châtains coupés court afin d'éviter qu'ils ondulent, par crainte aussi que ne se développe une calvitie menaçante. **Autant que je puisse en juger, les traits caractéristiques de ma physionomie sont :** une nuque très droite, tombant verticalement comme une muraille ou une falaise, marque classique (si l'on en croit les astrologues) des personnes nées sous le signe du Taureau [...]. Mes yeux sont bruns, avec le bord des paupières habituellement enflammé ; mon teint est coloré ; **j'ai honte** d'une fâcheuse tendance aux rougeurs et à la peau luisante.

Michel Leiris, *L'Âge d'homme* (1939)

a) Relevez les mots appartenant au champ lexical de la couleur. Quelles parties du corps concernent-ils ?

....

....

....

....

b) Relevez une comparaison. Comment le narrateur l'interprète-t-il ? ....

....

....

....

c) Soulignez les passages où le narrateur intervient. Quels renseignements apportent-ils ? Qu'en déduisez-vous sur la façon dont il se juge ?

....

....

....

....

....

....

....

3 J'applique pour écrire

En vous inspirant de Michel Leiris (exercice 2), rédigez votre portrait physique.
Vous pourrez réutiliser les mots de l'exercice 1 et les expressions en gras dans le texte 2 (vous pouvez les tourner de façon positive).

Consigne
- 10 lignes
- Champ lexical du portrait physique
- Remarques personnelles

4 Lisez le texte et répondez aux questions.

Cachée pour échapper aux nazis, Anne Frank écrit son journal.

Tout le monde me trouve prétentieuse **quand je parle**, ridicule **quand je me tais**, insolente **quand je réponds**, roublarde **quand j'ai une bonne idée**, paresseuse **quand je suis fatiguée**, égoïste **quand je mange une bouchée de trop**, lâche, calculatrice, etc. Toute la journée, je m'entends dire que je suis une gosse insupportable et même si j'en ris et fais semblant de m'en moquer, ça me fait de la peine.

Anne Frank, *Journal* (1947), traduit du néerlandais par P. Noble et I. Rosselin-Bobulesco
© Calmann-Lévy, 1992, 2001.

a) Soulignez les mots appartenant au champ lexical du portrait moral. S'agit-il de qualités ou de défauts ?

....

b) Que précisent les propositions en gras ?

....

....

c) Est-ce un autoportrait ? Qu'en pense la narratrice ? ....

....

....

....

....

5 J'applique pour écrire

Faites comme Anne Franck (exercice 4) un portrait moral de vous-même, tel que les autres vous voient, puis tel que vous vous voyez vous-même.
Commencez par : *Tout le monde me trouve… quand…*
Poursuivez par : *Je ne suis pas cette personne, je suis…*

Consigne
- 10 lignes
- Champ lexical du portrait moral
- Remarques personnelles

6 Lisez le texte et répondez aux questions.

Je naquis le 22 novembre 1869. Mes parents occupaient alors, rue de Médicis[1], un appartement au quatrième ou cinquième étage, qu'ils quittèrent quelques années plus tard, et dont je n'ai pas gardé souvenir. Je revois pourtant le balcon ; ou plutôt ce qu'on voyait du balcon : la place à vol d'oiseau et le jet d'eau de son bassin – ou, plus précisément encore, je revois les dragons de papier, découpés par mon père, que nous lancions du haut de ce balcon, et qu'emportait le vent, par-dessus le bassin de la place, jusqu'au jardin du Luxembourg où les hautes branches des marronniers les accrochaient.

André Gide, *Si le grain ne meurt* (1924)
© Gallimard, www.gallimard.fr

1. À Paris.

a) Soulignez en rouge les détails qui montrent que le souvenir est imprécis ou qu'il a besoin d'être précisé.

b) Parmi les verbes soulignés, lequel s'applique au moment du souvenir ? À quel moment s'appliquent les autres ?

....

....

....

c) Quel est le premier souvenir de Gide ? Comment peut-on l'expliquer ?

....

....

....

....

....

....

....

7 J'applique pour écrire

Racontez, comme André Gide (exercice 6), votre naissance et votre premier souvenir.
Utilisez la 1re personne et mêlez le passé et le présent.
Vous pourrez commencer par : *Je naquis le…*
Pour introduire votre souvenir, vous pouvez utiliser des expressions telles que *je devais avoir…, c'était en octobre…, ce souvenir me marqua tellement que je n'ai rien oublié…*
Vous pouvez ajouter des remarques personnelles telles que *je revois…, je me demande encore…*

Consigne
- 10 lignes
- Champ lexical du souvenir
- Remarques personnelles

28 Le vocabulaire du lyrisme et des sentiments

Je retiens

A QU'EST-CE QUE LE LYRISME ?

• C'est l'expression de **sentiments personnels**. Le **lyrisme** est fréquent dans la **poésie** mais il se rencontre dans d'autres **genres** littéraires (roman, théâtre…).

• Les **thèmes lyriques** sont liés à la **vie personnelle** : l'amour, la solitude, les regrets, la tristesse, la joie, la nostalgie du pays natal ou du passé…

• Les **thèmes lyriques** sont souvent associés à la **condition humaine** : la fuite du temps, le rapport à la nature, la mort, les guerres, les injustices…

B COMMENT EXPRIMER DES SENTIMENTS PERSONNELS ?

• Vous utiliserez souvent la **1re personne**. Mais la **3e personne** se rencontre pour développer les sentiments d'un personnage de roman, par exemple.

• Vous utiliserez le **champ lexical** des **sentiments** (amour, haine, tristesse, joie, douleur, enthousiasme, nostalgie) associé à des procédés d'**amplification** *(très, trop, extrême, immense…)* et des **figures de style** (comparaison, hyperbole, allitération…).

• Vous utiliserez des phrases **exclamatives** ou **interrogatives** pour souligner la **force** du trouble ou des sentiments.

Je m'entraîne

1 Classez ces mots par champs lexicaux (7 mots par champ), puis ajoutez au moins deux mots de votre choix à chaque liste.

allégresse • passion • hostilité • triste • découragé • antipathie • exulter • détester • s'éprendre • morosité • enjoué • odieux • adorer • affligé • gaieté • exécrer • contentement • nostalgie • euphorie • jubiler • désespérer • inclination • détestable • peine • attirance • rancœur • cœur • charme

Amour : ……………………………………………………

……………………………………………………

……………………………………………………

……………………………………………………

Tristesse : ……………………………………………………

……………………………………………………

……………………………………………………

……………………………………………………

Joie : ……………………………………………………

……………………………………………………

……………………………………………………

……………………………………………………

Haine : ……………………………………………………

……………………………………………………

……………………………………………………

2 Lisez le texte et répondez aux questions.

Andromaque s'adresse à Pyrrhus qui, amoureux d'elle, la retient prisonnière.

Captive, **toujours triste, importune** à moi-même,
Pouvez-vous souhaiter qu'Andromaque vous aime ?
Quels charmes ont pour vous des yeux **infortunés**
Qu'à des **pleurs éternels** vous avez **condamnés** ?

Jean Racine, *Andromaque* (1667), I, 4.

a) À quel champ lexical appartiennent les mots soulignés ? ……………………………………………………

……………………………………………………

b) À quel champ lexical appartiennent les mots en gras ? Pourquoi sont-ils plus nombreux ?

……………………………………………………

……………………………………………………

……………………………………………………

c) Quel type de phrase est utilisé ? Pourquoi Andromaque l'utilise-t-elle ? ……………………………………………………

……………………………………………………

……………………………………………………

……………………………………………………

……………………………………………………

3 **Lisez le texte et répondez aux questions.**

Dans un grand magasin parisien, la vendeuse Denise essaye un manteau pour une cliente, Mme Desforges, et tout le monde se moque d'elle.

Denise avait encore pâli, au milieu de tout ce monde qui se moquait. Elle se sentait violentée, mise à nu, sans défense. **Quelle était donc sa faute, pour qu'on s'attaquât de la sorte à sa taille trop mince, à son chignon trop lourd ?** Mais elle souffrait surtout du rire de Mouret[1] et de Mme Desforges[2], avertie par un instinct de leur entente, le cœur défaillant d'une douleur inconnue ; cette dame était bien mauvaise, de s'en prendre ainsi à une pauvre fille qui ne disait rien ; et lui, décidément, la glaçait d'une peur où tous ses autres sentiments sombraient, sans qu'elle pût les analyser. Alors, dans son abandon de paria[3], atteinte à ses plus intimes pudeurs de femme et révoltée contre l'injustice, elle étrangla les sanglots qui lui montaient à la gorge.

Émile Zola, *Au Bonheur des Dames* (1883).

1. Le directeur. 2. Sa maîtresse. 3. Personne exclue.

a) Soulignez en bleu les mots appartenant au champ lexical de la douleur et de l'agression. Quel personnage en est victime ? ....

....

b) De quel type est la phrase en gras ? Quel procédé d'amplification y trouvez-vous ? Quel sentiment de Denise met-elle en valeur ? ....

....

....

....

....

c) Quels renseignements a-t-on sur le groupe qui entoure Denise ? Quels sentiments vous inspire-t-il ? ....

....

....

....

....

4 ## *J'applique pour écrire*

Comme Zola (exercice 3), faites un récit où un personnage souffre d'être rejeté par un groupe. Choisissez la situation qui explique ce rejet. Puis développez les sentiments du personnage exclu.

Consigne
- 10 lignes
- Récit à la 1re ou à la 3e personne
- Champ lexical adapté (tristesse, incompréhension)

5 **Lisez le texte et répondez aux questions.**

Nous vînmes au jardin fleuri pour la cueillette.
Belle, sais-tu combien de fleurs, de roses-thé,
Roses pâles d'amour qui couronnent ta tête,
S'effeuillent chaque été ?

Leurs tiges vont plier au grand vent qui s'élève.
Des pétales de rose ont chu[1] dans le chemin.
O Belle, cueille-les, puisque nos fleurs de rêve
Se faneront demain ! [...]

Belle, sanglote un peu... Chaque fleur qui se fane,
C'est un amour qui meurt !

Guillaume Apollinaire, « La cueillette », dans *Il y a* (1925).

1. Sont tombés.

a) Soulignez en bleu les mots appartenant au champ lexical de la nature.

b) Relevez dans la première strophe un GN où le champ lexical de la nature est associé à l'amour. Dans quelle phrase à la fin du poème retrouve-t-on cette association ?

....

....

....

....

....

....

c) En quoi ce poème est-il un poème lyrique ? Quels sentiments le poète exprime-t-il ?

....

....

....

....

....

....

....

6 ## *J'applique pour écrire*

Comme Apollinaire (exercice 5), évoquez l'élément naturel qui vous touche le plus et analysez les sentiments qu'il suscite en vous.
Vous vous adresserez à un ami ou une amie et lui ferez partager vos sentiments.
Vous pouvez commencer par *Nous vînmes admirer la mer déchaînée / la montagne enneigée...*

Consigne
- 10 lignes
- Champ lexical adapté à l'élément naturel
- Sentiments : admiration, peur, joie...

29 Le vocabulaire du jugement

Je retiens

A QU'EST-CE QU'UN JUGEMENT ?

- C'est une **opinion favorable** ou **défavorable** que l'on porte sur des êtres, des choses, la société, des événements…
- Un **jugement** est **subjectif** (il varie en fonction des goûts et de la personnalité de chacun) et peut porter sur l'**esthétique** (le laid et le beau), la **morale** (le bien et le mal), la **politique** ou la **vie sociale** (le juste et l'injuste), l'**aspect pratique** (l'utile et l'inutile)…
- L'expression d'un **jugement** peut se rencontrer dans tous les **genres** : roman, théâtre, poésie, essai, presse…

B COMMENT EXPRIMER UN JUGEMENT ?

- Vous utiliserez des **verbes d'opinion** *(croire, penser, admettre, contester…)*.
- Vous utiliserez un **vocabulaire mélioratif** *(beau, chef-d'œuvre, remarquable)* ou **péjoratif** *(affreux, abominable, horreur)* que vous pourrez associer à des **préfixes** d'intensité *(hyper, super…)* ou des **suffixes** péjoratifs *(fadasse, lourdaud, verdâtre…)* ou à des **figures de style** (comparaison, métaphore, hyperbole).
- Vous utiliserez des termes exprimant le **doute** pour **nuancer** votre jugement ou des termes exprimant la **certitude** pour le **renforcer** *(sans doute, me semble-t-il, certainement…)*.

Je m'entraîne

1 Classez ces mots par champs lexicaux (7 mots par champ), puis ajoutez au moins deux mots de votre choix à chaque liste.

approuver • hésiter• dénoncer • sublime • condamner • douter • être d'accord • contestable • monstruosité • récuser • supposer • partager une opinion • dubitatif • merveille • nuisible • extraordinaire • protester • discutable • harmonieux • intolérable• incertitude

Jugement favorable : ……………………………………

……………………………………

……………………………………

……………………………………

Jugement défavorable : ……………………………………

……………………………………

……………………………………

Expression du doute : ……………………………………

……………………………………

……………………………………

2 Lisez le texte et répondez aux questions.

Le jeune Marius observe une jeune fille qui se promène au Luxembourg avec un vieillard.

C'était une façon de fille de treize ou quatorze ans, maigre, au point d'en être presque laide, gauche, insignifiante, et qui promettait peut-être d'avoir d'assez beaux yeux. Seulement ils étaient toujours levés avec une sorte d'assurance déplaisante. Elle avait cette mise à la fois vieille et enfantine des pensionnaires de couvent ; une robe mal coupée de gros mérinos[1] noir. Ils avaient l'air du père et de la fille.

Victor Hugo, *Les Misérables* (1862).

1. Laine.

a) Les adjectifs soulignés expriment-ils un jugement favorable ou défavorable ? ……………………………………

……………………………………

……………………………………

b) Quel est le thème de ce texte ? De quel ordre est le jugement ? ……………………………………

……………………………………

……………………………………

c) Relevez les termes qui nuancent le jugement. Quel est le sens de cette nuance ?

……………………………………

……………………………………

……………………………………

……………………………………

3 *J'applique pour écrire*

Comme Hugo (exercice 2), décrivez de façon défavorable (ou favorable) une personne, un animal ou un lieu. Vous pouvez commencer comme dans le texte d'Hugo par : *C'était un garçon, une fille, un chat, une maison...*

Consigne
- 7 à 8 lignes
- Adjectifs péjoratifs ou mélioratifs
- Une ou deux nuances

4 Lisez le texte et répondez aux questions.

L'auteur évoque le monde animal pour mieux condamner la guerre.

Combien d'animaux font voir plus de douceur, de réflexion et de raison que **l'animal qui se dit raisonnable par excellence** ! Est-il parmi les hommes, si souvent *esclaves* et *opprimés*, des sociétés aussi bien constituées, que celle des fourmis, des abeilles et des castors ? Vit-on jamais des *bêtes féroces de la même espèce* se donner rendez-vous dans les plaines pour *se déchirer* et *se détruire* sans profit ?

Baron d'Holbach, *Le Bon Sens ou Les Idées naturelles opposées aux idées surnaturelles* (1773).

a) Soulignez en bleu les mots qui expriment un jugement favorable. À qui s'appliquent-ils ?

....

b) Qui est désigné par le groupe en gras ? Que signifie la nuance *qui se dit* ? ....

....

....

c) À qui s'appliquent les mots en italique ? Quel jugement est porté sur eux ? Que montre ce passage ? ....

....

....

....

5 *J'applique pour écrire*

Comme d'Holbach (exercice 4), rédigez un texte pour illustrer la supériorité de l'animal sur l'homme. Vous pourrez reprendre les animaux évoqués ou d'autres (chiens ayant sauvé un homme ou un enfant, oiseaux migrateurs...).

Consigne
- 7 à 8 lignes
- Champs lexicaux opposés
- Phrases exclamatives et interrogatives

6 Lisez le texte et répondez aux questions.

À la veille de la Guerre de 1914-1918, Jacques répond à son frère qui considère qu'au nom de l'intérêt général, il faut partir à la guerre.

« L'intérêt général, c'est moi qui le sers – par mon refus ! Et je sens bien – je sens d'une façon indubitable – que ce qui se refuse en moi, aujourd'hui, c'est le meilleur ! [...] Tu sais bien ce que je pense... Je n'accepterai jamais qu'un gouvernement puisse me forcer à prendre part à une entreprise que je considère comme un crime, comme une trahison de la vérité, de la justice, de la solidarité humaine... Pour moi, l'héroïsme n'est pas de prendre un fusil et de courir à la frontière ! c'est de lever les crosses[1] – et de se laisser conduire au poteau[2], plutôt que de se faire complice ! »

Roger Martin du Gard, « *Les Thibault* » (1953)

1. La crosse est la partie du fusil appuyée sur l'épaule ; on la lève en l'air en signe de refus de se battre.
2. Poteau d'exécution.

a) Soulignez en bleu les mots exprimant le refus. Que refuse Jacques ?

....

....

b) Soulignez en rouge les mots qui prouvent qu'il s'agit d'un jugement subjectif. Que montrent ces mots ?

....

....

....

....

c) Soulignez en vert les mots qui mettent en valeur le jugement de Jacques sur la guerre et le sens de l'engagement militaire selon lui. À quels champs lexicaux appartiennent-ils ?

....

....

....

....

7 *J'applique pour écrire*

Comme Jacques (exercice 6), justifiez une prise de position face à un choix à faire. Vous pourrez choisir des sujets moins graves (s'engager ou non dans une compétition sportive, une discipline artistique...). Vous utiliserez le vocabulaire du jugement subjectif et du choix ou du refus.

Consigne
- 10 lignes
- Vocabulaire mélioratif ou péjoratif

30 Le vocabulaire de la satire et de l'ironie

Je retiens

A QU'EST-CE QU'UNE SATIRE ?

- C'est une **critique** qui passe par la **moquerie** pour souligner ce qu'elle **dénonce**.
- La **satire** peut porter sur des **sujets de société** (la justice, la religion, la politique, la guerre, la mode, certaines professions...) ou des **défauts humains** (l'avarice, la vanité, la lâcheté, l'hypocrisie...).
- Elle est présente dans de nombreux **genres littéraires** : roman, fable, théâtre, poésie, essai... mais aussi dans des **dessins** ou des **bandes dessinées**.

B COMMENT ÉCRIRE UN TEXTE SATIRIQUE ?

- Vous utiliserez un **vocabulaire péjoratif** *(scandaleux, inacceptable, stupide, lamentable...)*.
- Pour dévaloriser, vous utiliserez des **figures de style** comme l'hyperbole, la comparaison (homme / animal par exemple), l'accumulation...

  *Cet homme est entêté **comme une mule**.*
- Vous utiliserez souvent l'**ironie** qui consiste à **affirmer le contraire** de ce que l'on veut signifier : la principale figure de style de l'ironie est l'**antiphrase**.

  *Quel temps **magnifique** : pluie, froid et vent !*
- Vous utiliserez des phrases **exclamatives** ou **interrogatives** pour souligner la **violence** de l'**indignation**.

Je m'entraîne

1 Classez ces mots par champs lexicaux (7 mots par champ), puis ajoutez au moins deux mots de votre choix à chaque liste.

blâmer • moqueur • critiquer • narquois • indéfendable • scandaleux • railleur • inacceptable • sarcastique • réprouver • ridicule • farceur • infâme • autodérision

Critique : ....
....
....
....

Moquerie : ....
....
....
....

2 Lisez le texte et répondez aux questions.

La Fontaine dénonce indirectement dans cette fable les courtisans de la cour du roi Louis XIV.

Je définis la cour un pays[1] où les gens
Tristes, gais, prêts à tout, à tout indifférents,
Sont ce qu'il plaît au Prince, ou s'ils ne peuvent l'être,
Tâchent au moins de le paraître,
Peuple caméléon[2], peuple singe du maître,
On dirait qu'un esprit anime mille corps ;
C'est bien là que les gens sont de simples ressorts[3].

Jean de La Fontaine, « Les obsèques de la Lionne », dans *Fables* (1678), VIII, 14.

1. Comme un pays. 2. Reptile prenant la couleur de son environnement. 3. Pantins sans personnalité.

a) Pourquoi les adjectifs en gras appliqués aux courtisans *(la cour)* sont-ils étonnants ? ....
....
....

b) À quels animaux La Fontaine compare-t-il les courtisans ? Quel défaut est ainsi mis en valeur ?
....
....
....
....

c) À quoi sont comparés les courtisans dans le dernier vers ? Expliquez cette métaphore. ....
....
....
....
....

3 J'applique pour écrire

Comme La Fontaine (exercice 1), décrivez un groupe (réel ou imaginaire) de façon satirique : une classe où les élèves ne s'entendent pas, un immeuble dont les habitants se détestent…

Vous pourrez commencer votre récit comme la fable : *Je définis ma classe un lieu dont les élèves…*

Consigne

- 10 lignes
- Accumulation d'adjectifs
- Métaphore utilisant un animal

4 Lisez le texte et répondez aux questions.

Lucinde a fait croire à son père Sganarelle, avec la complicité de sa servante Lisette, qu'elle était malade. Sganarelle a alors convoqué quatre médecins.

LISETTE. – Que voulez-vous donc faire, Monsieur, de quatre médecins ? N'est-ce pas assez d'un pour **tuer** une personne ?

SGANARELLE. – Taisez-vous. Quatre conseils valent mieux qu'un.

LISETTE. – Est-ce que votre fille ne peut pas bien mourir, sans le secours de ces messieurs-là ?

SGANARELLE. – Est-ce que les médecins font mourir ?

LISETTE. – Sans doute : et j'ai connu un homme qui prouvait, par bonnes raisons, qu'il ne faut jamais dire : « Une telle personne est morte d'une fièvre et d'une fluxion de poitrine », mais : « Elle est morte de quatre médecins et de deux apothicaires. »

Molière, *L'Amour médecin* (1665), II, 1.

a) En quoi le verbe en gras est-il surprenant ? Quel verbe attendait-on ? Quel est l'effet produit ?

……………………………………………………

……………………………………………………

……………………………………………………

b) Soulignez dans la réplique suivante de Lisette le verbe qui reprend la même idée. En quoi ces répliques sont-elles satiriques ? ……………………

……………………………………………………

……………………………………………………

……………………………………………………

c) En quoi l'anecdote racontée dans la dernière réplique est-elle amusante ? En quoi les mots soulignés montrent-ils que cette anecdote n'est pas forcément vraie ? ……………………

……………………………………………………

……………………………………………………

……………………………………………………

……………………………………………………

……………………………………………………

5 J'applique pour écrire

Comme Molière (exercice 4), écrivez une scène de théâtre où un personnage fait la satire fantaisiste d'une profession, alors que l'autre a une vision plus traditionnelle. Vous pouvez par exemple choisir un garagiste qui casse les voitures, un dentiste qui abîme les dents, un pompier qui met le feu…

Inspirez-vous du texte pour commencer : *Pourquoi vas-tu chez le garagiste… ?*

Consigne

- 4 ou 5 répliques
- Imaginez aussi une anecdote (*Je connais un homme…*)

6 Lisez le texte et répondez aux questions.

C'est sans doute un très bel art que celui qui désole les campagnes, détruit les habitations et fait périr, année commune, quarante mille hommes sur cent mille. Cette invention fut d'abord cultivée par des nations assemblées pour leur bien commun […].

Le merveilleux de cette entreprise infernale, c'est que chaque chef des meurtriers fait bénir ses drapeaux et invoque Dieu solennellement avant d'aller exterminer son prochain. Si un chef n'a eu que le bonheur de faire égorger deux ou trois mille hommes, il n'en remercie point Dieu.

Voltaire, « Guerre », dans *Dictionnaire philosophique* (1764).

a) Soulignez en bleu les mots désignant les ravages de la guerre et ceux qui la dirigent.

b) Soulignez en rouge le vocabulaire mélioratif appliqué à la guerre où à ses dirigeants. Comment faut-il le comprendre ? ……………………

……………………………………………………

……………………………………………………

c) Que dénonce Voltaire dans les deux dernières phrases ? ……………………

……………………………………………………

……………………………………………………

7 J'applique pour écrire

Comme Voltaire (exercice 6), dénoncez par le biais de l'ironie par antiphrase un autre fléau : la pollution, le travail des enfants, la maltraitance animale… Vous pouvez commencer par : *C'est sans doute une très belle habitude…*

Consigne

- 10 lignes
- Champs lexicaux péjoratifs et mélioratifs mêlés

31 Le vocabulaire des valeurs morales

Je retiens

A QU'EST-CE QU'UNE VALEUR MORALE ?

- Une valeur morale est une **idée positive** qui guide les **actions** d'une personne.
- Le courage, le respect, l'honnêteté, la loyauté, la sincérité, l'amitié… sont des **valeurs morales**.
- Le thème des **valeurs morales** se trouve dans de nombreux genres littéraires où elles poussent les personnages à agir dans un certain sens : roman, conte, fable, théâtre, poésie, essai…

B COMMENT TRAITER LE THÈME DES VALEURS MORALES ?

- Vous devrez imaginer un **récit** où le personnage est confronté à une situation qui **fait appel** aux **valeurs morales**.
- Vous utiliserez le **champ lexical** des valeurs morales ou de leurs contraires (sincérité / mensonge…).
- Vous utiliserez un vocabulaire **mélioratif** ou **péjoratif** *(admirer, approuver, condamner…)*, associé à des **figures de style**, des **phrases exclamatives**, pour exprimer des **sentiments** face au respect ou au mépris des valeurs morales.

Je m'entraîne

1 Classez ces mots par champs lexicaux (4 mots par champ), puis ajoutez au moins deux mots de votre choix à chaque liste.

respectueux • fidèle • intègre • héroïque • dignité • estime • affection • loyal • considération • honnête • bravoure • droiture • audace • risquer • franc • dévouement

Courage : ……………………………………………

……………………………………………

Respect : ……………………………………………

……………………………………………

Honnêteté et sincérité : ……………………………………………

……………………………………………

Loyauté et amitié : ……………………………………………

……………………………………………

2 Lisez le texte et répondez aux questions.

Jean Valjean a volé des couverts d'argent chez un évêque qui déclare aux gendarmes qu'il s'agit d'un don.

Jean Valjean ouvrit les yeux et regarda le vénérable évêque avec **une expression qu'aucune langue humaine ne pourrait rendre**. […]

Les gendarmes s'éloignèrent.

Jean Valjean était **comme un homme qui va s'évanouir.**

L'évêque s'approcha de lui, et lui dit à voix basse :

« N'oubliez pas, n'oubliez jamais que vous m'avez promis d'employer cet argent à devenir honnête homme. […] Jean Valjean, mon frère, vous n'appartenez plus au mal mais au bien. *C'est votre âme que je vous achète.* »

Victor Hugo, *Les Misérables* (1862).

a) Soulignez en bleu les mots appartenant au champ lexical des valeurs morales et de leurs contraires. À quels personnages se rattachent-elles ? ……………………………………………

……………………………………………

……………………………………………

b) Quelle réaction de Jean Valjean les groupes en gras mettent-ils en valeur ? Quelle figure de style est utilisée dans le 2e ? ……………………………………………

……………………………………………

……………………………………………

……………………………………………

c) Quel mot l'évêque utilise-t-il pour s'adresser à Jean Valjean ? À quelle valeur morale obéit-il ainsi ? Expliquez la phrase en italique. ……………………………………………

……………………………………………

……………………………………………

……………………………………………

……………………………………………

……………………………………………

……………………………………………

3 J'applique pour écrire

Imaginez un récit inspiré du texte de l'exercice 2 : un ami vous a volé un stylo, vous lui dites de le garder ; vous avez menti à vos parents, mais ils font semblant de vous croire… Expliquez ce qui se passe ensuite.

Consigne
• 10 lignes • Dialogue

4 Lisez le texte et répondez aux questions.

Le traître Ivan Ogareff a fait brûler les yeux de Michel Strogoff et usurpé son identité. L'amie de Michel, Nadia, a retrouvé le traître qui s'apprête à la tuer.

C'en était fait d'elle, lorsque le misérable, soulevé soudain par une force irrésistible, alla rouler à terre.

« Michel ! », s'écria Nadia.

C'était Michel Strogoff. […]

« Ne crains rien, Nadia, dit-il, en se plaçant entre elle et Ivan Ogareff.

– Ah ! s'écria la jeune fille, prends garde, frère ! Le traître est armé !… Il voit clair, lui !… »

Ivan Ogareff s'était relevé, et, croyant avoir bon marché de l'aveugle, il se précipita sur Michel Strogoff.

Mais, d'une main, l'aveugle saisit le bras du clairvoyant, et de l'autre, détournant son arme, il le rejeta une seconde fois à terre.

Jules Verne, *Michel Strogoff* (1876).

a) Qui les termes soulignés désignent-ils ? À quel champ lexical appartiennent-ils ? ……………

……………………………………………

……………………………………………

b) Quel type de phrases Nadia utilise-t-elle surtout ? Pourquoi ? ……………

……………………………………………

……………………………………………

c) Quelle valeur morale Michel Strogoff illustre-t-il dans ce passage ? De quelles qualités fait-il preuve ? ……………

……………………………………………

……………………………………………

……………………………………………

5 J'applique pour écrire

Comme Verne (exercice 4), faites le récit d'un acte courageux (réel ou imaginaire) : se jeter dans une maison en feu…

Consigne
• 10 lignes • Récit à la 1re ou 3e pers. • Dialogue

6 Lisez le texte et répondez aux questions.

Jeannot et Colin sont amis d'enfance, mais Jeannot, devenu marquis, a abandonné Colin. Il est maintenant ruiné et abandonné de tous. Il croise une carriole.

Le voyageur eut tout le temps de contempler le marquis immobile, abîmé dans sa douleur. « Eh ! mon Dieu ! s'écria-t-il, je crois que c'est là Jeannot. » À ce nom, le marquis lève les yeux, la voiture s'arrête : « C'est Jeannot lui-même, c'est Jeannot. » Le petit homme rebondi ne fait qu'un saut, et court embrasser son ancien camarade. Jeannot reconnut Colin ; la honte et les pleurs couvrirent son visage. « **Tu m'as abandonné**, dit Colin ; mais **tu as beau être grand seigneur, je t'aimerai toujours**. » […] Jeannot, éperdu, se sentait partagé entre la douleur et la joie, la tendresse et la honte ; et il se disait tout bas : « Tous mes amis du bel air[1] m'ont trahi, et **Colin, que j'ai méprisé, vient seul à mon secours**. Quelle instruction ! »

Voltaire, *Jeannot et Colin* (1764).

1. Bonne société.

a) À qui s'appliquent les mots soulignés ? Sur quels sentiments insistent-ils ?

……………………………………………

……………………………………………

……………………………………………

b) Soulignez en rouge les mots qui montrent que Colin n'hésite pas à aller au-devant de Jeannot. L'attachement à quelle valeur ce comportement illustre-t-il ?

……………………………………………

……………………………………………

……………………………………………

c) Quels aspects de l'amitié les groupes en gras mettent-ils en valeur ? Pourquoi Jeannot est-il partagé entre *la tendresse et la honte* ?

……………………………………………

……………………………………………

……………………………………………

……………………………………………

……………………………………………

7 J'applique pour écrire

Comme Voltaire (exercice 6), rédigez un paragraphe qui illustrera la force de l'amitié. Vous présenterez les personnages et les circonstances de leur rencontre puis vous pourrez vous inspirer du texte pour l'épisode qui révèle la force de l'amitié.

Consigne
• 10 lignes • Dialogue
• Différencier les comportements

32 La situation d'énonciation

Qu'est-ce que la situation d'énonciation ?

• La situation d'énonciation est la situation dans laquelle est produite un énoncé (message écrit ou oral). Il existe deux types d'énoncés : **ancré** dans ou **coupé** de la situation d'énonciation.

• Un énoncé **ancré** contient des renseignements sur le **lieu** et le **moment de l'écriture**. On sait aussi qui est l'**émetteur** et qui est le **destinataire** de l'énoncé.

lettre, journal intime, dialogue, SMS, reportage en direct…

• Un énoncé **coupé** ne contient **aucun** de ces renseignements.

roman, conte, texte documentaire, recette, manuel scolaire…

• Dans un texte narratif, le **récit** est **coupé** de la situation d'énonciation mais les **dialogues** sont **ancrés** dans la situation d'énonciation des personnages.

1 **Indiquez si ces énoncés sont ancrés (A) ou coupés (C) et à quel type d'énoncé ils peuvent correspondre.**

1. Rentre vite ! .... • Le prince et la princesse se marièrent. ....

2. Les nombres pairs sont divisibles par 2. .... • Mon cher journal, hier je n'ai pas eu le temps de t'écrire. ....

3. Nous apercevons le premier coureur qui va franchir la ligne d'arrivée. .... • Ce film exceptionnel allie à des prises de vue spectaculaires un couple d'acteurs époustouflant. ....

2 **Lisez le texte et répondez aux questions.**

Il sonna et, comme la porte s'ouvrait, il demanda en tremblant : « Quand vous reverrai-je ? ».

Elle murmura si bas qu'il entendit à peine : « Venez déjeuner avec moi demain. » […]

Il était un peu ému le lendemain, en montant l'escalier de Mme de Marelle.

Guy de Maupassant, *Bel-Ami* (1885).

a) De quel type est l'énoncé en gras ? ....

b) Soulignez deux passages ancrés dans la situation d'énonciation.

c) À quel type d'ouvrage ce passage peut-il appartenir ? Pourquoi les deux types d'énoncés sont-ils présents ? ....

Quelles sont les caractéristiques d'un texte ancré dans la situation d'énonciation ?

• Les **temps** les plus utilisés sont : le présent, le passé composé, le futur, l'imparfait de l'indicatif et le présent de l'impératif.

• La **1re** et la **2e personnes** désignent l'**émetteur** et le **destinataire** du message.

Je te remercie *de* ***ton*** *gentil message.* ***Il nous a*** *beaucoup* ***touchés.***

• Les **indices** de **lieu** et de **temps** (*hier, aujourd'hui, demain, ici, là, maintenant…*) ont un sens lié au lieu et à la date du message.

Antibes, le 29 octobre 2017

Ici (= à Antibes), *nous avons* ***aujourd'hui*** (= le 29 octobre) *un temps magnifique, mais* ***demain*** (= 30 octobre), *il pleuvra.*

3 **Lisez le texte et répondez aux questions.**

PERDICAN. – Quelle est donc cette jeune fille qui chante à sa croisée[1], derrière ces arbres ?
LE CHŒUR. – C'est Rosette, la sœur de lait[2] de votre cousine Camille.
PERDICAN, *s'avançant*. – Descends vite, Rosette, et viens ici.
ROSETTE, *entrant*. – Oui, monseigneur.
PERDICAN. – ……. ……… voyai…. de ……. fenêtre, et ……. ne venai…. pas, méchante fille ? Donn…-……. vite cette main-là et ces joues-là que ….. …. embrasse.

Alfred de Musset, *On ne badine pas avec l'amour* (1834).

1. Fenêtre. 2. Élevée par la même nourrice.

a) Soulignez en bleu un déterminant et un indice de lieu caractéristiques des énoncés ancrés.

b) Soulignez en rouge les verbes caractéristiques des énoncés ancrés dans la situation d'énonciation, puis identifiez leur temps et leurs modes.

……………………………………………………………………
……………………………………………………………………
……………………………………………………………………
……………………………………………………………………
……………………………………………………………………

c) Complétez la dernière réplique avec les pronoms, déterminants et terminaisons verbales adaptés à la situation d'énonciation.

Quelles sont les caractéristiques d'un texte coupé de la situation d'énonciation ?

- Les **temps** les plus utilisés sont : le passé simple, l'imparfait, le plus-que-parfait de l'indicatif, le présent du conditionnel ainsi que le présent de vérité générale ou de narration.
- Les verbes conjugués sont à la **3e personne** du singulier ou du pluriel.

  ***Elle la remercia** de **son** gentil message qui **les avait** beaucoup **touchés**.*
- Les **indications** de **lieu** et de **temps** sont des **GN** *(la veille, le jour même, le lendemain, en ville…)*.

  ***Ce jour-là**, **à Paris**, le temps était magnifique, mais on leur avait annoncé que **le lendemain** il pleuvrait.*

4 **Lisez le texte et répondez aux questions.**

Tous les samedis, régulièrement, Ferdinand Sourdis venait renouveler sa provision de couleurs et de pinceaux dans la boutique du père Morand […]. Le plus souvent, ….. tomb……… sur Mlle Adèle, la fille du père Morand, ……… peign…….. ………-même de fines aquarelles, ………… on parl……. beaucoup à Mercœur. ……. fais……… ……… commande.

« Trois tubes de blanc, je vous prie, un d'ocre jaune, deux de vert Véronèse. » […]

Ferdinand glissait son petit paquet dans sa poche, payait avec une gaucherie[1] de pauvre qui craint toujours de rester en affront[2], puis s'en allait.

Émile Zola, « Madame Sourdis » (1880).

1. Maladresse. 2. Humilié de ne pas pouvoir payer.

a) De quel type est l'énoncé en gras ? Justifiez votre réponse.

……………………………………………………………………
……………………………………………………………………
……………………………………………………………………
……………………………………………………………………

b) De quel type est le reste du passage ? Justifiez votre réponse.

……………………………………………………………………
……………………………………………………………………
……………………………………………………………………
……………………………………………………………………

c) Complétez la phrase en rouge à l'aide des pronoms, déterminants et terminaisons d'imparfait adaptés à la situation d'énonciation.

5 ***J'applique pour écrire***

Rédigez deux textes : l'un coupé de la situation d'énonciation (récit au passé, par exemple) et l'autre ancré dans la situation d'énonciation (sous forme de lettre par exemple). Thèmes proposés : un départ en vacances mouvementé, une compétition sportive…

Consigne
- 15 lignes pour chaque texte
- Indications de temps et de lieu adaptées à la situation d'énonciation

Cochez la couleur que vous avez le mieux réussie.

- ☐ Relevez de nouveaux défis ! → exercices 1, 2 p. 88
- ☐ Améliorez vos performances ! → exercices 3, 4 p. 88
- ☐ Confirmez votre réussite ! → exercice 5 p. 88

Chacun son rythme

33 Les paroles rapportées

Quelles sont les caractéristiques du discours direct ?

• Les paroles ou les pensées sont rapportées :
– telles qu'elles ont été **prononcées**,
– précédées de **deux-points**, encadrées le plus souvent de **guillemets**, et avec des **tirets** marquant le changement d'interlocuteur.

• Tous les **types de phrases** peuvent s'y rencontrer ainsi que les **marques d'oralité** *(Oh ! euh...)*.

• Les indices de **temps** et de **lieu**, le **temps** et la **personne** des verbes sont ceux des **énoncés ancrés** dans la situation d'énonciation.

• Un **verbe de parole** indiquant qui parle, sur quel ton, avec quelle intention... se trouve avant, après ou au milieu des paroles (proposition incise dans ces deux derniers cas).

Elle s'écria : « Oh ! Viens vite ! Je vais tout te raconter. »

« Approche-toi sans bruit, ***murmura-t-elle*** (proposition incise), *je vais tout te raconter. »*

• Le discours direct permet de **donner vie** à un récit et à ses personnages.

1 Lisez le texte et répondez aux questions.

Denise et ses frères, devenus orphelins, arrivent à Paris chez leur oncle.

– Monsieur Baudu ? demanda Denise, en se décidant enfin à s'adresser au gros homme, qui les regardait toujours, surpris de leur allure.

– C'est moi, répondit-il.

Alors, Denise rougit fortement et **balbutia** :

– Ah ! Tant mieux !... Je suis Denise, et voici Jean, et voici Pépé... Vous voyez, nous sommes venus, mon oncle.

Baudu parut frappé de stupéfaction. [...] Il était évidemment à mille lieues de cette famille qui lui tombait sur les épaules.

Émile Zola, *Au Bonheur des Dames* (1883).

a) Soulignez les passages au discours direct.

b) Qu'apporte le discours direct dans ce passage ?

....

....

....

....

....

c) Réécrivez les deux dernières lignes au discours direct en commençant par : *Baudu, stupéfait, se dit...*

....

....

....

....

Quelles sont les caractéristiques du discours indirect ?

• Les paroles ou les pensées sont :
– **intégrées** au récit sans aucune ponctuation particulière,
– dans une **subordonnée conjonctive** introduite par *que*, une **interrogative indirecte** ou un **groupe infinitif**.

• Le **verbe de parole** est toujours placé **avant les paroles**.

• Il n'y a **jamais** de phrases exclamatives ou interrogatives ni de marques d'oralité.

• Les indices de **temps** et de **lieu**, le **temps** et la **personne** des verbes sont ceux des **énoncés coupés** de la situation d'énonciation.

Elle m'a annoncé ***qu'elle partirait le lendemain*** *et m'a supplié* ***de l'accompagner****.*

• Le discours indirect permet d'**accélérer** le récit.

2 Lisez le texte et répondez aux questions.

La narratrice arrive dans une entreprise japonaise où elle a obtenu un contrat d'interprète.

L'homme me dit qu'il s'appelait monsieur Saito. Il me conduisit à travers d'innombrables et immenses salles [...].

Puis il me montra une porte et m'annonça d'un air solennel que, derrière elle, il y avait monsieur Haneda, le président.

Amélie Nothomb, *Stupeur et tremblements* (1999)
© Albin Michel.

a) Soulignez deux passages au discours indirect.

b) Indiquez deux critères d'identification de ce discours.

c) Réécrivez au discours direct le premier passage que vous avez souligné. Pourquoi ce procédé n'a-t-il pas d'intérêt ici ?

Quelles sont les caractéristiques du discours indirect libre ?

- Les paroles ou les pensées sont **intégrées** au récit sans ponctuation particulière mais il n'y a pas de subordonnée (contrairement au discours indirect).
- Le **verbe de parole** est **facultatif**.
- Les indices de **temps** et de **lieu**, le **temps** et la **personne** des verbes sont ceux des **énoncés coupés** de la situation d'énonciation.
- On peut y trouver des phrases **exclamatives** ou **interrogatives** et des **marques d'oralité**.

  Elle se posait beaucoup de questions. ***Comment allait-elle annoncer son départ à ses amies ?***
- Le discours indirect libre permet de **faire entendre** un personnage **sans interrompre** le récit.

3 Lisez le texte et répondez aux questions.

Jeanne et le vicomte de Lamare sont au bord de la mer.

Ils s'assirent, la tête à l'abri et les pieds dans la chaleur. [...] Jeanne attendrie répétait : « Comme on est bien ! que c'est bon la campagne ! Il y a des moments où je voudrais être mouche ou papillon pour me cacher dans les fleurs. »

Ils parlèrent d'eux, de leurs habitudes, de leurs goûts, sur ce ton plus bas, intime, dont on fait les confidences. **Il se disait déjà dégoûté du monde, las de sa vie futile** ; c'était toujours la même chose ; on n'y rencontrait rien de vrai, rien de sincère. Le monde ! Elle aurait bien voulu le connaître ; mais elle était convaincue d'avance qu'il ne valait pas la campagne.

Guy de Maupassant, *Une vie* (1883).

a) Soulignez en bleu un passage au discours direct. Quel est son intérêt ?

b) À quel type de discours se rattache le passage en gras ? Réécrivez-le en introduisant une proposition subordonnée.

c) Soulignez en rouge un passage au discours indirect libre. Quel est l'intérêt ici de ce type de discours ?

4 ***J'applique pour écrire***

Sur le modèle du texte de l'exercice 3, imaginez un récit au cours duquel deux amis discutent de la ville et de la campagne. Ils pourront avoir le même avis ou des avis contraires.

Consigne
- 15 lignes
- 3 procédés de paroles rapportées

Cochez la couleur que vous avez le mieux réussie.

- Relevez de nouveaux défis ! → exercices 6, 7 p. 88-89
- Améliorez vos performances ! → exercices 8, 9 p. 89
- Confirmez votre réussite ! → exercices 10, 11 p. 89

Chacun son rythme

Chacun son rythme

L'énonciation

1. *Quiz* Cochez les phrases vraies.

- ☐ Il existe deux sortes d'énoncés : ancrés dans ou coupés de la situation d'énonciation.
- ☐ Une lettre est un énoncé ancré dans la situation d'énonciation.
- ☐ Un énoncé coupé de la situation d'énonciation utilise la 1re personne et la 2e personne.
- ☐ *Hier, aujourd'hui, demain* ne se rencontrent que dans des énoncés ancrés.

2. *Méli-mélo* Classez ces types d'énoncés avec la phrase qui correspond en précisant à chaque fois A (ancré) ou C (coupé).

SMS • reportage en direct • livre de grammaire • roman d'aventures • dialogue de roman

1. Après le naufrage de leur bateau, les deux amis se réveillèrent sur une île déserte. ……
2. L'attribut du sujet se rencontre après des verbes attributifs. ……
3. Bien arrivée chez Mamie, il est 10 heures. ……
4. Nous suivons l'allocution du président de la République. ……
5. « Ouf ! J'avais peur d'être en retard ! », s'exclama-t-elle. ……

3. *Chasse à l'intrus* Barrez l'énoncé intrus et justifiez votre choix.

1. roman, conte, nouvelle, débat télévisé ……
2. conversation téléphonique, fable, lettre, journal intime ……
3. mail, dialogue de théâtre, article de dictionnaire, journal de bord. ……
4. encyclopédie, manuel de mathématiques, essai, discussion familiale ……

4. *Jeu du pendu* Trouvez l'indice de temps qui complétera les phrases. Puis utilisez le GN équivalent dans une phrase coupée de la situation d'énonciation.

1. H __ __r, nous avons fait une longue promenade. ……
2. A __ __ __ __ __ __ __ __i, j'ai rendez-vous chez le médecin. ……
3. D __ __ __ __n, nous serons sur les pistes de ski. ……
4. Je ne sors pas m __ __ __ __ __ __ __ __t, il neige trop. ……

5. *Bouche-trous* Complétez ce tableau.

Énoncé	Ancré ou coupé	Indices	Type de texte
……	……	*elle*, passé simple, plus-que-parfait	roman fantastique
Aujourd'hui, la mer est calme. L'équipage se repose un peu.	……	……	……
Les insectes sont de petits animaux invertébrés à six pattes.	……	……	……
……	……	*je, tu*, indicatif présent, impératif présent	lettre

Les paroles rapportées

6. *Quiz* Cochez les phrases vraies.

- ☐ Le discours direct reproduit les paroles telles qu'elles ont été prononcées.
- ☐ Les indices de lieu et de temps du discours direct sont ceux des énoncés coupés.
- ☐ Le discours indirect est précédé d'une ponctuation caractéristique.
- ☐ Le discours indirect libre utilise les mêmes temps que le discours indirect.

Chacun son rythme

7. *Méli-mélo* Le récit et les dialogues ont été mélangés. Réécrivez ces phrases en rétablissant la ponctuation et les majuscules.

Quand je suis rentrée la maison était en désordre j'ai appelé mon frère et je me suis écriée viens tout de suite m'aider à ranger les parents seront furieux quand ils rentreront il est sorti de sa chambre j'ai trop de devoirs débrouille-toi toute seule m'a-t-il répliqué.

8. *Lettres mêlées* Mettez les lettres dans l'ordre pour trouver les verbes de parole que vous conjuguerez au passé simple ou au passé composé pour compléter les phrases.

tsnireis : .... • eqtroruér : .... •
reis'cér : .... • crouhcteh : .... •
termdate : .... • prilseup : ....

1. Elle me .... de venir l'aider.
2. « Ne réveillez pas le bébé, j'ai eu du mal à l'endormir », ... ma mère.
3. Il .... qu'il avait commis une erreur
4. « Reprenez un peu de ce délicieux gâteau ! », ... ma grand-mère.
5. Je lui ai demandé l'heure mais elle m'........ qu'elle avait oublié sa montre.
6. « Quelle joie de te revoir ! », ... mon amie.

9. *Charade* Résolvez la charade, puis utilisez le verbe de parole trouvé dans deux phrases, l'une avec des paroles au discours direct et l'autre au discours indirect.

Mon premier est une lettre de l'alphabet : ....

Mon deuxième est le contraire de *oui* : ....

Mon troisième est une lettre de l'alphabet : ....

Mon tout est un verbe de parole : ....

Phrase 1 : ....

Phrase 2 : ....

10. *Grille* Trouvez dans cette grille six verbes de parole à l'infinitif, puis utilisez-les dans des phrases de votre choix. Vous utiliserez les trois procédés de paroles rapportées.

R	E	R	E	G	G	U	S
E	V	E	J	H	U	B	R
T	X	U	K	M	P	W	E
U	Q	O	Z	Y	O	E	L
O	R	V	U	S	T	R	R
J	C	A	E	G	T	I	U
A	U	R	L	E	R	D	H

1. ....
2. ....
3. ....
4. ....
5. ....
6. ....

11. *Remue-méninges* Mettez les mots dans l'ordre pour trouver une phrase avec des paroles au discours indirect. Réécrivez ensuite cette phrase en transposant les paroles au discours direct.

pièce • ma • lorsqu' • à • grand-mère • mouette • bibliothèque • m' • se trouvait • la • une • a raconté • est entrée • qu' • dans • la • elle

Phrase : ....

Phrase transposée au discours direct : ....

Bilan 34

Je sais changer les paroles rapportées

Je sais passer du discours direct au discours indirect

- Je **supprime** la **ponctuation** caractéristique du discours direct (« » : –).
- Je **modifie** le **temps**, la **personne** des verbes et les indices de **temps** et de **lieu** pour les **intégrer au récit**.
- Je **supprime** les **marques d'oralité** et les phrases **exclamatives** ou **interrogatives**.
- Je **transforme** les paroles en **subordonnées** ou en **infinitifs** ou groupes infinitifs.

*Elle m'a dit : « **Viens** me rejoindre **demain**, **j'aurai fini** mon travail. »*

*→ Elle m'a dit **de venir** la rejoindre **le lendemain**, **qu'**elle **aurait fini** son travail.*

Vous devrez parfois modifier **le verbe de parole**.

1 **Transposez ces dialogues au discours indirect.**

1. Ma voisine m'a dit : « Je vais souvent en Angleterre. » ....

....

2. Mes amis m'ont interrogée : « Est-ce que tu as aimé le film ? » ....

....

3. La jeune fille hésitait : « Euh… J'ai oublié mon téléphone, pouvez-vous me prêter le vôtre ? »

....

....

....

....

....

Je sais passer du discours indirect au discours direct

- J'**isole** les **paroles** à l'aide de la **ponctuation** caractéristique (« » : –).
- Je **rétablis** le **temps**, la **personne** des verbes et les indices de **temps** et de **lieu** du moment de l'**énonciation**.
- J'**ajoute** si nécessaire des **marques d'oralité** et des phrases **exclamatives** ou **interrogatives**.

*Elle dit à Arthur **d'aller** voir l'excellent film qu'**elle avait** découvert **la veille**.*

*→ Elle dit à Arthur : « **Va** voir le film que **j'ai** découvert **hier**. Il est excellent **!** »*

2 **Lisez le texte et répondez aux questions.**

Fantine arrive chez les Thénardier pour leur donner sa fille Cosette en pension.

La voyageuse raconta son histoire, un peu modifiée :

Qu'elle était ouvrière ; que son mari était mort ; que le travail lui manquait à Paris, et qu'elle allait en chercher ailleurs ; dans son pays ; qu'elle avait quitté Paris, *le matin même*, à pied ; que, comme elle portait son enfant, se sentant fatiguée, et ayant rencontré la voiture de Villemomble, elle y était montée ; que de Villemomble elle était venue à Montfermeil à pied, que la petite avait un peu marché, mais pas beaucoup, c'est si jeune, et qu'il avait fallu la prendre, et que le bijou s'était endormi.

Victor Hugo, *Les Misérables* (1862).

a) Transposez le passage en gras au discours direct, en commençant par : ***La voyageuse raconta.***

....

....

....

....

....

b) Transposez la partie soulignée au discours direct. Utilisez un nouveau verbe de parole et n'oubliez pas de modifier le groupe en italique.

....

....

....

....

....

....

c) **Réécrivez la fin du texte au discours direct en ajoutant une phrase exclamative et une ou deux marques d'oralité.**

Je sais passer du discours indirect au discours indirect libre

- Je **supprime** les outils de **subordination** et éventuellement le **verbe de parole**.
- Je **rétablis** les phrases **exclamatives** ou **interrogatives**.

*Karima songeait **qu'**elle était enfin à Paris, **qu'**elle avait de la chance ; elle **se demandait** quelle exposition elle visiterait.*

*→ Karima songeait **:** elle était enfin à Paris, elle en avait de la chance **!** **Quelle** exposition visiterait-elle **?***

3 **Lisez le texte et répondez aux questions.**

Frédéric Moreau, jeune étudiant, est tombé amoureux d'une femme mariée, Mme Arnoux. Il lui rend visite mais tombe sur son mari ; il est très gêné.

Enfin, il dit qu'il était venu savoir de ses nouvelles […].

Afin de dissimuler son trouble, Frédéric marchait de droite et de gauche, dans la salle. En heurtant le pied d'une chaise, il fit tomber une ombrelle posée dessus ; le manche d'ivoire se brisa.

« Mon Dieu ! s'écria-t-il, comme je suis chagrin d'avoir brisé l'ombrelle de Mme Arnoux. » […]

Et […] Frédéric, prenant l'occasion qui s'offrait de parler d'elle, ajouta timidement :

« Est-ce que je ne pourrai pas la voir ? »

Elle était dans son pays, près de sa mère malade.

Il n'osa faire de questions sur la durée de cette absence. Il demanda seulement quel était le pays de Mme Arnoux.

Gustave Flaubert, *L'Éducation sentimentale* (1869).

a) **Soulignez en bleu les passages au discours direct puis transposez les au discours indirect. Pourquoi Flaubert a-t-il choisi le discours direct ?**

b) **Soulignez en rouge les passages au discours indirect. Justifiez ce choix puis transposez-les au discours direct.**

c) **Soulignez en vert la phrase au discours indirect libre. Transposez-la aux discours direct puis indirect.**

4 ***J'applique pour écrire***

En vous inspirant du texte de l'exercice 3, faites le récit d'une visite gênante (vous arrivez chez un ou une amie et tombez sur le père, chez quelqu'un que vous réveillez…).

Consigne
- 15 lignes
- 3 procédés de paroles rapportées

35 Les connecteurs logiques

Quelles sont les caractéristiques des connecteurs logiques ?

- Les connecteurs sont des mots ou des groupes de mots qui marquent l'**enchaînement des idées** ou des **faits**.
- Ils se rencontrent dans les textes argumentatifs où ils permettent de souligner les **étapes du raisonnement** mais aussi dans les récits où ils expliquent la **succession des faits**.
- Ils appartiennent à différentes **classes grammaticales** : conjonctions de coordination, de subordination, adverbes de liaison, GN prépositionnels.

Je m'entraîne

1 Utilisez ces connecteurs pour compléter les phrases.
en revanche • mais • donc • certes • d'ailleurs • parce que

1. Je ne suis pas arrivé à l'heure .... ma voiture était en panne. • Il faisait très beau, ... nous avons pu nous baigner.

2. Ce film a beaucoup de succès ; ...., il comporte quelques passages amusants .... il ne m'a pas enthousiasmée.

3. Ce roman est passionnant ; ...., il a reçu le prix Goncourt ; .... le film qui en a été tiré ne m'a pas plu.

Quels sont les principaux connecteurs logiques ?

- **Cause, justification** : *car, parce que, puisque, comme…*
- **Conséquence, conclusion :** *donc, c'est pourquoi, en conclusion…*
- **But, expression de l'intention :** *pour que, afin que, en vue de, dans le but de…*
- **Opposition, introduction d'un argument contraire :** *mais, pourtant, cependant, or, néanmoins…*
- **Concession, constat d'une idée différente :** *certes, sans doute, bien que, même si, il est vrai…*
- **Addition, ajout d'une idée nouvelle :** *et, de plus, en outre, puis, par ailleurs, même…*
- **Introduction d'un exemple, d'une illustration :** *ainsi, par exemple, notamment…*

2 Lisez le texte et répondez aux questions.

Le narrateur, Usbeck, un Persan de passage en France, parle du roi.

J'ai étudié son caractère, et j'y ai trouvé des contradictions qu'il m'est impossible de résoudre : par exemple, il a un ministre qui n'a que dix-huit ans, et une maîtresse qui en a quatre-vingts […] ; quoiqu'il fuie le tumulte des villes, et qu'il se communique peu, il n'est occupé, depuis le matin jusqu'au soir, qu'à faire parler de lui : il aime les trophées et les victoires ; mais il craint autant de voir un bon général à la tête de ses troupes, qu'il aurait sujet de le craindre à la tête d'une armée ennemie.

Montesquieu, *Lettres persanes* (1758).

a) Quelle est la thèse de cette argumentation ? Soulignez les deux mots importants.

....
....
....

b) En quoi consistent les exemples qui servent d'arguments ?

....
....
....
....

c) Soulignez les connecteurs logiques. Qu'expriment-ils ?

....

3 Complétez les phrases par des connecteurs logiques.

1. Je n'irai pas à cette fête .... je m'ennuie toujours dans ces réunions ; une fois, ..., je me suis endormie sur un canapé. ...., inutile d'insister.

2. Le repos est très souvent bénéfique, il permet .... de faire le point et d'avoir l'esprit plus clair ; ...., c'est toujours en période de repos que j'ai les meilleures idées. ...., je suis plus disponible pour les autres ; je me rends compte .... que je suis plus gentil avec mes proches en période de repos. ...., n'hésitons pas à nous reposer.

3. Il ne faut pas céder au découragement face aux difficultés de la vie : ...., cette réaction n'apporte aucune solution aux difficultés, ... une telle attitude nuit à l'action .... on ne maîtrise plus les événements et on se laisse diriger par eux. .... une petite contrariété devient source d'angoisse. ...., essayons toujours de rester optimistes.

4 Soutenez ces thèses en respectant les consignes.

1. Je préfère passer mes vacances à la mer qu'à la montagne. **1 connecteur de cause, 1 pour introduire un exemple**

....
....
....
....

2. Le tri et le traitement des déchets ménagers sont très importants. **1 connecteur de cause, 1 d'addition et 1 pour introduire un exemple**

....
....
....
....
....

3. Il faut se méfier des manipulations génétiques. **1 connecteur de concession, 1 d'opposition, 1 de cause**

....
....
....
....
....
....
....

5 Lisez le texte et répondez aux questions.

> Monsieur le baron était un des plus puissants seigneurs de la Vestphalie, car son château avait une porte et des fenêtres. Sa grande salle **même** était ornée d'une tapisserie. [...]
>
> Mme la baronne, qui pesait environ trois cent cinquante livres, s'attirait **par là** une très grande considération, et faisait les honneurs de la maison avec une dignité qui la rendait encore plus respectable. Sa fille Cunégonde, âgée de dix-sept ans, était haute en couleur, fraîche, grasse, appétissante. [...] Le précepteur Pangloss était l'oracle de la maison, et le petit Candide écoutait ses leçons [...] et croyait innocemment ; **car** il trouvait Mlle Cunégonde extrêmement belle, **quoiqu'**il ne prît jamais la hardiesse de le lui dire.
>
> Voltaire, *Candide* (1759).

a) Soulignez en bleu le connecteur logique de la première phrase. Quel est son sens ?

....

b) Quel est le sens des connecteurs en gras ?

....
....
....

c) Pourquoi le connecteur que vous avez souligné en a) est-il absurde ? ....

....
....

6 *J'applique pour écrire*

Imaginez un dialogue argumentatif entre deux amis qui ne sont pas d'accord (par exemple : l'un pense que seul le sport de compétition est intéressant, l'autre préfère le sport de loisir ; l'un ne pense qu'à voyager, l'autre n'a aucune envie de quitter son univers...)

Consigne
- 15 lignes
- Dialogue de roman ou de théâtre
- Plusieurs connecteurs

Cochez la couleur que vous avez le mieux réussie.

- Relevez de nouveaux défis ! → exercices 1, 2 p. 100
- Améliorez vos performances ! → exercice 3 p. 100
- Confirmez votre réussite ! → exercice 4 p. 100

Chacun son rythme

36 L'argumentation

Qu'est-ce qu'une argumentation ?

- C'est un message (oral ou écrit : dialogue, essai, discours, fable, page de roman…) qui cherche à **convaincre** le destinataire sur un **thème** donné.
- Une argumentation développe une **thèse** (idée défendue sur le thème) soutenue par des **arguments** (preuves) souvent illustrés d'**exemples**.
- L'argumentation se termine parfois par une **conclusion** qui reprend la **thèse**.

Thème : les voyages. Thèse défendue : *Il vaut mieux voyager en train qu'en voiture.*
Arguments : *C'est plus rapide, moins dangereux et moins fatigant.*
Exemple : *Il n'y a pas d'embouteillages et moins d'accidents ; on peut lire ou dormir.*
Conclusion : *Prenez le train.*

1 Lisez le texte et répondez aux questions.

Le directeur d'une prison a séparé deux amis : Claude Gueux et Albin. Claude essaie de le convaincre de les réunir.

– Monsieur le directeur, dit Claude avec une voix qui eût attendri le démon, je vous en supplie, remettez Albin avec moi, vous verrez comme je travaillerai bien. Vous qui êtes libre, cela vous est égal, vous ne savez pas ce que c'est qu'un ami ; mais, moi, je n'ai que les quatre murs de la prison. Vous pouvez aller et venir, vous ; moi je n'ai qu'Albin. Rendez-le-moi. […] Cela ne vous coûterait que la peine de dire oui. Qu'est-ce que cela vous fait qu'il y ait dans la même salle un homme qui s'appelle Claude Gueux et un autre qui s'appelle Albin ? Car ce n'est pas plus compliqué que cela. Monsieur le directeur, mon bon monsieur D., je vous supplie vraiment, au nom du ciel !

Victor Hugo, *Claude Gueux* (1834).

a) De quel type est cette argumentation ? Qui est le destinataire du message, qui en est l'émetteur ?

……………………………………………………
……………………………………………………
……………………………………………………
……………………………………………………

b) À quel thème se rattache ce passage ? Quelle est la thèse défendue ? ……………………
……………………………………………………
……………………………………………………
……………………………………………………
……………………………………………………

c) Soulignez les arguments utilisés par Claude. Par quel exemple illustre-t-il l'importance de l'amitié pour lui ? ……………………
……………………………………………………
……………………………………………………
……………………………………………………

2 Trouvez un ou deux arguments à l'appui de ces thèses.

1. Il faut que les jeunes apprennent plusieurs langues vivantes. ……………………
……………………………………………………
……………………………………………………

2. Devenir très riche n'est pas la clé du bonheur. ……
……………………………………………………
……………………………………………………
……………………………………………………

3. Il ne faut pas mépriser l'imagination. ……………
……………………………………………………
……………………………………………………

Dans quels cas argumente-t-on ?

- Pour **soutenir** une thèse. *Le passage à l'heure d'été permet de faire des économies d'énergie.*
- Pour **contrer** la thèse adverse. *Le passage à l'heure d'été fatigue les jeunes enfants.*
- Pour **concéder** certains points à la thèse adverse. *Je vous accorde qu'il permet d'allonger les soirées d'été.*

3 **Lisez le texte et répondez aux questions.**

George Dandin reproche à sa femme son infidélité.

George Dandin. – C'est ainsi que vous satisfaites aux engagements de la foi[1] que vous m'avez donnée publiquement ?

Angélique. – Moi ? Je ne vous l'ai point donnée de bon cœur, et vous me l'avez arrachée. M'avez-vous, avant le mariage, demandé mon consentement, et si je voulais bien de vous ? Vous n'avez consulté, pour cela, que mon père et ma mère ; ce sont eux proprement qui vous ont épousé, et c'est pourquoi vous ferez bien de vous plaindre toujours à eux des torts que l'on pourra vous faire. Pour moi, qui ne vous ai point dit de vous marier avec moi, et que vous avez prise sans consulter mes sentiments, je prétends n'être point obligée à me soumettre en esclave à vos volontés.

Molière, *George Dandin* (1668), II, 2.

1. Du mariage.

a) Angélique argumente-t-elle pour soutenir la thèse de George Dandin ou pour la contrer ? Citez le texte. ....

b) Soulignez les deux arguments qu'elle utilise pour se justifier et reformulez-les avec vos propres mots. ....

c) Quelles sont les deux conclusions qu'elle en tire ? ....

Quel vocabulaire utilise-t-on dans une argumentation ?

- On utilise un vocabulaire **mélioratif** ou **péjoratif** selon que l'on **soutient** ou **combat** une idée *(grave, inquiétant, encourageant…).*
- On met en valeur le vocabulaire utilisé par l'emploi de **figures de style** (accumulation, hyperbole, métaphore…) ou de phrases **exclamatives** ou **interrogatives**.
- On utilise le vocabulaire de l'**opinion**.

4 **Lisez le texte et répondez aux questions.**

Les enfants sont **hautains, dédaigneux, colères, envieux, curieux**[1], **intéressés**[2], **paresseux, volages, timides**[3], **intempérants, menteurs, dissimulés** ; ils rient et pleurent facilement ; ils ont des joies immodérées et des afflictions amères sur de très petits sujets ; ils ne veulent point souffrir de mal, et aiment à en faire : ils sont déjà des hommes.

La Bruyère, « De l'homme », dans *Les Caractères* (1688).

1. Indiscrets. 2. Qui ne pensent qu'à l'argent et au profit. 3. Peureux.

a) Les adjectifs en gras sont-ils péjoratifs ou mélioratifs ? À qui s'appliquent-ils ? ....

b) Quelle est la particularité des couples de propositions qui suivent ? Que dénoncent-elles ? ....

c) Résumez la thèse de La Bruyère. ....

5 ***J'applique pour écrire***

Rédigez un paragraphe argumentatif pour défendre une cause qui vous semble importante (défense des espèces protégées…). Après avoir exposé la thèse, vous développerez au moins deux arguments dont un au minimum sera illustré d'un exemple.

Consigne
- 15 lignes environ
- Vocabulaire mélioratif et / ou péjoratif
- Vocabulaire du jugement et de la nuance

Cochez la couleur que vous avez le mieux réussie.

Chacun son rythme

- Relevez de nouveaux défis ! → exercice 5 p. 100
- Améliorez vos performances ! → exercice 6 p. 100
- Confirmez votre réussite ! → exercice 7 p. 100

37 La modalisation
L'explicite et l'implicite

Qu'est-ce que la modalisation ?

- C'est l'ensemble des procédés, appelés **modalisateurs**, qui permettent d'exprimer le **jugement**, le **sentiment** de celui qui parle ou écrit ou de **nuancer un énoncé**.
- Les modalisateurs ont les **sens** suivants :

– **jugement mélioratif** ou **péjoratif**. *Sa maison est splendide, la décoration est atroce.*
– **doute**. *Ils seront sans doute en retard.*
– **certitude**. *Je certifie que c'est vrai.*
– **possibilité**. *Son retour est probable.*
– **intensité** (**amplification** ou **atténuation**). *Il a plu énormément. / Nous avons eu très peu de soleil.*

1 Lisez le texte et répondez aux questions.

Georges Duroy, jeune provincial, va dîner chez un camarade de régiment devenu très riche.

Il était un peu **gêné, intimidé, mal à l'aise**. Il portait un habit pour la première fois de sa vie, et l'ensemble de sa toilette l'inquiétait : il la sentait **défectueuse** en tout […].

Son pantalon, un peu trop large, dessinait **mal** la jambe, *semblait* s'enrouler autour du mollet, avait cette apparence **fripée** que prennent les vêtements d'occasion sur les membres qu'ils recouvrent par aventure. Seul, l'habit n'allait pas mal, s'étant trouvé à peu près juste pour la taille.

Guy de Maupassant, *Bel-Ami* (1885).

a) Quel est le sens des modalisateurs en gras ?

....

b) Qu'exprime le verbe en italique ?

....

c) Soulignez les modalisateurs d'intensité. Quelle nuance expriment-ils ?

....

2 Soulignez les modalisateurs et indiquez leurs sens.

1. Sa veste était sublime. .... • Le magasin sera peut-être ouvert. ....

2. Ils doivent être dans le train. .... • Je te garantis que c'est vrai. ....

3. Il fait extrêmement froid. .... • Il se peut que nous ayons un peu de retard. ....

Quels sont les procédés de la modalisation ?

- Les **adverbes** : **intensité** (amplification : *trop, très…* ; atténuation : *peu…*), **jugement** (*bien, mal…*), **doute** (*peut-être…*), **certitude** (*à coup sûr…*).
- Le **vocabulaire mélioratif** (*extraordinaire, adorer…*) ou **péjoratif** (*insupportable, détester…*).
- Les **verbes** de **jugement** ou d'**opinion** (*croire, juger…*).
- Le **mode conditionnel** (action incertaine ou soumise à une condition). *Il **aurait pris** un congé.*
- Les **figures de style** (métaphore, personnification, comparaison). *un pas **de géant**, fort **comme un bœuf***

3 Réécrivez ces phrases en ajoutant une modalisation du sens indiqué.

1. Il fait chaud (amplification). ....

2. Ce pic (amplification) de pollution va durer (doute). ....

3. Elle est vêtue d'une robe verte (jugement péjoratif). .... • Elle était là lorsque ces tristes événements ont eu lieu (certitude / amplification). ....

4 Lisez le texte et répondez aux questions.

Le narrateur fait le portrait d'Yvonne de Galais.

Jamais je ne vis tant de grâce s'unir à tant de gravité. Son costume lui faisait la taille si mince qu'elle semblait fragile. Un grand manteau marron, qu'elle enleva en entrant, était jeté sur ses épaules.

C'était la plus grave des jeunes filles, la plus frêle des femmes. Une lourde chevelure blonde pesait sur son front et sur son visage, délicatement dessiné, finement modelé. Sur son teint très pur, l'été avait posé deux taches de rousseur…

Alain-Fournier, *Le Grand Meaulnes* (1913).

a) Soulignez en bleu les modalisateurs de jugement mélioratif. Quels sont les procédés utilisés ?

b) Soulignez en rouge les modalisateurs d'intensité. Précisez le nom du procédé et son sens.

c) Relevez une figure de style que vous nommerez et interpréterez.

Qu'appelle-t-on explicite et implicite ?

- Un énoncé **explicite** fournit **toutes les informations** pour comprendre une situation. Il est **neutre**.

  Il pleut.

- Un énoncé **implicite** ne fournit **pas toutes les informations**. Certaines sont **sous-entendues** ou **présupposées**, elles traduisent une **intention** et peuvent être **interprétées** :

– le **sous-entendu** se devine à partir de l'énoncé et du contexte.

Il fait froid chez toi ! (si la fenêtre est ouverte, cela sous-entend qu'il faut la fermer)

– le **présupposé** est contenu sans être clairement dit dans l'énoncé.

Il ne fume plus. (ce qui laisse supposer qu'il fumait auparavant)

5 Soulignez en bleu les messages implicites et en rouge les messages explicites.

1. J'ai pris le train de huit heures trente. • Pour une fois, je prendrai le train de huit heures.
2. Cette place ne me permet pas de déplier mes jambes. • J'avais la place 42 dans la voiture 12.
3. La porte est fermée à clé. • Je crois avoir oublié de fermer la porte.

6 Indiquez l'information présupposée ou le sous-entendu possible de ces énoncés.

1. Mon frère a encore oublié ses clés. • Tu n'as pas encore vu ce chef-d'œuvre ?
2. Ils ne passent plus leurs vacances au Portugal. • Il fait meilleur dans ma chambre que dans le salon.
3. Nous n'avons toujours pas trouvé de maison. • Un marathon ne se court pas sans une sérieuse préparation.

7 *J'applique pour écrire*

Faites deux fois le portrait d'une personne ou d'un animal : la 1re fois en utilisant une modalisation méliorative, la 2e fois en utilisant une modalisation péjorative.

Consigne
- 10 lignes par portrait
- Divers procédés de modalisation

Cochez la couleur que vous avez le mieux réussie.

Relevez de nouveaux défis ! → exercice 8 p. 101
Améliorez vos performances ! → exercice 9 p. 101
Confirmez votre réussite ! → exercice 10 p. 101

Chacun son rythme

38 Les procédés de mise en valeur

Comment mettre en valeur à l'aide de présentatifs ?

- Les **présentatifs** (*c'est, c'était, voici, voilà, il y a…*) se placent en début de phrase.

  Karima est ma cousine. → ***Voici** Karima, ma cousine.*

- Ils sont souvent associés à des **pronoms relatifs** (*qui, que, dont…*).

  Il part demain. → ***C'est** demain **qu'**il part.*

Quand vous ajoutez un **présentatif**, vous pouvez parfois **supprimer le verbe**.

1 Mettez en valeur l'élément souligné à l'aide d'un présentatif.

1. Jules est mon petit frère.
2. Elle désire par-dessus tout une promotion.
3. Tu es la mieux placée pour ce poste.

2 Lisez le texte et répondez aux questions.

Le père du narrateur est en train de lui fabriquer un jouet avec un couteau : un petit chariot en bois.

C'est au coin d'un feu de fagots, sous le manteau d'une vieille cheminée. […] Le chariot va être fini ; j'attends **tout ému et les yeux grands ouverts**, quand mon père pousse un cri et lève sa main pleine de sang. […] Un coup violent m'arrête ; c'est ma mère qui me l'a donné, l'écume aux lèvres, les poings crispés.

« C'est ta faute si ton père s'est fait mal ! » […]

Je vois, **avec ma terreur d'enfant**, sa main qui pend toute hachée ; c'est moi qui en suis cause !

Jules Vallès, *L'Enfant* (1879).

a) Quel présentatif est utilisé à quatre reprises ?

b) Réécrivez le passage au discours direct en supprimant le présentatif. Pourquoi la phrase est-elle moins expressive ainsi ?

c) Réécrivez les passages soulignés en utilisant des présentatifs pour mettre en valeur les groupes en gras. Que mettez-vous en valeur ? Pourquoi n'est-ce pas pertinent dans ce passage ?

Comment mettre en valeur par déplacement ?

- On déplace **en tête de phrase** un élément dont ce n'est pas la place habituelle.
- Le déplacement d'un élément en entraîne parfois d'**autres** (inversion du sujet…).

  Ton ami est sympathique. → ***Sympathique,** ton ami !*

  Une brume légère s'élevait de la surface des eaux. → ***De la surface des eaux** s'élevait **une brume légère**.*

3 Mettez en valeur les éléments soulignés en les déplaçant.

1. Le vainqueur s'avançait vers l'estrade, rouge d'émotion.
2. Elle rêve depuis toujours de ce titre.
3. De nouveaux voisins arrivèrent très vite.

Comment mettre en valeur par redoublement ?

- On reprend par un **pronom** un élément situé en début de phrase.
  Je travaille beaucoup. → ***Moi***, *je travaille beaucoup.*
  Paul s'amuse. → *Paul*, ***lui***, *s'amuse.*
- On peut associer le **redoublement** au **déplacement**. L'élément est déplacé en **début** ou en **fin de phrase** et repris par un **pronom** (procédé fréquent dans les dialogues ou à l'oral).
  Ces moments sont exceptionnels. → ***Ils*** *sont exceptionnels,* ***ces moments*** *!*
  Elle mange des céréales tous les matins. → ***Des céréales***, *elle* ***en*** *mange tous les matins.*

4 **Mettez en valeur le mot ou groupe souligné en utilisant le redoublement et éventuellement le déplacement.**

1. Ce chat est magnifique ! ……………… • J'aime beaucoup ton nouveau pull. ………………

2. Il n'a pas perdu son temps. ……………… • Range ton vélo dans le garage. ………………

3. Je t'emprunte ton portable cinq minutes. ……………… • Je ne veux pas faire le premier pas. ………………

5 **Réécrivez ces phrases avec les procédés de mise en valeur demandés (suppression possible du verbe).**

1. Ta tenue est parfaite pour la plage ! (**déplacement**) ………………

2. Les enfants arrivent enfin. (**présentatif**, puis **redoublement**) ………………

3. Une jeune fille entre soudain (**déplacement**, puis **présentatif**, puis **redoublement avec déplacement**) ………………

6 **Lisez le texte et répondez aux questions.**

LE MÉDECIN, *le chapeau à la main*. – C'est ici, Madame, qu'il y a un petit malade ?
MADAME. – C'est ici, docteur ; entrez donc. Docteur, c'est pour mon petit garçon. Figurez-vous, **ce pauvre mignon, je ne sais comment ça se fait, depuis ce matin tout le temps il tombe.**
LE MÉDECIN. – Il tombe !
MADAME. – Tout le temps ; oui docteur. […]
LE MÉDECIN. – C'est étrange, cela. Quel âge a-t-il ?
MADAME. – Quatre ans et demi.

Georges Courteline, *Le Petit Malade* (1905).

a) **Quel procédé de mise en valeur est utilisé dans la première réplique ?** ………………

b) **Quel procédé de mise en valeur est utilisé dans le passage souligné ?** ………………

c) **Quel GN est repris par un pronom dans le passage en gras ? Réécrivez tout le passage en supprimant le redoublement.** ………………

7 ***J'applique pour écrire***

En vous inspirant du texte proposé à l'exercice 2, racontez un souvenir marquant de votre enfance en insistant sur les sentiments éprouvés.

Consigne
- 15 lignes
- 1 procédé de mise en valeur de chaque catégorie

Chacun son rythme

Cochez la couleur que vous avez le mieux réussie.

- Relevez de nouveaux défis ! → exercice 11 p. 101
- Améliorez vos performances ! → exercice 12 p. 101
- Confirmez votre réussite ! → exercice 13 p. 101

Chacun son rythme

Les connecteurs logiques

1. *Quiz* Cochez les phrases vraies.

- ☐ Les connecteurs logiques permettent de souligner l'enchaînement des idées.
- ☐ Les connecteurs sont toujours des conjonctions de coordination.
- ☐ On les rencontre souvent dans les textes argumentatifs.
- ☐ *Car, en effet, c'est pourquoi* sont des connecteurs logiques.

2. *Méli-Mélo* Replacez ces connecteurs mélangés dans la bonne phrase.

cependant • donc • de surcroît • parce que

1. Ce roman est un chef-d'œuvre, …………… je te conseille vivement de le lire.
2. Je considère que la période des vacances est la plus agréable ; …………… on est toujours heureux de retrouver ses amis à la rentrée.
3. Les lois sont indispensables à la société …………… sans elles les droits de chacun ne peuvent être respectés.
4. Un job d'été permet aux jeunes un premier contact avec le monde du travail ; …………… il leur permet souvent de prendre de l'assurance.

3. *Range-mots* Classez ces connecteurs par leur numéro en fonction de leurs sens.

1) en effet 2) en conséquence 3) ainsi
4) en conclusion 5) mais 6) cependant 7) en outre
8) de surcroît 9) alors que 10) par ailleurs 11) en raison de
12) puisque 13) donc 14) par exemple

Cause	……………
Conséquence	……………
Addition	……………
Opposition	……………
Illustration par un exemple	……………

4. *Lettres mêlées* Mettez en ordre les lettres de ces connecteurs, puis utilisez-les pour compléter les phrases.

itfutoseo : …………… • ne onucnloics : ……………
• ne eruto : …………… • ecrap ueq : ……………

1. Cet endroit est calme, ensoleillé, il offre de nombreuses perspectives de loisirs ; ……………, c'est le paradis !
2. Les fruits sont pleins de vitamines ; …………… il ne faut pas en abuser …………… ils contiennent du sucre.
3. L'intrigue de ce film est palpitante ; ……………, les acteurs sont excellents.

L'argumentation

5. *Quiz* Cochez les phrases vraies.

- ☐ Un texte argumentatif a pour but de convaincre.
- ☐ On ne rencontre jamais d'argumentation dans un texte théâtral.
- ☐ Dans une argumentation, on trouve une thèse, des arguments et des exemples.
- ☐ On peut soutenir une thèse ou la contrer.

6. *Méli-mélo* Les arguments et les exemples de ces phrases argumentatives ont été mélangés. Replacez-les par leurs numéros après la bonne thèse.

1. Ils sont cultivés sans pesticides et meilleurs pour la santé et au goût.
2. Un verre de limonade contient l'équivalent de trois morceaux de sucre.
3. Certes ils sont plus chers.
4. Nankin en Chine accueillera deux tours végétalisées en 2018.
5. Ainsi, 70 % des Français leur trouvent un goût meilleur.
6. Car les plantes produisent de l'oxygène et absorbent la pollution.
7. Ils contiennent en effet beaucoup trop de sucre.

Thèse 1. Faire pousser des plantes sur les toits des immeubles est une excellente idée. ……………

Thèse 2. Il ne faut pas consommer trop de sodas. ……………

Thèse 3. Il faut consommer des produits « bio ». ……………

7. *Bouche-trous* Trouvez un argument ou une thèse pour compléter ces phrases.

1. Je déteste aller à la piscine parce que ……………
……………
2. …………… : en effet, ce sont les seuls cours où on peut bouger.
3. Il faut prendre un petit-déjeuner équilibré, cependant ……………
……………
……………
4. Il y a eu de très fortes pluies ces dernières semaines, c'est pourquoi ……………
……………

Chacun son rythme

La modalisation

8. *Quiz* Cochez les phrases vraies.

- [ ] La modalisation permet d'exprimer l'opinion, le jugement, le sentiment.
- [ ] Un modalisateur exprime toujours un jugement mélioratif ou péjoratif.
- [ ] Un énoncé explicite contient des informations sous-entendues.
- [ ] Le conditionnel peut être un procédé de modalisation.

9. *Range-phrases* Soulignez les modalisateurs, puis classez les phrases par leur numéro dans le tableau.

1. Il ne fait aucun doute que c'est la meilleure solution.
2. Elle est complètement débordée.
3. Il changerait d'emploi à la fin de l'année.
4. Il se peut que nous changions d'avis.
5. Ce livre est passionnant.
6. Il m'a fait une impression désagréable.
7. La vue est assez dégagée.
8. Elle est assurément très douée.

Jugement	Doute	Certitude	Possibilité	Intensité
…………	…………	…………	…………	…………

10. *Grille* Trouvez dans cette grille cinq modalisateurs, puis utilisez-les dans des phrases de votre composition en précisant leur sens.

E	H	P	M	O	I	R	T
E	V	O	N	A	I	B	Z
T	X	R	K	M	P	W	E
U	Q	T	Z	Y	O	E	S
T	F	E	Y	E	R	U	S
J	C	A	E	G	T	I	A
À	R	U	E	R	R	O	H

1. ……………………………………………………
2. ……………………………………………………
……………………………………………………
3. ……………………………………………………
4. ……………………………………………………
……………………………………………………
5. ……………………………………………………

Les procédés de mise en valeur

11. *Quiz* Cochez les phrases vraies.

- [ ] Il existe trois procédés de mise en valeur.
- [ ] L'utilisation d'un présentatif est un procédé de mise en valeur.
- [ ] Les présentatifs se placent avant ou après l'élément mis en valeur.
- [ ] On peut déplacer un élément pour le mettre en valeur.

12. *Range-phrases* Classez ces phrases par leur numéro dans le tableau.

1. C'est ce jeu que je préfère.
2. Lui, il veut toujours avoir raison.
3. Cet ouragan, nous en subissons encore les conséquences.
4. Voilà une excellente idée !
5. Cette histoire, je ne l'ai pas crue un seul instant.
6. Longtemps, j'ai essayé de les convaincre.
7. Moi, je n'ai rien vu, rien entendu.
8. De ma place, je ne voyais rien.

Présentatif	Déplacement	Redoublement	2 procédés associés
…………	…………	…………	…………

13. *Lettres mêlées* Mettez les lettres dans l'ordre pour trouver six mots qui compléteront les phrases. Réécrivez ensuite les phrases en mettant le mot en valeur.

arefifa : ………… • ntafne : ………… •
errab : ………… • tegompnls : ………… •
imlf : ………… • sacnveac : …………

1. Je ne l'ai pas vue depuis ……………………
……………………………………………………
2. Un bel oiseau s'envola de l' ……………………
……………………………………………………
3. J'ai revu ce ………… cinq fois. …………
……………………………………………………
4. Cette ………… a déclenché un scandale. …………
……………………………………………………
5. Cet ………… lit beaucoup. …………
……………………………………………………
6. Je rêve de ces ………… depuis longtemps.
……………………………………………………

SUJET de Brevet complet

Questions sur le texte et l'image 1 h 10

(50 points)

Ce sujet servira de support aux fiches Méthode Brevet des pages suivantes.

Chateaubriand évoque ses années passées dans le château de Combourg en Bretagne.

À huit heures, la cloche annonçait le souper. Après le souper, dans les beaux jours, on s'asseyait sur le perron. Mon père, armé de son fusil, tirait les chouettes qui sortaient des créneaux[1] à l'entrée de la nuit. Ma mère, Lucile et moi, nous regardions le ciel, les bois, les derniers rayons du soleil, les premières étoiles. À dix heures, on rentrait et l'on se couchait.

Les soirées d'automne et d'hiver étaient d'une autre nature. Le souper fini et les quatre convives revenus de la table à la cheminée, ma mère se jetait, en soupirant, sur un vieux lit de jour[2] de siamoise flambée[3] ; on mettait devant elle un guéridon avec une bougie. Je m'asseyais près du feu avec Lucile ; les domestiques enlevaient le couvert et se retiraient. Mon père commençait alors une promenade, qui ne cessait qu'à l'heure de son coucher. Il était vêtu d'une robe de ratine[4] blanche, ou plutôt d'une espèce de manteau que je n'ai vu qu'à lui. Sa tête, demi-chauve, était couverte d'un grand bonnet blanc qui se tenait tout droit. Lorsqu'en se promenant, il s'éloignait du foyer, la vaste salle était si peu éclairée par une seule bougie qu'on ne le voyait plus ; on l'entendait seulement encore marcher dans les ténèbres ; puis il revenait lentement vers la lumière et émergeait peu à peu de l'obscurité, comme un spectre, avec sa robe blanche, son bonnet blanc, sa figure longue et pâle. Lucile et moi, nous échangions quelques mots à voix basse, quand il était à l'autre bout de la salle ; nous nous taisions quand il se rapprochait de nous. Il nous disait, en passant : « De quoi parliez-vous ? » Saisis de terreur, nous ne répondions rien ; il continuait sa marche. Le reste de la soirée, l'oreille n'était plus frappée que du bruit mesuré de ses pas, des soupirs de ma mère et du murmure du vent.

François-René de Chateaubriand, *Mémoires d'outre-tombe* (1849-1850), 1re partie, livre III, chap. 3.

1. Ouverture pratiquée au sommet d'un rempart et qui servait à la défense. 2. Divan, canapé. 3. Étoffe de coton.
4. Tissu de laine à poils longs.

Claude Monet, *Le Dîner* (1868), 50,5 x 65,5 cm (Zurich, collection Buhrle).

Grammaire et compétences linguistiques

1 a) Quel temps est majoritairement utilisé dans le texte ? Quelle est sa valeur ? [2 points]
b) Réécrivez la dernière phrase du 1er paragraphe [l. 6-7] au passé simple. En quoi le sens est-il modifié ? [2 points]

2 « Le souper fini… l'heure de son coucher » [l. 9 à 15]. Réécrivez ce passage en remplaçant l'imparfait par le passé composé. [5 points]

3 « On ne le voyait plus ; on l'entendait seulement encore marcher » [l. 21-22].
a) Indiquez la classe grammaticale et la fonction de « le » et « l' ». [1 point]
b) À quel mot renvoient-ils ? [1 point]

4 a) Comment est formé le mot « lentement » [l. 22] ? Quelle est sa classe grammaticale ? [2 points]
b) Trouvez dans le texte un mot formé de la même façon. [2 points]

5 a) La première phrase du texte est-elle à la forme active ou passive ? [1 point]
b) Réécrivez-la à la forme inverse. [1 point]

6 « Il nous disait, en passant : "De quoi parliez-vous ?" » [l. 27-28].
a) Comment les paroles sont-elles rapportées ? [1 point]
b) Réécrivez-les en modifiant le procédé et en commençant ainsi : « Il nous demandait en passant… » [2 points]

Compréhension et compétences d'interprétation

7 À quel moment de la journée et à quelles saisons les deux paragraphes du texte correspondent-ils ? Que décrivent-ils ? Nous donnent-ils l'image d'une famille unie ? [4 points]

8 Relevez dans le texte les mots se rattachant au champ lexical des sensations visuelles. Ces sensations sont-elles liées au même type de souvenir dans les deux paragraphes ? Justifiez votre réponse. [5 points]

9 Que fait la mère au début du 2e paragraphe ? Le sait-on précisément ? Que pensez-vous de ce comportement ? Justifiez votre réponse. [5 points]

10 Quel personnage est décrit physiquement ? Quelle est la couleur dominante de ce portrait ? À quoi est-il comparé ? Pourquoi, à votre avis ? Que vous inspire ce personnage ? [5 points]

11 Quel est le sentiment dominant des deux enfants à la fin du texte ? Quels comportements l'illustrent ? Qu'avez-vous ressenti en lisant ce passage ? [5 points]

12 En quoi le tableau de Monet illustre-t-il bien l'atmosphère qui se dégage du texte ? En quoi s'en éloigne-t-il ? Répondez en faisant appel à vos impressions. [6 points]

Dictée 0 h 20 *(10 points)*

Mon père se levait à quatre heures du matin, hiver comme été : il venait dans la cour intérieure appeler et éveiller son valet de chambre, à l'entrée de l'escalier de la tourelle. On lui apportait un peu de café à cinq heures ; il travaillait ensuite dans son cabinet jusqu'à midi. Ma mère et ma sœur déjeunaient chacune dans leur chambre, à huit heures du matin. Je n'avais aucune heure fixe, ni pour me lever, ni pour déjeuner ; j'étais censé étudier jusqu'à midi : la plupart du temps, je ne faisais rien.

À onze heures et demie, on sonnait le dîner que l'on servait à midi.

François-René de Chateaubriand, *Mémoires d'outre-tombe* (1849-1850), 1re partie, livre III, chap. 3.

Rédaction 1 h 30 *(40 points)*

Vous traiterez au choix le sujet d'imagination ou de réflexion.

SUJET D'IMAGINATION

Lucile écrit à une de ses amies pour lui raconter les soirées d'hiver à Combourg. Elle exprimera ses sentiments et demandera des conseils.

SUJET DE RÉFLEXION

Est-ce important dans une autobiographie de raconter des moments malheureux ou difficiles ? Vous exposerez votre point de vue dans un développement structuré et illustré d'exemples empruntés à vos lectures et à votre expérience personnelle.

Méthode Brevet 1

Répondre aux questions de grammaire et de vocabulaire (1)

À savoir

Les questions de grammaire peuvent porter entre autres sur :
- L'identification de la **classe** ou de la **fonction grammaticale** d'un mot.
- La **formation** et / ou le **sens** d'un mot.

ÉTAPE 1 Identifier la classe grammaticale d'un mot

- Identifier la **classe grammaticale** d'un mot relève de vos connaissances. *> Fiches 1 à 5, 2e de couverture*
- Les questions peuvent porter sur les **mots invariables**, les **pronoms**, les **déterminants**…
- Il faut veiller à **ne pas confondre** les **homophones** :

– *le, la, les* : déterminants **ou** pronoms,
– *qui* : pronom relatif **ou** interrogatif,
– *que* : pronom relatif **ou** interrogatif **ou** conjonction de subordination **ou** adverbe.

Exemple de réponse rédigée

Sujet Brevet (question 3a, p. 103). « On ne le voyait plus ; on l'entendait seulement encore marcher » (l. 21-22) : donnez la classe grammaticale de « le » et « l' ». À quel mot renvoient-ils ?

> *« le » et « l' » sont des pronoms personnels. Ils renvoient au mot « père ».*

ÉTAPE 2 Identifier la fonction grammaticale d'un mot

- Identifier la **fonction grammaticale** d'un mot relève de vos connaissances. *> Fiches 14 à 22, 3e de couverture*
- Les questions peuvent être associées à l'identification de la **classe grammaticale** ou porter sur un mot qui n'est pas **à sa place** habituelle (par exemple : un sujet inversé, un complément d'objet ou circonstanciel déplacé en tête de phrase).

Exemple de réponse rédigée

Sujet Brevet (question 3a, p. 103). « On ne le voyait plus ; on l'entendait seulement encore marcher » (l. 21-22) : donnez la fonction grammaticale de « le » et « l' ».

> *« le » est COD de « voyait » et « l' » est COD de « entendait ».*

ÉTAPE 3 Analyser la formation d'un mot

- Analyser la **formation d'un mot**, trouver des mots formés de la même façon, des mots de la **même famille**, des **antonymes** ou des **synonymes** relève de vos connaissances. *> Fiche 23*
- On pourra vous demander ensuite d'indiquer la **classe grammaticale** ou le **sens particulier** du mot dans le texte.

Exemple de réponse rédigée

Sujet Brevet (question 4, p. 103). a) Comment est formé le mot « lentement » (l. 22) ? Quelle est sa classe grammaticale ? b) Trouvez dans le texte un mot formé de la même façon.

> *« lentement » est formé de l'adjectif au féminin « lente » et du suffixe « -ment ». Il s'agit d'un adverbe. « Seulement » (l. 21) est formé de la même façon.*

J'applique la méthode

Identifier la classe grammaticale

1 Lisez ce passage et répondez aux questions.

> Je connais les hommes. Je ne suis fait comme aucun de ceux que j'ai vus.
> Jean-Jacques Rousseau, *Les Confessions* (1782).

a) Donnez la classe grammaticale précise des deux mots soulignés. ....

b) À quel mot renvoient-ils ? ....

2 Relisez ce passage (tiré de l'exercice 4, p. 83) **et répondez aux questions.**

> Mais, d'une main, l'aveugle saisit le bras du clairvoyant, et de l'autre, détournant son arme, il **le** rejeta une seconde fois à terre. (Jules Verne)

a) Indiquez la classe grammaticale du mot en gras. À quel mot renvoie-t-il ? ....

b) Quelle est la classe grammaticale du mot souligné ? Comment l'avez-vous différencié du mot en gras ? ....

3 Relisez ce passage (tiré de l'exercice 6, p. 49) **et répondez à la question.**

> Les deux voyageurs inclinaient donc à penser qu' il n' y a point d' esprit dans notre habitation. (Voltaire)

• Classez les mots invariables soulignés.

Prépositions : ....

Adverbe : ....

Conjonction de coordination : ....

Conjonction de subordination : ....

Identifier la fonction grammaticale

4 Relisez le texte de l'exercice 1 ci-dessus et répondez aux questions.

a) Quelle est la fonction grammaticale de « que » ? ....

b) Expliquez l'accord du participe passé « vus ». ....

5 Relisez le poème de Verlaine (exercice 9, p. 67) **et répondez aux questions.**

a) Indiquez la fonction du GN « le soleil du matin ». Est-il à sa place habituelle ? Justifiez votre réponse. ....

b) Réécrivez ce vers en rétablissant l'ordre habituel. ....

6 Relisez ce passage (tiré de l'exercice 8, p. 11) **et répondez à la question.**

> La liberté est un présent du ciel, et chaque individu de la même espèce a le droit d'en jouir aussitôt qu'il jouit de la raison. (Denis Diderot)

• Indiquez la fonction grammaticale de chaque GN souligné. ....

Analyser la formation d'un mot

7 Relisez ce passage (tiré du sujet de Brevet, p. 102) **et répondez aux questions.**

> Saisis de terreur, nous ne répondions rien ; il continuait sa marche. (François-René de Chateaubriand)

a) Comment est formé le mot souligné ? ....

b) Trouvez trois autres mots de la même famille. ....

c) Trouvez un synonyme de sens plus faible. ....

8 Relisez ce passage (tiré de l'exercice 5, p. 35) **et répondez aux questions.**

> Ce n'était pas une médiocre gloire d'être obéi par toutes ces natures désobéissantes. (Victor Hugo)

a) Trouvez dans la phrase un mot de la même famille que le mot souligné. Quel est le préfixe utilisé ? Quel est son sens ? ....

b) Trouvez deux mots utilisant le même préfixe. ....

Méthode Brevet 2

Répondre aux questions de grammaire et de vocabulaire (2)

À savoir

- Les questions de grammaire peuvent également porter sur l'identification d'un **temps verbal**, de la **valeur** d'un temps ou d'un mode, du **type** ou de la **forme** d'une phrase, de **paroles rapportées**.
- On pourra aussi vous demander de **justifier**, de **réécrire différemment** ou d'analyser l'**effet produit**.

ÉTAPE 1 Identifier les temps et les modes et leurs valeurs

- Identifier un **temps**, un **mode**, et / ou leur **valeur** relève de vos connaissances. > *Fiches 7 à 11*
- Pour **justifier**, **réécrire** ou analyser l'**effet produit**, relisez attentivement le texte.

Exemple de réponse rédigée

Sujet Brevet (question 1, p. 103). a) Quel temps est majoritairement utilisé dans le texte ? Quelle est sa valeur ? b) Réécrivez la dernière phrase du 1er paragraphe (l. 6-7) au passé simple. En quoi le sens est-il modifié ?

> *a) Le temps majoritairement utilisé est l'imparfait, il s'agit d'un imparfait d'habitude.*

> *b) La phrase réécrite est : « À dix heures, on rentra et l'on se coucha. » Le sens est modifié, parce que l'action devient une action unique bien datée.*

ÉTAPE 2 Identifier et / ou modifier les types et les formes de phrases

- Repérez les signes de ponctuation pour identifier le **type interrogatif** ou la **forme exclamative**.
- Repérez la présence de « ne », « n' » (**forme négative**) ou son absence (**forme affirmative**).
- Repérez si le sujet du verbe fait l'action (**forme active**) ou s'il la subit (**forme passive**).
- La question peut être complétée par un exercice de **réécriture** (changer la forme / passer de l'interrogation directe à l'interrogation indirecte…).

Exemple de réponse rédigée

Sujet Brevet (question 5, p. 103). a) La première phrase du texte est-elle à la forme active ou passive ? b) Réécrivez-la à la forme inverse.

> *a) La première phrase est à la forme active.*

> *b) La phrase réécrite à la forme passive est : « À huit heures, le souper était annoncé par la cloche. »*

ÉTAPE 3 Identifier et / ou modifier les paroles rapportées

- Identifier le **procédé** (type de paroles rapportées) ou **réécrire** relève de vos connaissances. > *Fiches 32 et 33*
- On peut vous demander d'**identifier** une **utilisation particulière** du procédé.

Exemple de réponse rédigée

Sujet Brevet (question 6, p. 103). « Il nous disait, en passant : "De quoi parliez-vous ?" » (l. 27-28).
a) Comment les paroles sont-elles rapportées ?
b) Réécrivez-les en modifiant le procédé et en commençant ainsi : « Il nous demandait en passant… ».

> *a) Les paroles sont rapportées au discours direct.*

> *b) Les paroles réécrites sont : « Il nous demandait en passant de quoi nous parlions. »*

J'applique la méthode

Identifier les temps, modes et valeurs

1 **Lisez ce passage et répondez aux questions.**

> Il était vêtu d'une robe de ratine blanche, ou plutôt d'une espèce de manteau que je n'ai vu qu'à lui.
>
> François-René de Chateaubriand (sujet Brevet p. 102, l. 12).

a) À quel temps est le verbe souligné ? ....

b) Quelle est sa valeur ? ....

c) Pourquoi ce verbe n'est-il pas au même temps que les autres verbes du texte ? ....

2 **Lisez ce passage et répondez aux questions.**

> Ma grand-mère espérait qu'en me liant dès à présent avec cette future camarade, je n'aurais pas à affronter l'isolement que tout dernier venu connaît lorsque les groupes et les amitiés se sont déjà formés.
>
> Min Tran Huy, *La Double Vie d'Anna Song* (2009) © Actes Sud.

a) À quel temps et à quels modes sont les deux verbes soulignés ? ....

b) Justifiez leurs emplois. ....

3 **Lisez ce passage et répondez aux questions.**

> Enfin, malgré son âge, celui-ci sauta lestement sur l'arbre soumis à l'action de la scie, et de là sur la poutre transversale qui soutenait le toit.
>
> Stendhal, *Le Rouge et le Noir* (1830).

a) À quels temps sont les deux verbes conjugués de ce passage ? ....

b) Justifiez leurs emplois. ....

Identifier les types et formes de phrases

4 **Lisez ce passage et répondez aux questions.**

> Oh ! la belle petite école ! Oh ! la belle rue ! et si vivante, les jours de foire !
>
> Jules Vallès, *L'Enfant* (1881).

a) Qu'ont de particulier les phrases de ce passage ? Identifiez leur type et leur forme. ....

b) Quel sentiment expriment-elles ? ....

5 **Lisez ce passage et répondez aux questions.**

> Brusquement, il fut réveillé par un bruit de voix.
>
> Émile Zola, « Nantas » (1878).

a) Mettez cette phrase à la forme active. ....

b) Qu'est devenu le pronom « il » à la forme active ? Quelle est sa fonction ? ....

Identifier les paroles rapportées

6 **Lisez ce passage et répondez aux questions.**

> *La narratrice enfant rêve d'être institutrice et interroge un élève imaginaire.*
>
> « *Qui* a gagné la bataille de Poitiers ? Qui ? Ne lui soufflez pas… je tapote impatiemment ma table avec mon crayon… Qui, as-tu dit ? Charles et Marcel… Bravo ! Non, ne riez pas. C'est Charles Martel, ignorante… Char-les Mar-tel. »
>
> N. Sarraute, *Enfance* (1983) © Gallimard, www.gallimard.fr

a) Comment les paroles sont-elles rapportées ? ....

b) Justifiez votre réponse à l'aide de trois critères. ....

c) En quoi les règles habituelles ne sont-elles pas entièrement respectées ? ....

Méthode Brevet 3

Réussir la réécriture

À savoir

- Vous devez **recopier un texte** en y apportant des **modifications**.
- L'extrait doit être **intégralement recopié**, y compris les **mots qui ne changent pas**.
- Les **fautes de copie** sont **sanctionnées**.
- Deux consignes peuvent être **cumulées** dans la même question.
- Il peut y avoir **plusieurs questions de réécriture** intégrées aux questions de grammaire.

ÉTAPE 1 Changer le genre et / ou le nombre

- Repérez le **mot** à changer dans le texte.
- Repérez et soulignez **tous les mots** qui devront être **modifiés** : adjectifs ou participes, pronoms et déterminants.

Exemple de réécriture

Question. Réécrivez ce passage en remplaçant « vêtements » par « tenue » :

Tu ne dois pas porter ces vêtements trop étroits et trop colorés : donne-les à ta petite sœur.

> *Tu ne dois pas porter cette tenue trop étroite et trop colorée : donne-la à ta petite sœur.*

ÉTAPE 2 Changer la personne

- Repérez la **personne** à changer dans le texte.
- Repérez et soulignez tous les **verbes** concernés.
- Repérez tous les mots qui renvoient au **sujet** : adjectifs ou participes, pronoms et déterminants.

Exemple de réécriture

Question. Réécrivez ce passage en remplaçant « je » par « elle » :

Le 18 juin 1815, vers midi, je sortis de Gand par la porte de Bruxelles ; j'allai seul achever ma promenade sur la grande route. (Châteaubriand, *Mémoires d'outre-tombe*)

> *Le 18 juin 1815, vers midi, elle sortit de Gand par la porte de Bruxelles ; elle alla seule achever sa promenade sur la grande route.*

ÉTAPE 3 Changer le temps

- Repérez les **verbes** concernés par la consigne : il s'agit toujours du temps principal du texte.
- Passage d'un **temps simple** à un **temps composé** : attention aux **participes passés**.

Exemple de réécriture

Sujet Brevet (question 2, p. 103). « Le souper fini [...] se retiraient » (l. 9 à 14). Réécrivez ce passage en remplaçant l'imparfait par le passé composé.

> *Le souper fini et les quatre convives revenus de la table à la cheminée, ma mère s'est jetée, en soupirant, sur un vieux lit de jour de siamoise flambée ; on a mis devant elle un guéridon avec une bougie. Je me suis assis près du feu avec Lucile ; les domestiques ont enlevé le couvert et se sont retirés.*

J'applique la méthode

Soulignez les mots qui doivent être modifiés avant de faire la réécriture.

Changer le genre et / ou le nombre

1 Réécrivez ce texte en remplaçant « les chandeliers » par « le chandelier ».

Je vous avais donné les chandeliers aussi, qui sont en argent comme le reste et dont vous pourrez bien avoir deux cents francs. Pourquoi ne les avez-vous pas emportés avec vos couverts ?

Victor Hugo, *Les Misérables* (1862).

....

....

....

....

....

....

Changer la personne

2 Réécrivez ce texte en remplaçant « je » par « elle ».

Je leur racontai mon naufrage ; je leur dis que j'avais passé la nuit derrière un rocher, et à mon tour je leur demandai comment on nommait ces ruines.

Alexandre Dumas, *Pauline* (1838).

....

....

....

....

....

3 Réécrivez ce texte en remplaçant « Jeanne » par « Jeanne et sa sœur ».

Jeanne, sortie la veille du couvent, libre enfin pour toujours, prête à saisir tous les bonheurs de la vie dont elle rêvait depuis si longtemps, craignait que son père hésitât à partir si le temps ne s'éclaircissait pas.

Guy de Maupassant, *Une vie* (1883).

....

....

....

....

....

....

Changer le temps

4 Réécrivez ce texte en remplaçant les verbes au passé simple par le passé composé.

On transporta le prétendu mort du lit sur la civière. Edmond se raidissait pour mieux jouer son rôle de trépassé. On le posa sur la civière [...].

Tout à coup, l'air frais et âpre de la nuit l'inonda. Dantès reconnut le mistral.

Alexandre Dumas, *Le Comte de Monte-Cristo* (1844-1845).

....

....

....

....

....

5 Réécrivez ce passage au système temps présent.

Elle était assise, au milieu du banc, toute seule ; ou du moins il ne distingua personne, dans l'éblouissement que lui envoyèrent ses yeux. En même temps qu'il passait, elle leva la tête ; il fléchit involontairement les épaules ; et, quand il se fut mis plus loin, du même côté, il la regarda.

Gustave Flaubert, *L'Éducation sentimentale* (1869).

....

....

....

....

....

....

Consignes cumulées

6 Réécrivez ce passage en remplaçant le passé simple par le passé composé et « le grand Michu » par « les frères Michu ».

Une après-midi, à la récréation de quatre heures, le grand Michu me prit à part, dans un coin de la cour. Il avait un air grave qui me frappa d'une certaine crainte ; car le grand Michu était un gaillard, aux poings énormes, que pour rien au monde je n'aurais voulu avoir pour ennemi.

Émile Zola, *Le Grand Michu* (1874).

....

....

....

....

....

....

....

Méthode Brevet 4

Répondre aux questions de compréhension et d'interprétation (1)

À savoir

- Les réponses doivent être **rédigées** et **justifiées** par des **citations** du texte.
- Les questions portent sur une **partie** du texte ou sur son **ensemble**.

ÉTAPE 1 Analyser la consigne

- Soulignez les **mots clés** de la question qui précisent :

– **sur quoi** elle porte (tout le texte ou une partie),
– le **type de réponse** attendue (vérification de ma **compréhension du texte** ou demande de mes **impressions personnelles**).

Exemple de brouillon

■ Sujet Brevet (question 10, p. 103). Quel personnage est décrit physiquement ? Quelle est la couleur dominante de ce portrait ? À quoi est-il comparé ? Pourquoi, à votre avis ? Que vous inspire ce personnage ?

> *Le personnage est décrit lignes 14 à 25.*

> *La question vérifie ma compréhension (identifier une couleur et une comparaison) mais demande aussi mon opinion personnelle.*

ÉTAPE 2 Tirer des informations du texte

- Reportez-vous aux **passages du texte** sur lesquels porte la question.
- Relevez les **citations** à l'appui de votre réponse et notez les **idées** qui s'en dégagent.
- Tirez des **conclusions** de vos relevés.

Exemple de brouillon

> *Description du père : « Mon père », « Il était vêtu… ».*

> *Couleur blanche : « ratine blanche », « bonnet blanc », « robe blanche »…*

> *Comparaison ligne 23 : « comme un spectre » : un spectre est vêtu de blanc et sort la nuit.*

> *Ce que peut inspirer le personnage, lignes 25 à 32 : il marche lentement ; il est comme un robot ; « nous nous taisions… » : il est autoritaire et n'accepte pas que ses enfants parlent entre eux ; « saisis de terreur » : le vocabulaire est fort ; il terrifie ses enfants.*

ÉTAPE 3 Rédiger la réponse

- **Organisez** vos idées en prévoyant des **connecteurs logiques** *(tout d'abord, ensuite, mais, ainsi…)*.
- Reprenez le **contenu de la question** dans vos réponses.

Exemple de réponse rédigée (à la dernière question)

> *Ce personnage me fait peur. Tout d'abord, il ne semble pas vraiment humain : en effet, il est vêtu d'un long vêtement qui le fait ressembler à un fantôme ; par ailleurs, il marche à la façon d'un robot, d'un bout à l'autre de la pièce. Ensuite, il ne communique pas avec sa famille, comme le prouve la dernière phrase. Enfin, c'est un homme autoritaire qui terrorise ses enfants, « saisis de terreur » (l. 28-29), et qui ne supporte pas que ceux-ci discutent entre eux. Pour toutes ces raisons, je trouve le personnage antipathique et inquiétant.*

J'applique la méthode

1 Relisez le texte de Chateaubriand (p. 102).

7. À quel moment de la journée et à quelles saisons les deux paragraphes du texte correspondent-ils ? Que décrivent-ils ? Nous donnent-ils l'image d'une famille unie ?

Étape 1 : Analysez la question

a) Quels sont les mots clés ? ....

b) Sur quoi porte la question ? ....

c) Quel type de réponse est attendu ? ....

Étape 2 : Tirez des informations du texte

a) Relevez les citations du texte que vous utiliserez.

....

b) Quelles conclusions en tirer ?

....

Étape 3 : Rédigez la réponse

a) Donnez deux raisons pour lesquelles cette réponse de Théo ne convient pas.

> Réponse de Théo : *C'est le soir, pendant les beaux jours ou en automne et en hiver. Ils n'ont pas l'air unis.*

....

b) Rédigez correctement la réponse.

....

2 Relisez le texte de Beauvoir (exercice 4, p. 33).

Question : Les paroles de Mlle Gontran rapportent-elles des faits réels ? De quoi s'agit-il ? À votre avis, qu'est-ce que cela révèle du caractère de la narratrice ?

Étape 1 : Analysez la question

a) Quels sont les mots clés du sujet ? ....

b) Sur quoi porte la question ? ....

c) Quel type de réponse est attendu ? ....

Étape 2 : Tirez des informations du texte

a) Quels mots vous permettent de répondre à la réalité des faits rapportés ? ....

b) Quels éléments du texte vous permettent d'enrichir votre réflexion sur le caractère de la narratrice ? ....

Étape 3 : Rédigez la réponse

a) Donnez deux raisons pour lesquelles cette réponse de Nolwenn ne convient pas.

> Réponse de Nolwenn : *Les paroles ne rapportent pas des faits réels, elle dit : « J'imaginai que Mlle Gontran allait entrer… ». Je pense que la narratrice est à moitié folle.*

....

b) Rédigez correctement la réponse.

....

Méthode Brevet 5

Répondre aux questions de compréhension et d'interprétation (2)

À savoir

Les questions de compréhension et d'interprétation peuvent porter entre autres sur :

- Les **sensations** et / ou les **sentiments** évoqués dans le texte.
- Votre **appréciation personnelle**.
- L'**image** qui peut être proposée avec le texte. > *Méthode Brevet 6, p. 114*

ÉTAPE 1 Comprendre et interpréter les sensations et les sentiments

- Repérez le vocabulaire des **sensations** (liées aux cinq sens : vue, ouïe, odorat, toucher, goût) : *voir, entendre, sentir, toucher, parfum, musique*… On pourra vous demander d'expliquer le rôle que joue cette **sensation** dans le texte.
- Repérez les mots liés à des **sentiments** (joie, tristesse, peur… ; il faut parfois les **déduire** du comportement des personnages). On pourra aussi vous demander votre **propre sentiment** sur certains comportements des personnages.

Débuts de réponses rédigées

Sujet Brevet (question 8, p. 103). Relevez dans le texte les mots se rattachant au vocabulaire des sensations visuelles. Ces sensations sont-elles liées au même type de souvenir dans les deux paragraphes ? Justifiez votre réponse.

> *Les mots se rattachant au vocabulaire des sensations visuelles sont : « nous regardions le ciel, les bois, les derniers rayons du soleil », la couleur blanche des vêtements du père…*

> *Dans le 1er paragraphe, les sensations visuelles sont associées à la contemplation de la nature et semblent liées à de beaux souvenirs. En revanche, dans le 2e paragraphe…*

Débuts de réponses rédigées

Sujet Brevet (question 11, p. 103). Quel est le sentiment dominant des deux enfants à la fin du texte ? Quels comportements l'illustrent ? Qu'avez-vous ressenti en lisant ce passage ?

> *Le sentiment dominant des deux enfants est la terreur : Il est illustré par les paroles échangées à voix basse lorsque le père s'éloigne…*

> *J'ai ressenti un véritable malaise et éprouvé de la pitié pour les deux enfants.*

ÉTAPE 2 Donner une appréciation personnelle

- Relisez attentivement le passage concerné, et **repérez** les mots qui peuvent vous aider à répondre.
- Analysez ce que vous **ressentez** et **ce qui l'explique**.

Toute appréciation ou interprétation **correctement justifiée** est acceptée.

Débuts de réponses rédigées

Sujet Brevet (question 9, p. 103). Que fait la mère au début 2e paragraphe ? Le sait-on précisément ? Que pensez-vous de ce comportement ? Justifiez votre réponse.

> *La mère, après le souper, se jette sur un canapé « en soupirant »…*

> *Je pense, pour ma part, que la mère s'ennuie, elle ne sait pas comment occuper ces longues soirées, c'est pour cela qu'elle soupire…*

J'applique la méthode

Comprendre et interpréter les sensations et les sentiments

1 Relisez le texte de Beauvoir (exercice 4, page 15) **et répondez aux questions.**

a) Quelles sensations sont évoquées dans le premier paragraphe ? ....

....

....

b) Comment interprétez-vous l'utilisation du verbe « criait » (l. 4) ? ....

....

....

....

....

....

2 Relisez les textes de Chateaubriand (exercice 2, p. 4 ; exercice 7, p. 5) **et répondez aux questions.**

a) Quelle sensation est évoquée dans ces textes ?

....

....

b) Relevez les termes qui s'y rattachent. ....

....

....

....

....

c) Quelle progression observe-t-on ? Quel est l'effet produit ? ....

....

....

....

....

....

3 Relisez le texte de Rousseau (exercice 3, p. 6) **et répondez aux questions.**

a) Quel sentiment le narrateur semble-t-il éprouver au début du texte ? À quel propos ? À quel geste regrettable le conduit-il ? ....

....

....

....

....

b) Quelles réactions vous ont permis de répondre ?

....

....

....

....

4 Relisez le texte d'Alain-Fournier (exercice 8, p. 19) **et répondez aux questions.**

a) Quels sentiments successifs Meaulnes éprouve-t-il ?

....

....

....

....

....

b) Quelles paroles et quelles pensées vous ont permis de les identifier ? ....

....

....

....

....

....

c) Que laisse entendre la description faite dans les dernières lignes ? ....

....

....

....

....

....

Donner une appréciation personnelle

5 Relisez le poème de Lamartine (exercice 7, p. 69) **et répondez aux questions.**

a) À quoi le poète associe-t-il l'automne ? ....

....

....

b) Partagez-vous cette vision ? ....

....

....

....

....

....

....

6 Relisez le texte de Maupassant (exercice 5, p. 61) **et répondez aux questions.**

a) Pourquoi la question que se pose le personnage est-elle étonnante ? ....

....

....

....

....

b) Comment la comprenez-vous ? ....

....

....

....

....

....

Méthode Brevet 6

Répondre aux questions de lecture d'image

À savoir

- Les questions peuvent porter sur le **lien** entre le **texte** et l'**image**.
- Vous devrez parfois analyser les **impressions** et les **sentiments** suscités par l'image.
- Vous devez fournir une réponse **entièrement rédigée**.

ÉTAPE 1 Analyser le document visuel

- Identifiez la **nature** de l'image (tableau, photographie, image de film…) à l'aide des informations qui l'accompagnent.
- **Décrivez** rapidement l'image.

Exemple d'analyse

■ Sujet Brevet (image p. 102).

> *Il s'agit d'un tableau de Claude Monet intitulé « Le Dîner ».*

> *On voit un groupe (une famille ?) en train de dîner. Le tableau est très sombre. Les seules sources de lumière sont le lustre situé au-dessus de la table et le feu dans la cheminée. Les visages sont assez flous, les personnages ont la tête baissée et ne semblent pas communiquer.*

ÉTAPE 2 Mettre en relation l'image et le texte

- Si la question vous y invite, demandez-vous **quel lien** existe entre l'image et le texte :
  – cherchez tout ce qui **rapproche** les deux œuvres : époque, lieu, personnages, atmosphère…
  – cherchez aussi ce qui éventuellement les **différencie**.

Exemple de réponse rédigée

■ Sujet Brevet (début de la question 12, p. 103). En quoi le tableau de Monet illustre-t-il bien l'atmosphère qui se dégage du texte ? En quoi s'en éloigne-t-il ?

> *Monet a peint une scène de famille peu éclairée, comme dans le texte. Les personnages ont la tête baissée, ils n'ont pas l'air heureux et ne communiquent pas. Cela traduit bien l'atmosphère pesante du texte.*

> *Le tableau se différencie du texte qui décrit l'après-dîner, le père se déplace, et il y a une complicité entre le frère et la sœur.*

ÉTAPE 3 Analyser ses impressions et / ou exprimer ses préférences

- Essayez de **mettre un nom** sur votre **première impression** face à chaque document (texte et image) : colère, amusement, tristesse, révolte, indignation, doute, pitié, surprise… et de l'**expliquer**.
- Ne vous contentez pas d'exprimer vos préférences : **justifiez** les raisons de votre choix.

Exemple de réponse rédigée

■ Sujet Brevet (suite de la question 12, p. 103). Répondez en faisant appel à vos impressions.

> *Le texte et le tableau de Monet ont produit chez moi la même tristesse face à l'atmosphère sombre et étouffante qui règne sur ces deux familles. La communication est inexistante, ces gens semblent subir en silence ce moment partagé. Cependant, dans le texte, la tentative de dialogue entre les deux enfants et leur complicité rendent la situation un peu plus joyeuse.*

Vincent Van Gogh, *Autoportrait* (1889), huile sur toile, 40 x 31 cm (collection privée).

1 Relisez le texte de Leiris (exercice 2, p. 74)**, observez l'image, puis répondez aux questions.**

Questions : Quels liens unissent le texte et l'image ?
Que vous inspire le tableau de Van Gogh ?
Que vous inspire le texte de Leiris ?

Étape 1 : Analysez le document visuel

• Décrivez rapidement le tableau. ....

....

....

....

....

....

Étape 2 : Mettez en relation l'image et le texte

• Trouvez des liens entre le texte et l'image. ....

....

....

....

....

Étape 3 : Analysez vos impressions

a) Quelle a été votre première impression en découvrant le tableau ? Expliquez pourquoi. ....

....

....

....

....

b) Qu'avez-vous éprouvé vis-à-vis du narrateur du texte ?

....

....

....

....

François Pompon, *Cosette* (1888), personnage du roman *Les Misérables* de V. Hugo, plâtre, 28 x 55 x 6 m (Paris, maison Victor Hugo).

2 Relisez le texte de Zola (exercice 7, p. 21)**, observez l'image, puis répondez aux questions.**

Questions : Que représente la sculpture ?
En quoi illustre-t-elle le texte ?
Quelle œuvre vous touche le plus ?

Étape 1 : Analysez le document visuel

• Décrivez rapidement la sculpture. Quelle opposition met-elle en valeur ? ....

....

....

....

....

Étape 2 : Mettez en relation l'image et le texte

• Quels liens peut-on établir entre le texte et la sculpture ?

....

....

....

....

Étape 3 : Exprimez vos impressions et vos préférences

a) Les deux œuvres ont-elles produit sur vous les mêmes impressions ? Justifiez votre réponse. ....

....

....

....

....

....

....

b) Déduisez-en votre préférence. ....

....

....

Méthode Brevet 7

Réussir la dictée

À savoir

■ Les **fautes les plus fréquentes** portent sur :
– l'**accord nom-adjectif** et l'**accord sujet-verbe**,
– l'accord du **participe passé** et les **confusions participe passé / infinitif**,
– les formes **homonymes** *ses / ces / c'est ; leur / leurs...*

> Fiches 1, 7, 10, 16 et Règles d'orthographe (p. 138-139)

ÉTAPE 1 Accorder le nom et l'adjectif, le verbe et son sujet

- Recherchez le ou les **noms** que l'adjectif ou le participe qualifie.

Invariables : adjectifs de couleur composés et noms utilisés comme adjectifs.

- Recherchez le ou les **sujets**.

– ***on, chacun, aucun*** = 3e personne du singulier.
– **Sujet *qui* :** accord en nombre et en personne avec l'antécédent.

Exemple de dictée relue

■ Toi qui **as** le temps, viens me voir ; ma maison et mon jardin sont **agréables**.

> L'antécédent du sujet « qui » est « toi » : donc « as », 2e pers. du sing.
> « agréables » qualifie « ma maison et mon jardin » = pluriel

ÉTAPE 2 Accorder le participe passé ; orthographier le son [é]

- **Participe passé** avec auxiliaire *être* : accord avec le **sujet**.
- **Participe passé** avec auxiliaire *avoir* ou avec auxiliaire *être* dans un verbe pronominal de sens réfléchi ou réciproque : accord avec le **COD** placé **avant** le verbe.
- Remplacez les formes qui prêtent à confusion par un **verbe du 3e groupe** (*tordre* = « er », *tordu* = « é »).

Exemple de dictée relue

■ Elles se sont **rencontrées** souvent, mais tu ne dois pas le **répéter**.

> « Elles se sont rencontrées » : verbe pronominal de sens réciproque ; accord avec le COD « se » (= « elles ») placé avant.
> « Répéter » : infinitif, peut se remplacer par « dire ».

ÉTAPE 3 Distinguer les homonymes

- ***ses*** : mettre au singulier *(son, sa)* / ***ces*** : mettre au singulier *(ce, cet, cette)*.
- ***c'est*** : peut se mettre à l'imparfait *(cela était)* / ***s'est*** : peut se mettre à la 1re personne *(me suis)*.
- ***leur*** devant un verbe : invariable / ***leur*** devant un nom : s'accorde au pluriel.
- ***quel***, ***quels***, ***quelle***, ***quelles*** s'accordent en genre et en nombre / ***qu'elle*** : féminin de *qu'il*.

Exemple de dictée relue

■ Elle n'a pas pris **ses** clés, **c'est** dommage. Dès **qu'elles** sont arrivées, nous **leur** avons proposé un café.

> « ses clés » au singulier : « sa clé ».
> « c'est dommage » à l'imparfait : « cela était dommage ».
> « Dès qu'elles... » au masculin : « dès qu'ils... ».
> « leur » avant un verbe : invariable.

J'applique la méthode

Accorder l'adjectif et le nom / le verbe et son sujet

1 Accordez les adjectifs ou participes entre parenthèses.

1. La file d'attente est (long) .... mais les spectateurs sont (patient) ....

2. (Convaincu) .... par mon raisonnement, ma mère m'a accordé cette autorisation tant (attendu) ....

3. Une mélodie (joué) .... au piano retentit du fond de la demeure (obscur) ....

4. Ces chaussettes (turquoise) .... ne vont pas avec cette chemise (vert pomme) ....

2 Conjuguez au présent les verbes entre parenthèses.

1. On les (voir) .... de loin.

2. Moi qui (connaître) .... la région, je vous (inviter) .... à aller découvrir les grottes préhistoriques.

3. Les habitants de cet immeuble (organiser) .... une fête où chacun (apporter) .... quelque chose.

4. Vous qui (réfléchir) .... beaucoup, vous (agir) .... toujours de façon intelligente.

Accorder le participe passé ; orthographier le son [é]

3 Accordez si nécessaire les participes passés.

1. Ces plantes n'ont pas été arrosé.......... depuis longtemps, je les ai plongé.......... dans un seau d'eau.

2. Les bottes que j'ai porté.............. hier sont encore mouillé..........

3. Elle s'est cassé.......... la jambe et n'a pas participé.......... à la compétition.

4. Elles se sont salué.......... mais ne se sont pas parlé..........

4 Complétez les infinitifs et les participes.

1. Avant de démarr.........., n'oublie pas d'attach.......... ta ceinture.

2. Bien isol.............................., cette maison sera plus facile à chauff..........

3. Ma mère et ma sœur, coinc.......... dans des embouteillages, ont rat.......... le spectacle.

4. Je n'ai pas pu déchiffr.......... ce message rédig.......... en chinois.

Distinguer les homonymes

5 Complétez par *ces*, *ses*, *c'est* ou *s'est*.

1. Elle a inscrit .... initiales sur la première page du livre : .... une bonne idée.

2. Alice va souvent dans .... bois que vous apercevez, mais la semaine dernière, elle .... perdue.

3. .... derniers temps, les vagues sont très fortes, ... une aubaine pour les surfeurs.

4. Elle a laissé .... clés dans l'appartement, mais .... aperçue trop tard de son erreur.

6 Complétez par *leur(s)*, *quel(s)*, *quelle(s)* ou *qu'elle(s)*.

1. .... sont ces montagnes ? .... sommets sont encore enneigés.

2. Je sais .... nous rejoindront dès que .... parents .... en donneront l'autorisation.

3. Tu sais .... importance .... mère accorde à .... résultats.

4. .... journée, je crois .... s'en souviendront longtemps.

5. Elles ne .... ont pas dit .... route elles devaient prendre.

Corriger la dictée

7 Soulignez les 15 fautes contenues dans la dictée d'Oscar et corrigez-les.

L'autobiographe est une femme.

S'est vers l'âge de cinq ans que j'apprit à écrire. Ma mère me faisais faire de grande pages de bâtons et de jambages. Mais, comme elle écrivait elle-même comme un chat, j'aurait barbouillée bien du papier avant de savoir signé mon nom [...]. Je me sentais fort ennuyer de copier tout les jours un alphabet et de tracée des pleins et des déliés en caractères d'affiche. J'était impatiente d'écrire des phrases, et, dans mes récréations, qui était longue comme on peux croire, je m'exerçais à écrire des lettres à Ursule, à Hippolyte et à ma mère. Mais je ne les montraient pas.

D'après George Sand, *Histoire de ma vie* (1854).

1. ....
2. ....
3. ....
4. ....
5. ....
6. ....
7. ....
8. ....
9. ....
10. ....
11. ....
12. ....
13. ....
14. ....
15. ....

Méthode Brevet 8

Réussir le sujet d'imagination

À savoir

- Vous devez **inventer** un texte lié au contenu, au thème et / ou à la forme du **texte support**.
- La **forme** du texte à rédiger est imposée par le sujet.
- Votre devoir doit être **structuré**.

ÉTAPE 1 Analyser le sujet

- Soulignez les **mots clés** du sujet qui vous indiquent les éléments que votre devoir doit respecter.
- La **forme du texte** : récit à la 1re ou à la 3e personne, scène de théâtre, lettre, article de presse…
- Le **contenu** : suite du texte support, description d'un lieu ou d'une personne, analyse de sentiments…

Exemple de brouillon

■ Sujet Brevet (sujet p. 103). Lucile écrit à une de ses amies pour lui raconter les soirées d'hiver à Combourg. Elle exprimera ses sentiments et demandera des conseils.

> *Forme du texte : lettre de Lucile à une amie.*

> *Contenu : les soirées d'hiver à Combourg du point de vue de Lucile / expression des sentiments / demande de conseils.*

ÉTAPE 2 Noter les idées au brouillon

- Prenez des notes au brouillon mais **ne rédigez pas**.
- Relevez des **indices** dans le texte et notez vos **idées personnelles**.

Exemple de brouillon

■ Indices tirés du texte :

> *« Ma mère se jetait en soupirant… » = tristesse de Lucile en entendant sa mère ; « Je m'asseyais avec Lucile… » = complicité avec son frère ; de « Mon père commençait alors une promenade… » à la fin du texte = allure fantomatique du père, terreur ressentie…*

■ Idées personnelles :

> *Lucile compare sa vie à celle de son amie Eléonore où tout le monde se parle.*

> *Elle demande des conseils : comment échapper à ces soirées ? Elle en a discuté avec son frère.*

> *Projet pour l'avenir : aller retrouver Eléonore.*

ÉTAPE 3 Construire le plan du devoir

- **Introduction** (inutile dans les suites immédiates) :
  - dans un récit : précisez le **cadre** + les **personnages** ;
  - dans une **lettre** : en-tête et justification du message (réponse, désir de parler…) ;
  - dans un **article de journal** : titre.
- **Développement :** regroupez les idées du brouillon pour obtenir un **enchaînement cohérent**.
- **Conclusion :** varie selon la forme du texte. Elle peut **faire le point**, annoncer le **futur**, exprimer un **avis**…

Exemple de plan

> *1re partie : récit des soirées d'hiver du point de vue de Lucile (comparaison avec celles d'Eléonore)*

> *2e partie : expression des sentiments : lassitude, demande de conseils pour trouver une solution*

> *Conclusion : assurer Eléonore de son amitié, lui demander une réponse*

J'applique la méthode

1 Relisez le texte de Chateaubriand (p. 102).

Sujet : Comme le narrateur et sa sœur, vous vous êtes déjà senti effrayé par une personne de votre entourage : racontez la scène en analysant vos sentiments.

Étape 1 : Analysez le sujet

a) Soulignez les mots clés du sujet.

b) Quelle forme aura votre devoir ? ....

c) Quels seront les deux thèmes essentiels ? ....

Étape 2 : Notez les idées au brouillon

a) Quelles idées pourrez-vous tirer du texte ? ....

b) Quelles idées allez-vous ajouter ? ....

Étape 3 : Construisez le plan

a) Que mettrez-vous dans l'introduction ? ....

b) Quelles seront les différentes parties du développement ? ....

c) Que mettrez-vous dans la conclusion ? ....

2 Relisez le texte de Zola (exercice 7, p. 41).

Sujet : Imaginez la suite immédiate de ce texte.

Étape 1 : Analysez le sujet

a) Soulignez les mots clés.

b) Quelle forme de texte et quelle époque vous sont imposées ? ....

Étape 2 : Notez les idées au brouillon

a) Quelles idées du texte devez-vous obligatoirement utiliser ? ....

b) À quelles questions votre suite devra-t-elle répondre ? ....

Étape 3 : Construisez le plan

a) Comment commencerez-vous ? ....

b) Quelles seront les étapes de votre récit ? ....

c) Comment conclurez-vous ? ....

3 Relisez le texte de Zola (exercice, 5 p. 25).

Sujet : Vous êtes journaliste, vous rédigez un article sur les dangers de la publicité en prenant pour exemple le triste destin de Claude.

Étape 1 : Analysez le sujet

a) Soulignez les mots clés du sujet.

b) Quelle sera la forme du texte ? ....

c) Quels seront les thèmes à développer ? ....

Étape 2 : Notez les idées au brouillon

a) Quelles idées allez-vous emprunter au texte ? ....

b) Quelles idées allez-vous apporter ? ....

Étape 3 : Construisez le plan

a) Comment allez-vous commencer ? ....

b) Quel sera le plan de votre développement ? ....

c) Comment conclure ? ....

Méthode Brevet 9

Réussir le sujet de réflexion

À savoir

- Vous devez produire un **texte argumentatif** exposant vos idées.
- Le **thème de l'argumentation** est lié au **texte support**.
- Votre devoir doit être **structuré** par des **connecteurs logiques** et **illustré** d'**exemples** personnels, littéraires ou empruntés à l'actualité.

ÉTAPE 1 Analyser le sujet

- Soulignez les **mots clés** du sujet qui vous indiquent :
- le **thème** de l'argumentation,
- le **type de consigne** : pour / contre ; avantages / inconvénients ; défense d'un point de vue personnel…

Exemple de brouillon

Sujet Brevet (sujet p. 103). Est-ce important, dans une autobiographie, de raconter des moments malheureux ou difficiles ?

> *Thème : l'évocation des souvenirs malheureux dans une autobiographie*

> *Consigne : avantages / inconvénients*

ÉTAPE 2 Noter les idées au brouillon

- Prenez des notes au brouillon mais **ne rédigez pas**.
- Notez les avantages et les inconvénients avec les arguments et les exemples qui les justifient.

Exemple de brouillon

Avantages (A) et inconvénients (I)	Arguments	Exemples
On les exorcise (A).	Parce que la parole libère et soulage.	J'en ai fait l'expérience, parler m'a aidé.
Ils contribuent à forger la personnalité (A).	Parce qu'ils nous mettent à l'épreuve et nous font mûrir.	Rousseau dans l'épisode du peigne ou du ruban.
Un bon souvenir est plus positif (I).	Il donne de l'espoir, il peut être utile au lecteur, lui servir de modèle.	Les passages d'*Enfance* où Sarraute évoque sa réussite scolaire.
Effet négatif sur le lecteur (I).	Le lecteur aura une vision désespérante du monde et des hommes.	Des passages de *L'Enfant* de Vallès m'ont mis très mal à l'aise.

ÉTAPE 3 Construire le plan du devoir

- **Introduction :** reformulez le **sujet** (montrez, par exemple, son actualité) puis annoncez le **plan**.
- **Développement :** regroupez les idées du brouillon de façon à obtenir un **enchaînement cohérent**. Lorsque vous développez une **argumentation contradictoire**, développez en première partie l'argumentation à laquelle vous **adhérez le moins**.
- **Conclusion :** faites la **synthèse** de l'argumentation, élargissez la réflexion.

Exemple de plan

> *I) Inconvénients : a) vision désespérante b) bons souvenirs plus positifs*

> *II) Avantages : a) forgent la personnalité b) sont exorcisés par la parole*

J'applique la méthode

1 Relisez le texte de Voltaire (exercice 6, p. 49).

Sujet : Pensez-vous que voyager dans l'espace et chercher à découvrir d'autres planètes est source d'enrichissement et d'espoir pour l'humanité ? Ou au contraire qu'il s'agit de recherches superflues et nullement prioritaires ?

Étape 1 : Analysez le sujet

a) Soulignez les mots clés du sujet.

b) De quel type est la consigne ? ....

c) Quelles seront les deux catégories d'arguments ?

....

....

Étape 2 : Notez les idées au brouillon

a) Quels mots de la consigne peuvent vous aider ? ....

....

....

b) Trouvez deux arguments pour chaque partie du devoir.

....

....

....

c) Trouvez au moins trois exemples : ....

....

....

Étape 3 : Construisez le plan du devoir

a) Comment introduire le sujet ? ....

....

b) Quel type d'ouverture pourriez-vous trouver ? ....

....

2 Relisez le texte de Vallès (exercice 6, p. 15).

Sujet : Les livres sont-ils, selon vous, la meilleure source de culture et de formation de l'esprit ?

Étape 1 : Analysez le sujet

a) Soulignez les mots clés du sujet.

b) De quel type est la question ? ....

....

c) Que vous suggère le superlatif *meilleure* ? ....

....

Étape 2 : Notez les idées au brouillon

a) Trouvez deux arguments à l'appui de cette thèse.

....

....

....

b) Trouvez deux arguments contre. ....

....

....

....

c) Trouvez un exemple pour chaque catégorie d'arguments.

....

....

....

....

Étape 3 : Construisez le plan du devoir

a) Comment commencerez-vous votre devoir ?

....

....

b) Par quels arguments commencerez-vous ?

....

c) Quelle ouverture développerez-vous ?

....

....

3 Relisez le texte de Verne (exercices 4, 5 et 6, p. 39).

Sujet : Les ouvrages de science-fiction sont-ils, à vos yeux, utiles ou dangereux ?

Étape 1 : Analysez le sujet

a) Soulignez les mots clés du sujet.

b) De quel type est la consigne ? ....

....

c) Quelles seront les catégories d'arguments ? ....

....

Étape 2 : Notez les idées au brouillon

a) Trouvez deux arguments sur leur utilité. ....

....

....

....

b) Trouvez deux arguments sur leurs dangers. ....

....

....

....

Étape 3 : Construisez le plan du devoir

a) Par quelle idée commencer ? ....

....

b) Par quels arguments commencer ? ....

....

c) Quelle ouverture en conclusion ?

....

....

....

....

SUJET de Brevet 1

Questions sur le texte et l'image 1 h 10

(50 points)

Thibault, médecin à Paris, travaille pour un service d'urgences à domicile. Il passe ses journées dans sa voiture à parcourir les rues de la capitale.

Depuis toujours, Thibault s'attache à changer de secteur quand il demande ses gardes. Il les a traversés dans tous les sens et de toutes les manières possibles, il connaît leur rythme et leur géométrie, il connaît les squats et les hôtels particuliers, les maisons recouvertes de lierre, le nom des cités HLM, les numéros des cages d'escalier, les tours vieillissantes et les résidences flambant neuves aux airs d'appartements témoins.

Il a longtemps cru que la ville lui appartenait. Sous prétexte qu'il en connaissait la moindre rue, la plus petite impasse, les dédales insoupçonnables, le nom des nouvelles artères, les passages sans lumière, et ces quartiers surgis de nulle part aux abords de la Seine.

Il a plongé ses mains dans le ventre de la cité, au plus profond. Il connaît les battements de son cœur, ses douleurs anciennes que l'humidité réveille, ses états d'âme et ses pathologies. Il connaît la couleur de ses hématomes[1] et le vertige de sa vitesse, ses sécrétions putrides[2] et ses fausses pudeurs, ses soirs de liesse[3] et ses lendemains de fête.

Il connaît ses princes et ses mendiants.

Il vit au-dessus d'une place, il ne ferme jamais les rideaux. Il voulait la lumière, le bruit. Ce mouvement circulaire qui ne s'arrête jamais.

Il a longtemps cru que la ville et lui battaient au même rythme, ne faisaient qu'un.

Mais aujourd'hui, après dix ans passés au volant de sa Clio blanche, dix ans d'embouteillages, de feux rouges, de souterrains, de sens uniques, de stationnement en double file, il lui semble parfois que la ville lui échappe, qu'elle lui est devenue hostile. Il lui semble qu'à force de promiscuité, et parce qu'il connaît mieux que quiconque son haleine empesée, la ville attend son heure pour le vomir ou le recracher, comme un corps étranger.

Delphine de Vigan, *Les Heures souterraines* (2009)
© Jean-Claude Lattès.

1. Bleus, ecchymoses. 2. Écoulements dégageant une odeur de pourriture. 3. Grande joie.

Guillaume Zuili, *À la terrasse d'un café à Paris* (27 janvier 2015), photographie.

Grammaire et compétences linguistiques

1 À quel temps sont les verbes de la première phrase ? Justifiez leur emploi. (2 points) ....

....

....

2 « Il **les** a traversés dans <u>tous</u> les sens et de <u>toutes</u> les manières possibles » (l. 2-3).

a) Quelle est la fonction du pronom personnel en gras ? Quel mot remplace-t-il ? (2 points) ....

....

b) Justifiez l'accord du participe passé « traversés ». (2 points)

....

....

c) Indiquez la classe grammaticale des mots soulignés. (1 point)

....

....

3 « les dédales <u>insoupçonnables</u> » (l. 11).

a) Comment est formé le mot souligné ? Quelle est sa classe grammaticale ? (2 points) ....

....

....

....

b) Quel est son sens ? Proposez deux autres mots formés de la même façon. (2 points) ......

4 « Il a longtemps cru que la ville et lui… est devenue hostile » (l. 24 à 30). Réécrivez ce passage en remplaçant « il » par « je » et « la ville » par « ce lieu ». (8 points) ......

5 a) Quels sont la classe grammaticale et le sens de « Mais » (l. 26) ? (1 point) ......

b) Par quel autre mot invariable pourrait-on le remplacer ? (1 point) ......

Compréhension et compétences d'interprétation

6 Quelle vision de Paris est donnée dans les lignes 1 à 8 ? Appuyez-vous sur le vocabulaire. (5 points) ......

7 « Il a longtemps cru que la ville lui appartenait » (l. 9).
a) Comment comprenez-vous cette phrase ? (3 points) ......

b) Comment peut-on qualifier le lien qui unit Thibault à la ville ? (3 points) ......

8 « Il a plongé… lendemains de fête » (l. 14 à 19). À quoi la ville et Thibault sont-ils assimilés dans ce passage ? Justifiez votre réponse en vous appuyant sur le vocabulaire. (6 points) ......

9 À votre avis, pourquoi les sentiments de Thibault pour Paris ont-ils changé ? Que ressent-il ? Comment la ville est-elle présentée à la fin du texte ? (6 points) ......

10 Quel lien peut-on faire entre le personnage de la photographie et Thibault ? Ce document illustre-t-il bien le texte ? Justifiez votre réponse. (6 points) ......

Dictée 0 h 20 (10 points)

Votre professeur vous dictera le texte.

Rédaction 1 h 30 (40 points)

Vous traiterez au choix le sujet d'imagination ou le sujet de réflexion.

SUJET D'IMAGINATION

À votre tour, en vous inspirant du texte, évoquez un lieu que vous aimez particulièrement et où vous vous sentez bien.

SUJET DE RÉFLEXION

Pour vous, la ville est-elle un lieu de vie idéal ou au contraire un univers hostile ? Vous répondrez en vous appuyant sur le texte, vos lectures et votre expérience personnelle.

SUJET de Brevet 2

Questions sur le texte et l'image 1 h 10

(50 points)

Albert et Édouard sont deux soldats de la Première Guerre mondiale. Sur le champ de bataille, Édouard sauve Albert, victime d'un éclat d'obus, puis il est à son tour gravement blessé.

Les deux hommes remontèrent à la surface de manière assez différente.

Albert, revenu d'entre les morts en vomissant tripes et boyaux, reprit vaguement conscience dans un ciel strié de projectiles, signe qu'il était bien de retour dans la vraie vie. Il ne pouvait pas encore s'en rendre compte, mais la charge déclenchée et conduite par le lieutenant Pradelle[1] touchait déjà presque à sa fin. Cette cote 113[2], finalement, avait été gagnée assez facilement. Après une résistance énergique, mais brève, l'ennemi s'était rendu, on avait fait des prisonniers. Tout, du début à la fin, n'avait été qu'une formalité à trente-huit morts, vingt-sept blessés et deux disparus (on ne comptait pas les Boches[3] dans le calcul), autant dire un excellent rendement.

Lorsque les brancardiers l'avaient ramassé sur le champ de bataille, Albert tenait la tête d'Édouard Péricourt sur ses genoux, chantonnait et le berçait dans un état que les sauveteurs qualifièrent d'« halluciné ». Il avait toutes les côtes fêlées, cassées ou fracturées, mais les poumons étaient intacts. Il souffrait le martyre[4], ce qui était, somme toute, bon signe, signe qu'il était vivant. Il n'était toutefois pas d'une grande fraîcheur et, même s'il l'avait désiré, il aurait été contraint de remettre à plus tard sa réflexion sur les questions que posait sa situation. [...]

Les médecins, après l'avoir étroitement bandé, avaient décrété que leur science s'arrêtait là et l'avaient relégué dans une vaste salle commune où cohabitaient tant bien que mal des soldats à l'agonie, quelques grands blessés, nombre d'estropiés de toutes sortes, et où les plus valides, malgré leurs attelles, jouaient aux cartes en visant à travers leurs pansements.

Pierre Lemaitre, *Au revoir là-haut* (2013)

1. Le lieutenant aux ordres duquel se trouvent Albert et Édouard.
2. Le terrain de combat était découpé en « cotes ».
3. Appellation péjorative des Allemands.
4. Grande souffrance, torture.

Marcel Gromaire, *Guerre* (1925), 130 x 97 cm (musée d'Art moderne de la Ville de Paris).

Grammaire et compétences linguistiques

1 « Les deux hommes... presque à sa fin » (l. 1 à 8).

a) Quels sont les deux temps utilisés dans ce passage ? (1 point) ....

....

b) Justifiez leurs emplois. (2 points) ....

....

....

....

....

....

....

2 « Cette cote 113 avait été gagnée assez facilement » (l. 8-9). « Lorsque les brancardiers l'avaient ramassé sur le champ de bataille » (l. 15-16).

a) Pour chaque proposition, indiquez si elle est à la forme active ou passive. (1 point) ....

....

b) Réécrivez chacune à la forme inverse. (4 points)

....

....

....

....

3 « Lorsque les brancardiers l'avaient ramassé… intacts » (l. 15 à 20). Réécrivez ce passage en utilisant le système du présent et en remplaçant « Albert » par « Albert et son ami ». Faites toutes les modifications nécessaires. (6 points)

4 « Il n'était toutefois pas d'une grande fraîcheur » (l. 21).

a) Comment est formé le mot souligné ? Proposez deux autres mots formés de la même façon. (3 points).

b) Quel est son sens dans le texte ? (1 point)

5 Quels sont les sujets du verbe « cohabitaient » (l. 27) ? (2 poins)

Compréhension et compétences d'interprétation

6 « signe qu'il était bien de retour dans la vraie vie » (l. 5-6). Quel est ce « signe » de « vraie vie » ? Quel aspect de la vie des soldats est ainsi montré ? (6 points)

7 Pourquoi la phrase des lignes 11 à 14 est-elle choquante ? À votre avis, comment faut-il l'interpréter ? (6 points)

8 Que fait Albert lorsque les brancardiers le trouvent ? Quel autre aspect de la guerre illustre-t-il ? (5 points)

9 « Il souffrait le martyre, ce qui était, somme toute, bon signe » (l. 20-21). Pourquoi ces deux propositions semblent-elles contradictoires ? Qu'est-ce que cela nous montre ? (6 points)

10 Comment les soldats sont-ils représentés sur le tableau de Gromaire ? Que ressentez-vous ? Quel aspect du texte illustre-t-il bien ? (7 points)

Dictée 0 h 20 *(10 points)*

Votre professeur vous dictera le texte.

Rédaction 1 h 30 *(40 points)*

Vous traiterez au choix le sujet d'imagination ou le sujet de réflexion.

SUJET D'IMAGINATION

Imaginez la lettre qu'Albert, après son hospitalisation, envoie à sa famille pour lui raconter son aventure en exprimant ses sentiments.

SUJET DE RÉFLEXION

Pensez-vous que les grandes catastrophes développent la solidarité entre les hommes ? Vous illustrerez votre devoir d'exemples empruntés à vos lectures et à l'actualité.

SUJET de Brevet 3

Questions sur le texte et l'image 1 h 10

(50 points)

Knock est le nouveau médecin d'un village de montagne. Une paysanne le consulte. Knock vient de lui expliquer qu'elle a dû tomber petite d'une grande échelle.

KNOCK. – J'aime mieux vous prévenir tout de suite que ce sera très long et très coûteux.

LA DAME. – Ah ! mon Dieu ! Et pourquoi ça ?

KNOCK. – Parce qu'on ne guérit pas en cinq minutes un mal qu'on traîne depuis quarante ans.

LA DAME. – Depuis quarante ans ?

KNOCK. – Oui, depuis que vous êtes tombée de votre échelle.

LA DAME. – Et combien que ça me coûterait ?

KNOCK. – Qu'est-ce que valent les veaux, actuellement ?

LA DAME. – Ça dépend des marchés et de la grosseur. Mais on ne peut guère en avoir de propres[1] à moins de quatre ou cinq cents francs.

KNOCK. – Et les cochons gras ?

LA DAME. – Il y en a qui font plus de mille.

KNOCK. – Eh bien ! ça vous coûtera à peu près deux cochons et deux veaux.

LA DAME. – Ah ! là ! là ! Près de trois mille francs ? C'est une désolation [...].

KNOCK. – Remarquez que vous ne mourrez pas du jour au lendemain. Vous pouvez attendre. [...]

LA DAME. – Et en faisant ça plus... grossièrement, vous ne pourriez pas me guérir à moins cher ?... à condition que ce soit bien fait tout de même.

KNOCK. – Ce que je puis vous proposer, c'est de vous mettre en observation. Ça ne vous coûtera presque rien. [...]

LA DAME. – Oui, c'est ça.

KNOCK. – Bien. Vous allez rentrer chez vous. [...] Vous vous coucherez en arrivant. Une chambre où vous serez seule, autant que possible. Faites fermer les volets et les rideaux pour que la lumière ne vous gêne pas. Défendez qu'on vous parle. Aucune alimentation solide pendant une semaine. Un verre d'eau de Vichy toutes les deux heures, et, à la rigueur, une moitié de biscuit, matin et soir, trempée dans un doigt de lait. Mais j'aimerais autant que vous vous passiez de biscuit. Vous ne direz pas que je vous ordonne des remèdes coûteux ! À la fin de la semaine, nous verrons comment vous vous sentez.

Jules Romains, *Knock* (1923), acte II, scène 4

1. Convenables, de bonne qualité.

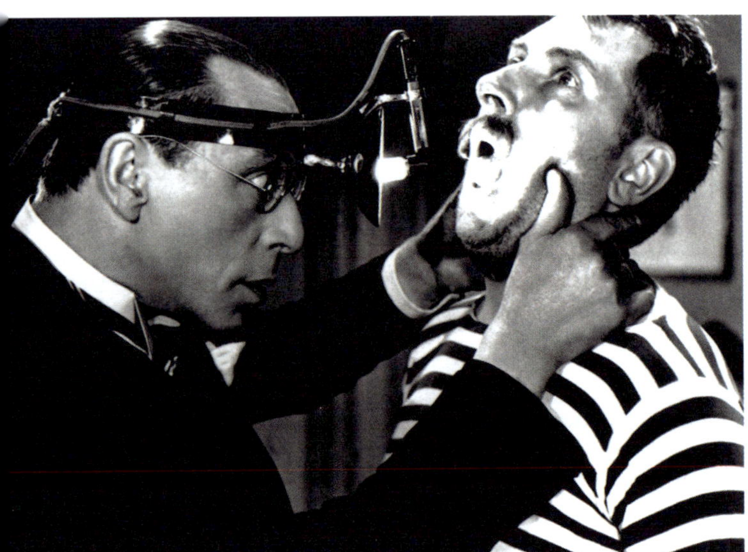

Louis Jouvet (à gauche), dans *Knock*, film de Guy Lefranc (1950).

Grammaire et compétences linguistiques

1 « Et combien que ça me <u>coûterait</u> ? » (l. 9) ; « ça vous <u>coûtera</u> à peu près... » (l. 16).

a) Identifiez le temps et le mode des verbes soulignés. (2 points)

....

....

b) Justifiez leurs emplois. (4 points) ....

....

....

....

....

....

2 « Qu'est-ce que valent les veaux, actuellement ? » (l. 10).

a) Quel est le type de cette phrase ? (1 point) ....

....

b) Réécrivez-la en commençant par « Knock demanda à la Dame... » (2 points) ....

....

3 « Près de trois mille francs ? » (l. 18). Quel est le type de cette phrase et sa particularité ? (2 points) ....

....

4 Comment est formé le mot « grossièrement » (l. 22) ? Quelle est sa classe grammaticale ? (2 points)

....

....

....

5 « Ce que je puis vous proposer… qu'on vous parle » (l. 25 à 33). Réécrivez ce passage en ne prenant que les répliques de Knock et en le faisant tutoyer son interlocuteur qui sera un homme. (7 points) ....

....

....

....

....

....

Compréhension et compétences d'interprétation

6 Quel est l'effet produit sur le spectateur par l'évocation des veaux et des cochons par Knock (l. 10, 14) ? Justifiez votre réponse. (4 points) ....

....

....

....

7 En vous appuyant sur les interventions de la Dame, définissez son état d'esprit et certains traits de son caractère. (6 points) ....

....

....

....

....

....

....

8 « Remarquez que vous ne mourrez pas du jour au lendemain. Vous pouvez attendre » (l. 20-21).

a) En quoi cette phrase est-elle comique ? (2 points)

....

....

....

b) Dans quel but Knock fait-il cette remarque ? En quoi est-elle choquante de la part d'un médecin ? (5 points) ....

....

....

....

....

c) Quelle est, selon vous, la motivation essentielle de Knock ? (1 point) ....

....

9 Que pensez-vous de la mise en observation proposée par Knock à la fin du passage ? À votre avis, quel sera l'état de la Dame sur le plan physique et psychologique au bout d'une semaine et que fera-t-elle ? Justifiez votre réponse. (6 points)

....

....

....

....

....

....

....

....

10 Comment Knock apparaît-il sur l'image du film ? Que vous inspire-t-il ? Trouvez-vous qu'il correspond bien au personnage théâtral ? Justifiez votre réponse. (6 points)

....

....

....

....

....

....

Dictée 0 h 20 (10 points)

Votre professeur vous dictera le texte.

Rédaction 1 h 30 (40 points)

Vous traiterez au choix le sujet d'imagination ou le sujet de réflexion.

SUJET D'IMAGINATION

Imaginez, sous la forme d'une scène de théâtre, le retour de la Dame après les huit jours passés en suivant le régime du docteur Knock.

SUJET DE RÉFLEXION

Selon vous, le théâtre est-il un genre idéal pour faire rire et se moquer ? Vous répondrez à cette question en vous appuyant sur les pièces que vous avez vues, lues et étudiées.

SUJET de brevet 4

Questions sur le texte et l'image 1 h 10

(50 points)

« Docilité[1] »

La forêt dit : « C'est toujours moi la sacrifiée,
On me harcèle, on me traverse, on me brise à coups de hache,
On me cherche noise[2], on me tourmente sans raison,
On me lance des oiseaux à la tête ou des fourmis dans les jambes,
Et l'on me grave des noms auxquels je ne puis m'attacher.
Ah ! On ne le sait que trop que je ne puis me défendre
Comme un cheval qu'on agace ou la vache mécontente.
Et pourtant je fais toujours ce que l'on m'avait dit de faire.
On m'ordonna : "Prenez racine." Et je donnai de la racine tant que je pus,
"Faites de l'ombre." Et j'en fis autant qu'il était raisonnable.
"Cessez d'en donner l'hiver." Je perdis mes feuilles jusqu'à la dernière.
Mois par mois et jour par jour je sais bien ce que je dois faire,
Voilà longtemps qu'on n'a plus besoin de me commander.
Alors pourquoi ces bûcherons qui s'en viennent au pas cadencé ?
Que l'on me dise ce qu'on attend de moi, et je le ferai,
Qu'on me réponde par un nuage ou quelque signe dans le ciel,
Je ne suis pas une révoltée, je ne cherche querelle à personne
Mais il me semble tout de même que l'on pourrait bien me répondre
Lorsque le vent qui se lève fait de moi une questionneuse. »

Jules Supervielle, *La Fable du monde* (1938) © Gallimard, www.gallimard.fr.

1. Obéissance. 2. On me cherche querelle.

Erich Heckel, *Chemin dans la forêt* (1914), huile sur toile (Hanovre, musée Sprengel).

Grammaire et compétences linguistiques

1 Qui parle dans ce poème ? Comment s'appelle cette figure de style ? (2 points) ....

2 « On me harcèle… m'attacher » (v. 2 à 5).

a) Quelle est la classe grammaticale de « on » ? Qui désigne-t-il ? (2 points) ....

b) Réécrivez ce passage en mettant les verbes au passé composé. (9 points) ....

3 « On m'ordonna : "Prenez racine." » (v. 9)

a) De quel type est la phrase soulignée ? (1 point)

b) Réécrivez-la au discours indirect. (2 points)

4 « On me lance... des fourmis dans les jambes » (v. 4). Expliquez le jeu de mots contenu dans cette phrase. (3 points)

5 « Que l'on me dise » (v. 15). Identifiez et justifiez le mode de ce verbe. (2 points)

Compréhension et compétences d'interprétation

6 Que subit la forêt ? Répondez à la question en vous appuyant sur le champ lexical auquel appartiennent les verbes utilisés dans les premiers vers. (5 points)

7 Pourquoi le poème porte-t-il ce titre ? Énumérez les actions accomplies par la forêt. Que symbolisent-elles ? Justifiez votre réponse. (6 points)

8 « Alors pourquoi... cadencé ? » (v. 14)

a) Pourquoi est-il logique que la forêt pose cette question ? (3 points)

b) Que souhaiterait-elle ? (2 points)

9 Ce poème date de 1938 ; vous semble-t-il toujours d'actualité ? Quel est, selon vous, le message qu'il nous délivre ? Que ressentez-vous à cette lecture ? (6 points)

10 La forêt du tableau vous paraît-elle très réaliste ? Quel lien cela peut-il établir avec le poème ? Quels arbres du tableau peuvent illustrer le dernier vers du poème ? Justifiez votre réponse. (7 points)

Dictée 0 h 20 (10 points)

Votre professeur vous dictera le texte.

Rédaction 1 h 30 (40 points)

Vous traiterez au choix le sujet d'imagination ou le sujet de réflexion.

SUJET D'IMAGINATION

Dans un texte en prose, faites parler un autre élément de la nature qui a des raisons de se plaindre.

SUJET DE RÉFLEXION

Le respect de la nature est-il, selon vous, une nécessité essentielle de notre époque ? Vous illustrerez votre devoir d'exemples empruntés à vos lectures et à l'actualité.

Méthode Autonomie 1

Garder trace de ses lectures

À savoir

Garder une trace de ses lectures aide à :
- Conserver la **mémoire** des livres lus.
- Améliorer l'**écriture** d'une rédaction (sujet d'imagination).
- Préparer un **compte rendu** de lecture.
- Illustrer d'**exemples** une rédaction (sujet de réflexion).

Doc imprimable
Fiche de lecture à compléter
hatier-clic.fr/cf3001

ÉTAPE 1 Préparez votre fiche de lecture

- **Préparez** la **fiche** : nom de l'auteur, titre, genre littéraire.
- **Notez** aussi ce qui a motivé votre lecture : le professeur, un ami ou votre documentaliste, la 4e de couverture…

ÉTAPE 2 Complétez votre fiche de lecture

- Faites une première pause dans votre lecture, dès que sont apparus plusieurs **personnages**, un début d'**intrigue**… et commencez à **compléter** votre fiche : thème (amitié, aventure…), lieu et époque de l'action, personnages principaux, résumé de l'intrigue…
- Notez au fil de la lecture des **citations**, des **passages** qui ont retenu votre attention, des **réflexions personnelles**…

ÉTAPE 3 Finalisez votre fiche de lecture

- **Relisez** votre fiche et complétez-la par un **jugement** d'ensemble.
- Quels sont les **principaux centres d'intérêt** du livre ? L'intrigue, tel ou tel personnage, la peinture sociale, le style, le dépaysement…
- Quelles **critiques** (négatives ou positives) pouvez-vous formuler ? Intrigue invraisemblable ou ennuyeuse, violence / action bien rythmée, thème du livre passionnant…

J'applique la méthode

1 Lisez cette 4e de couverture puis répondez aux questions.

Terrienne
Tout commence sur une route de campagne… Après avoir reçu un message de sa sœur disparue depuis un an, Anne se lance à sa recherche et… passe de « l'autre côté ». Elle se retrouve dans un monde parallèle, un ailleurs dépourvu d'humanité, mais où elle rencontrera cependant des alliés inoubliables.
La dystopie[1] *selon Jean-Claude Mourlevat. Vous ne respirerez plus jamais de la même manière.*

« L'idée de *Terrienne* m'est venue pendant un de mes trajets quotidiens en voiture. Je n'ai jamais écrit aussi « près » de mon quotidien, mais jamais non plus aussi « loin »… à la fois chez moi et un monde parallèle. »

Jean-Claude Mourlevat

1. Récit dépeignant une société imaginaire organisée de façon à empêcher ses membres d'être heureux.

a) Indiquez le titre et l'auteur de ce livre. ....

b) À quel genre littéraire se rattache ce texte ? Justifiez votre réponse. ....

c) Quel est le personnage principal ? Quels autres personnages peut-on deviner ? ....

d) Cette page vous a-t-elle donné envie de lire le roman ? Pourquoi ? ....

2 Choisissez un livre (parmi ceux proposés ou de votre choix) et rendez compte de votre lecture en complétant la fiche de lecture imprimable.

Jean-Christophe Ruffin, *Le Collier rouge*
Todd Strasser, *La Vague*
Philippe Grimbert, *Un secret*

Méthode Autonomie
2

Prendre des notes

À savoir

Prendre des notes est utile pour :
- Garder une **trace écrite** d'un cours et mieux le **mémoriser**.
- **Synthétiser** des documents pour faciliter un **exposé** ou des **révisions**.
- **Rédiger** plus vite un **brouillon**.

Doc imprimable
Liste d'abréviations
hatier-clic.fr/cf3002

ÉTAPE 1 Écoutez ou lisez attentivement

- À l'oral, les **mots** et **idées répétés** sont les plus importants, notez-les.
- À l'écrit, les **paragraphes** et les **connecteurs** permettent de repérer les **idées** essentielles.
- Vous **ne devez pas** chercher à **tout noter** mais retenir uniquement les **idées importantes**.
- Organisez vos notes sous la forme d'un **plan** avec des numéros de parties et des sous-parties.

ÉTAPE 2 Mettez en place une technique de prise de notes

- **Supprimez** les articles *(un, la, les…)*, les prépositions *(à, de, dans…)*…
- Employez des **abréviations** : *dans (ds), pour (pr), toujours (tjrs), souvent (svt)*, noms en *-tion (créa°)*.
- Utilisez des **signes** : ← issu de, venant de ; § paragraphe ; → implique, provoque, conséquence.

J'applique la méthode

1 Écrivez en toutes lettres.

1. qqn : ....
2. tlj : ....
3. sit° : ....
4. cplt : ....
5. dvpt : ....
6. càd : ....
7. qqs : ....
8. Ø : ....
9. § : ....
10. pers : ....

2 Proposez des abréviations pour les mots suivants.

1. cependant : ....
2. donc : ....
3. quelque chose : ....
4. pourquoi : ....
5. remarque : ....
6. vieux : ....
7. problème : ....
8. habitant : ....
9. gouvernement : ....
10. jamais : ....

3 Trouvez des formulations abrégées pour ces GN ou ces phrases.

1. Il existe de nombreuses situations semblables.
....
2. Tous les moyens de communication ont été mis en œuvre.
....
3. Quelques mouvements littéraires. ....
4. Faire plusieurs paragraphes rend le texte plus clair.
....
5. Il y a eu un changement de situation. ....

4 Complétez le plan pour rendre compte de l'essentiel du texte suivant.

Un texte est autobiographique quand l'auteur est à la fois auteur, narrateur et personnage : le récit est fait à la 1re personne. Le texte peut évoquer des faits de la vie de l'auteur, son intention de rédiger ses souvenirs… Le titre fait référence aux souvenirs *(Histoire de ma vie)* ou à la visée de l'auteur *(Les Confessions, Mémoires d'outre-tombe).*

Titre en écriture abrégée : ....

I) Caract. txt.
a) .... b) ....
c) ....

II) Titres.
a) .... b) ....

5 Prenez des notes sur le texte suivant.

Une œuvre engagée est une œuvre qui défend des valeurs et dénonce des situations injustes. Grâce à la poésie ou au chant, les artistes expriment leur révolte ou leur espoir. Ils incitent ainsi leurs contemporains à l'action pour faire triompher la vérité, la justice et la liberté.

Titre : ....
I) ....
II) ....
III) ....

Méthode Autonomie 3

Utiliser le brouillon pour mieux rédiger

À savoir

Le brouillon est un instrument de travail essentiel pour :
- **Analyser** le sujet d'une rédaction.
- **Chercher** et **organiser** des idées.
- **Améliorer** sa rédaction.

ÉTAPE 1 Analysez le sujet et notez vos premières idées

- **Soulignez** les **mots clés** du sujet et indiquez les conclusions que vous en tirez.
- **Notez** sans rédiger les **idées** qui vous viennent à l'esprit :
  – sujet d'**imagination** : événements à exploiter, sentiments à analyser…
  – sujet de **réflexion** : arguments et exemples illustrant les arguments.

ÉTAPE 2 Organisez votre brouillon

- **Relisez** votre brouillon et **supprimez** éventuellement les idées hors sujet.
- **Organisez** vos idées pour obtenir un **plan cohérent**.

ÉTAPE 3 Améliorez votre rédaction

- Rédigez l'**introduction** et la **conclusion** au brouillon en soignant l'expression.
- Rédigez directement le **développement** en suivant votre plan.
- Utilisez le brouillon en cas de **difficulté** à formuler une idée.

J'applique la méthode

1 Lisez le sujet et le brouillon proposés, puis répondez aux questions.

Sujet : Racontez un épisode au cours duquel vous avez observé un groupe d'adultes ou d'enfants qui provoquait votre admiration.

Brouillon (idées) : Dans la cour de mon nouveau collège / discussion avec un élève qui voyait que j'étais nouvelle / je vois un groupe de filles / beaux vêtements/ allusions à leurs performances sportives et aux concerts où elles se rendent / je n'entendais pas bien la conversation au début / il faisait très chaud / elles discutaient de films dont je n'avais jamais entendu parler.

a) Barrez les idées qui ne conviennent pas. Justifiez vos choix.

……………………………………………………………………

……………………………………………………………………

……………………………………………………………………

b) Ajoutez deux autres idées. ……………………………………

……………………………………………………………………

……………………………………………………………………

2 Lisez le sujet et le brouillon proposés, puis répondez aux questions.

Sujet : Les progrès de la science nous rendent-ils plus heureux ?

Brouillon (arguments et exemples) : 1) À cause des facilités de déplacement (ascenseurs, automobiles), nous ne faisons plus travailler notre corps. 2) Ont allongé notre espérance de vie. 3) L'électricité a révolutionné notre mode de vie. 4) Nuisent à la planète. 5) Sont à l'origine d'un mode de vie moins sain. 6) Les médicaments et les progrès chirurgicaux permettent de guérir des maladies autrefois incurables. 7) Les émissions de gaz à effet de serre sont liées aux progrès scientifiques. 8) Ont amélioré notre confort.

- Classez dans ce tableau les 4 arguments (en précisant s'ils permettent de répondre par oui ou par non à la question posée) et les 4 exemples qui les illustrent.

Arguments	Exemples
……………………	……………………
……………………	……………………
……………………	……………………
……………………	……………………

Méthode Autonomie 4

Se relire efficacement

Doc imprimable
Grille de relecture
hatier-clic.fr/cf3003

À savoir

Se relire permet :

- De vérifier qu'une **réponse** à une consigne ou un sujet de **rédaction** répond à **toutes les demandes** de la consigne ou du sujet.
- D'apporter des **améliorations** ou des **enrichissements**.
- De **corriger** les fautes d'orthographe.

ÉTAPE 1 Respectez la consigne

- Relisez les différents **termes** de la **consigne** ou du **sujet**.
- Vérifiez que vos **réponses** prennent en compte tous ces termes.

ÉTAPE 2 Améliorez votre texte

- **Améliorez** votre style : supprimez des répétitions, coupez des phrases trop longues (faites deux phrases simples au lieu d'une seule trop compliquée)…
- **Enrichissez** vos réponses : ajout d'une citation, d'un exemple, d'un connecteur logique…

ÉTAPE 3 Vérifiez votre orthographe

- Vérifiez les **accords** sujet / verbe, nom / adjectif et l'accord des participes passés.
- Dans les exercices de **réécriture**, vérifiez que vous avez effectué toutes les **modifications orthographiques** imposées par la consigne.

J'applique la méthode

1 Lisez cette consigne de réécriture et sa réponse, puis répondez aux questions.

Consigne : Réécrivez ce passage au passé composé en remplaçant Julien par Julie : « Il chercha vainement Julien dans la maison, mais il le trouva dans le jardin. »

Réécriture d'Olivia : Il a vainement cherché Julien dans la maison, mais il l'a trouvé dans le jardin.

a) Quelle partie de la consigne Olivia a-t-elle oubliée ?

....

b) Réécrivez correctement la réponse. ....

....

2 Lisez ce sujet et le début de la rédaction, puis répondez aux questions.

Sujet : Selon vous, les voyages sont-ils une source d'enrichissement ?

Début du 1er paragraphe : Les voyages permettent de découvrir de nouveaux pays et de nouvelles façons de vivre et enrichissent nos connaissances.

a) Soulignez les répétitions.

b) Quels connecteurs logiques pourrait-on introduire dans la première et la dernière proposition ?

....

c) Réécrivez ce paragraphe en l'améliorant. ....

....

....

3 Lisez la dictée de Samuel, puis répondez aux questions.

C'était un petit jeune homme de dix-huit à dix-neuf ans, faible en apparence, avec des traits irréguliers, mais délicat, et un nez aquilin. De grands yeux noir, qui, dans les moments tranquilles, annonçait de la réflexion et du feu, était animé en cet instant de l'expression de la haine la plus féroce. Des cheveux châtains foncés, planté fort bas, lui donnait un petit front.

D'après Stendhal, *Le Rouge et le Noir* (1830).

a) Soulignez en bleu les trois verbes conjugués qui ne sont pas accordés avec leur sujet.

b) Soulignez en rouge les cinq adjectifs (dont un adjectif composé) ou participes mal accordés.

c) Réécrivez correctement ces mots. ....

....

LES TONALITÉS

TONALITÉ	VISÉE	PROCÉDÉS D'ÉCRITURE
Comique	• **Amuser**.	➧ Comique de **mots** (jeux de mots, insultes, répétitions). ➧ Comique de **gestes** (coups de bâton…). ➧ Comique de **situation** (quiproquo…). ➧ Comique de **caractère** (manies, comportements comiques d'un personnage).
Tragique	• Susciter l'**émotion** ou la **terreur** en présentant un homme face à son destin ou à la mort.	➧ Vocabulaire de la **souffrance extrême** et de la **mort.** ➧ Exclamations, interrogations. ➧ Hyperboles.
Pathétique	• Susciter la **pitié**, la **compassion** en présentant des personnages face au malheur.	➧ Vocabulaire de la **souffrance**, de la **supplication**. ➧ Comparaisons, métaphores, hyperboles.
Lyrique	• Expression des **sentiments personnels** : amour, mélancolie, nostalgie.	➧ **1re personne** (et parfois 2e). ➧ Champ lexical des **sensations**, des **sentiments**. ➧ Exclamations, interrogations. ➧ Hyperboles.
Satirique	• **Critiquer**, **dénoncer** en se moquant.	➧ Vocabulaire **péjoratif**. ➧ Hyperboles. ➧ Ironie. ➧ Personnages ridicules.
Fantastique	• Susciter le **malaise**, l'**angoisse** face à l'intrusion de l'inexplicable dans un cadre réaliste.	➧ **1re personne** fréquente (qui favorise l'identification). ➧ Champ lexical du **doute**, de l'**incompréhension** et de la **peur**. ➧ Exclamations, interrogations.

LES GENRES LITTÉRAIRES ET NON LITTÉRAIRES

LA POÉSIE

- Disposition du texte en **vers** ou en **prose**.
- **Musicalité** du langage : jeux de sonorités (rimes, allitérations, assonances, rythme).
- Pouvoir évocateur des **images** (métaphores, comparaisons, personnifications…).

◆ *Il y a* > p. 77
◆ *Petits poèmes en prose* > p. 71

LA PRESSE

- Textes, photos, graphiques… à visée essentiellement **informative**.
- Présentation des **faits d'actualité** assortis ou non d'**analyses** et de **commentaires**.
- **Médias** variés : presse papier, audiovisuelle, numérique.
- **Genres** journalistiques : article, reportage, interview, brève, dépêche…

LES GENRES NARRATIFS

- Une **histoire** (fictive ou non).
- Un **narrateur** (1re ou 3e personne).
- Un **cadre** (lieu, époque).
- Des **personnages** : principaux (héros, héroïne) et secondaires.

Le roman *Le Grand Meaulnes* > p. 65	• Récit **long** d'une histoire vécue par des **personnages fictifs**. • Intrigue riche en **rebondissements** et en **tension** dramatique.
La nouvelle « Nantas » > p. 27	• Récit **court** centré sur **un** seul **événement** et se terminant souvent par une **chute** (dénouement bref et inattendu). • **Personnages** peu nombreux.
Le conte philosophique *Candide* > p. 55	• Récit souvent **court** et **fantaisiste**. • Sous couvert de la fiction, porteur d'une **critique** sociale, politique ou religieuse.
L'autobiographie *Les Confessions* > p. 7	• Récit qu'un écrivain fait de **sa propre vie** : l'auteur est à la fois narrateur et personnage.
La fable « Le Renard et le Bouc » > p. 71	• Récit **court** et **plaisant**, en **prose** ou **en vers**, mettant souvent en scène des **animaux**. • Présence d'une **morale**. • **Critique** de la société et des comportements humains.

LE THÉÂTRE

- Texte destiné à être **joué** devant un **public**.
- Constitué de **répliques** (paroles échangées par les personnages) et de **didascalies** (indications de mise en scène et de jeu).
- Découpé en **actes** et en **scènes**.
- Progresse par étapes : **exposition**, déroulement de l'**intrigue**, **dénouement**.

La comédie *L'Amour médecin* > p. 81	• Personnages issus de la **bourgeoisie** et du **peuple**, qui vivent des **situations comiques**. • Utilisation de **différentes formes de comique** (de gestes, de mots, de situation, de caractère). • **Fin heureuse**. • **Satire** des comportements humains et des travers de la société.
La tragédie *Andromaque* > p. 76	• Personnages inspirés des **héros de l'Antiquité** ou issus de la **noblesse**, luttant contre des forces qui les dépassent. • Intrigue complexe, empruntée à la **mythologie antique** ou à l'**Histoire**. • Épisodes **tragiques** qui inspirent au spectateur **terreur** et **pitié**. • **Fin malheureuse**. • Souvent écrite en **alexandrins**.
Le théâtre de l'absurde *Rhinocéros* > p. 42	• Intrigue et situations **farfelues**. • Mise en scène de l'**incommunicabilité** entre les humains. • Des situations entre **comique** et **tragique** qui mènent à des interrogations sur le **sens de l'existence**.

LES FIGURES DE STYLE

LES FIGURES D'ANALOGIE

FIGURES	DÉFINITIONS	EXEMPLES
Comparaison	• Rapprochement de deux éléments à l'aide d'un outil de comparaison.	➧ ***Il*** (comparé) *est* ***rusé*** (point commun) ***comme*** (outil de comparaison) *un* ***renard*** (comparant).
Métaphore	• Rapprochement de deux éléments sans outil de comparaison.	➧ *Elle a un* ***teint*** (comparé) *de* ***pêche*** (comparant).
Personnification	• Attribution de sentiments ou de comportements humains à des animaux, des objets, des éléments naturels.	➧ *La lune* ***fuit*** *devant nos yeux.* *La nuit* ***a retiré ses voiles***. (De Viau)
Allégorie	• Personnification d'une idée abstraite.	➧ ***La misère affublée de haillons*** *comiques.* (Baudelaire)

LES FIGURES D'ATTÉNUATION ET D'AMPLIFICATION

Hyperbole	• Utilisation de termes exagérés pour renforcer une idée.	➧ ***On m'a coupé la gorge*** *: on m'a dérobé mon argent.* (Molière)
Gradation	• Énumération de termes classés par intensité croissante.	➧ ***Va, cours, vole****, et nous venge.* (Corneille)
Litote	• Utilisation d'un terme plus faible pour renforcer une idée.	➧ *Va,* ***je ne te hais point***. (Corneille) (= Je t'aime)
Euphémisme	• Adoucir une réalité trop brutale.	➧ *Il nous* ***a quittés***. (= Il est mort)

LES FIGURES DE RÉPÉTITION

Anaphore	• Répétition du même mot au début de plusieurs vers ou phrases pour créer un effet d'insistance.	➧ ***Sous*** *tes souliers de satin* ***Sous*** *tes charmants pieds de soie.* (Baudelaire)
Énumération ou accumulation	• Succession de termes équivalents pour créer un effet d'abondance, d'insistance.	➧ *Vous pouvez* ***m'égorger, me tuer, me lier, me pendre***. (Euripide)
Parallélisme	• Similitude de construction entre deux phrases ou deux éléments pour souligner des ressemblances ou des différences.	➧ *L'homme* ***n'a point de*** *port, le temps* ***n'a point de*** *rive.* (Lamartine)

LES FIGURES DE SUBSTITUTION

Métonymie	• Remplacement d'un mot par un autre auquel il est lié par un rapport de sens.	➧ *Boire un verre.* (= Boire le contenu du verre)
Périphrase	• Remplacement d'un mot par un groupe de mots qui le caractérise.	➧ *L'auteur des* Misérables. (= Victor Hugo)

LES FIGURES D'OPPOSITION

Antiphrase	• Dire le contraire de ce que l'on pense par ironie.	➧ *Quel beau temps !* (Alors qu'il pleut)
Antithèse	• Mise en parallèle de deux mots ou expressions contraires.	➧ *L'un* ***m'anime*** *le cœur, l'autre* ***retient*** *mon bras.* (Corneille)
Oxymore	• Rapprochement de deux termes de sens opposés.	➧ *Cette* ***obscure clarté*** *qui tombe des étoiles.* (Corneille)

LES PRONOMS ET LES DÉTERMINANTS

LES PRONOMS

	DÉFINITIONS	EXEMPLES
Les pronoms remplacent un nom ou un GN. On les trouve devant un verbe ou après une préposition.		
Les pronoms personnels ◆ *je, tu, il(s)* → sujets ◆ *elle(s), nous, vous* → sujets ou compléments ◆ *me, moi, te, le, la, lui…* → compléments	• **Sujets**, ils marquent la personne du verbe. • Leur forme peut varier selon leur **fonction grammaticale**.	➧ ***Tu*** *as de grandes mains.* = pron. pers. sujet, 2e pers. du sing. ➧ *Je vais* ***te*** *dévorer.* = pron. pers. COD, 2e pers. du sing.
Les pronoms possessifs ◆ *le mien, la tienne, le nôtre, les leurs…*	• Indiquent un **lien** (appartenance, filiation) avec un autre nom du texte.	➧ *J'ai oublié mon livre, prête-moi* ***le tien****.*
Les pronoms démonstratifs ◆ *ce, celui, cela, celle-ci…*	• **Remplacent** un élément que l'on montre ou dont on a déjà parlé.	➧ *Veux-tu déjeuner ?* ***Cela*** *m'est égal.*
Les pronoms relatifs ◆ *qui, que, quoi, dont, où, lequel, auquel…*	• **Introduisent** une proposition subordonnée relative.	➧ *Je te présente l'ami* ***dont*** *je t'avais parlé.*
Les pronoms interrogatifs ◆ *qui, quoi, que, lequel…*	• Permettent de **poser une question** portant sur un nom.	➧ ***Qui*** *est arrivé le premier ?*
Les pronoms indéfinis ◆ *rien, personne, chacun, on, n'importe qui…*	• **Remplacent** un élément en exprimant la négation, la totalité ou l'imprécision.	➧ *Les enfants ont été sages,* ***aucun*** *n'a fait de bêtises.*

LES DÉTERMINANTS

	DÉFINITIONS	EXEMPLES
Les déterminants précèdent un nom avec lequel ils s'accordent en genre et en nombre.		
Les articles ◆ Définis *le, la, les, l'*	• Devant un **nom précis**.	➧ ***L'****histoire de sa vie.*
◆ Indéfinis *un, une, des*	• Devant un **nom imprécis**.	➧ ***Une*** *autobiographie.*
◆ Définis contractés *au(x), du, des*	• **Contraction** de *à* ou *de* + *le* ou *les*.	➧ *Le temps* ***des*** *vacances (= de + les)*
◆ Partitifs *du, de la, de l'*	• Signifient « **un peu de** ».	➧ *Elle a eu* ***du*** *courage.*
Les déterminants possessifs ◆ *mon, ta, ses…*	• Indiquent un **lien** (filiation, appartenance).	➧ *J'ai oublié* ***mes*** *clefs.*
Les déterminants démonstratifs ◆ *ce, cet, ces…*	• **Montrent** ou **reprennent** un élément déjà cité.	➧ *Regarde* ***ce*** *paysage magnifique.*
Les déterminants exclamatifs ou interrogatifs ◆ *quel (s), quelle(s)*	• Permettent de poser une **question** ou d'exprimer une **émotion**.	➧ ***Quelle*** *heure est-il ?* ➧ ***Quel*** *beau temps !*
Les déterminants indéfinis ◆ *aucun, tout, quelque…*	• **Expriment** la négation, la totalité, l'imprécision.	➧ ***Quelques*** *amis sont venus.* ***Tout*** *abus sera puni.*

ORTHOGRAPHE : 20 RÈGLES D'OR

LES TERMINAISONS VERBALES

CONFUSIONS FRÉQUENTES	ASTUCES POUR LES DISTINGUER
Infinitif en ***-er*** ou participe passé en ***-é*** ?	*J'ai essay**é** de rentr**er** tôt.* **Participe passé** > remplacer par un verbe d'un autre groupe *(j'ai fini)*. **Infinitif** > remplacer par un verbe d'un autre groupe *(finir)*.
Infinitif en ***-er*** ou terminaison en ***-ez*** ?	*Vous aim**ez** vous promen**er**.* **Verbe conjugué** (2e pers. du plur.) > remplacer par *tu* *(tu aimes)*. **Infinitif** > remplacer par un verbe d'un autre groupe *(divertir)*.
Futur en ***-rai*** ou conditionnel en ***-rais*** ?	**Futur** > remplacer par *tu* *(tu rentreras)*. *Je rentrer**ai** à 8 heures.* *Je voudr**ais** le rencontrer.* **Conditionnel** > remplacer par *tu* *(tu voudrais)*.
Impératif avec ou sans ***-s*** ?	*Sors ! Va dans le jardin ! Ne reste pas là.* > 2e pers. du sing : pas de *-s* pour les verbes du **1er groupe** et ***aller***.

PENSE-BÊTE

DIFFICULTÉS FRÉQUENTES	RÈGLES	EXEMPLES
Noms féminin en ***-té / -tié***	• La plupart des noms féminins se terminant par ***-té*** ou ***-tié*** s'écrivent sans ***e*** final. Sauf 6 noms : *dict**ée**, mont**ée**, jet**ée**, port**ée**, but**ée**, pât**ée*** et les noms indiquant un contenu, une durée ou un ensemble.	*beau**té**, liber**té**, ami**tié**, clar**té*** *nuit**ée**, pellet**ée***
Adverbes en ***-emment / -amment***	• Un adjectif en ***-ant*** donne un adverbe en ***-amment***. • Un adjectif en ***-ent*** donne un adverbe en ***-emment***.	*brill**ant*** → *brill**amment*** *évid**ent*** → *évid**emment***
La cédille (ç) pour obtenir le son (s)	• Devant *a, o, u* • Jamais devant *e, i*	*maçon, je plaçais, il conçut* *ceci, tu places*
Quelques **mots invariables** à mémoriser	*certe**s**, **d'**ailleur**s**, **d**avantage, désormai**s**, malgr**é**, néanmoin**s**, parm**i**, toujour**s***	
Quelques **noms communs** et **formes verbales** à mémoriser	*un poi**ds**, un pui**ts**, le tem**ps**, un cham**p**, un lyc**ée**, un mus**ée**, un chev**eu*** *nous faisons, vous faites, il faisait, il fera* *vous dites* (présent), *vous dîtes* (passé simple) *je m'assois ou je m'assieds* *je prends / je peins* *je couds/ je résous*	

LES HOMONYMES

CONFUSIONS FRÉQUENTES	ASTUCES POUR LES DISTINGUER
a, **à** ou **as** ?	*Tu* ***as*** *entendu ce qu'elle* ***a*** *annoncé* ***à*** *ses parents.* **as**, **a** : Verbe ou auxiliaire *avoir* > remplacer par *avais* (= *tu avais entendu*) ou *avait* (= *elle avait annoncé*). **à** : Préposition > ne peut pas se remplacer par *avait*.
on ou **ont** ?	***On*** *a applaudi quand elles* ***ont*** *franchi la ligne d'arrivée.* **On** : Pronom personnel sujet > remplacer par *il* (= *il a applaudi*). **ont** : Verbe ou auxiliaire *avoir* > remplacer par *avaient* (= *elles avaient*).
on ou **on n'** devant voyelle ?	***On*** *a attendu longtemps mais* ***on n'****a pas regretté.* **On** : Proposition affirmative > liaison devant voyelle. **on n'** : Proposition négative > remplacer par un mot commençant par une consonne(= *on* ***ne*** *regrette pas*).
ou ou bien **où** ?	***Où*** *vas-tu ? À droite* ***ou*** *à gauche ?* **Où** : Adverbe ou pronom > indique le lieu. **ou** : Conjonction de coordination > remplacer par *ou bien* (= *ou bien* à gauche).
son ou **sont** ?	*Ses amis* ***sont*** *venus pour* ***son*** *anniversaire.* **sont** : Verbe ou auxiliaire *être* > remplacer par *étaient* (= *ils étaient venus*). **son** : Déterminant possessif (3ᵉ pers. sing.) > remplacer par *ses* (= *ses anniversaires*).
c'est ou **s'est** ?	***C'est*** *faux, il* ***s'est*** *trompé.* **C'est** : Pronom démonstratif *c'* + *est* > remplacer par *cela est* (= *cela est faux*). **s'est** : Pronom personnel *s'* + *est* > remplacer par *je me suis* (= *je me suis trompé*).
la, **là** ou **l'a(s)** ?	***La*** *dernière fois que tu* ***l'as*** *vue, elle était* ***là*** *cette clé.* **La** : Article défini > remplacer par *les* (= *les dernières fois*). **l'as** : Verbe ou auxiliaire *avoir* > remplacer par *l'avais* (= *tu l'avais vue*). **là** : Adverbe > remplacer par *ici* (= *elle était ici*).
leur ou **leurs** ?	*Je* ***leur*** *ai annoncé que* ***leurs*** *amis étaient arrivés.* **leur** : Pronom personnel > remplacer par *lui* (= *lui ai annoncé*). **leurs** : Déterminant possessif > remplacer par *ses* (= *ses amis*).
si ou **s'y** ?	*Cette plage était* ***si*** *tranquille qu'elle* ***s'y*** *est endormie.* **si** : Adverbe ou conjonction > remplacer par *tellement* (= *tellement tranquille*) ou *comme*. **s'y** : Contraction de *se* + *y* > toujours devant un verbe.
dans ou **d'en** ?	*Inutile* ***d'en*** *dire plus, elle est* ***dans*** *la maison.* **d'en** : Contraction de *de* + *en* > toujours devant un verbe. **dans** : Préposition > indique le temps ou le lieu.
tout ou **tous** ?	*Ils sont* ***tous tout*** *mouillés par la pluie.* **tous** : Pronom > remplacer par *toutes* (= *Elles sont toutes*). **tout** : Adverbe > remplacer par *totalement*, *tout à fait* (= *tout à fait mouillés*).

CONJUGAISON DE ÊTRE, AVOIR, JOUER, GRANDIR

ÊTRE

INDICATIF		CONDITIONNEL	
PRÉSENT	PASSÉ COMPOSÉ	PRÉSENT	PASSÉ
je suis	j'ai été	je serais	j'aurais été
tu es	tu as été	tu serais	tu aurais été
il est	il a été	il serait	il aurait été
nous sommes	nous avons été	nous serions	nous aurions été
vous êtes	vous avez été	vous seriez	vous auriez été
ils sont	ils ont été	ils seraient	ils auraient été

IMPARFAIT	PLUS-QUE-PARFAIT	SUBJONCTIF PRÉSENT	SUBJONCTIF PASSÉ
j'étais	j'avais été	que je sois	que j'aie été
tu étais	tu avais été	que tu sois	que tu aies été
il était	il avait été	qu'il soit	qu'il ait été
nous étions	nous avions été	que nous soyons	que nous ayons été
vous étiez	vous aviez été	que vous soyez	que vous ayez été
ils étaient	ils avaient été	qu'ils soient	qu'ils aient été

PASSÉ SIMPLE	PASSÉ ANTÉRIEUR	IMPÉRATIF PRÉSENT
je fus	j'eus été	sois
tu fus	tu eus été	soyons
il fut	il eut été	soyez
nous fûmes	nous eûmes été	
vous fûtes	vous eûtes été	
ils furent	ils eurent été	

FUTUR SIMPLE	FUTUR ANTÉRIEUR
je serai	j'aurai été
tu seras	tu auras été
il sera	il aura été
nous serons	nous aurons été
vous serez	vous aurez été
ils seront	ils auront été

	PRÉSENT	PASSÉ
INFINITIF	être	avoir été
PARTICIPE	étant	été

AVOIR

INDICATIF		CONDITIONNEL	
PRÉSENT	PASSÉ COMPOSÉ	PRÉSENT	PASSÉ
j'ai	j'ai eu	j'aurais	j'aurais eu
tu as	tu as eu	tu aurais	tu aurais eu
il a	il a eu	il aurait	il aurait eu
nous avons	nous avons eu	nous aurions	nous aurions eu
vous avez	vous avez eu	vous auriez	vous auriez eu
ils ont	ils ont eu	ils auraient	ils auraient eu

IMPARFAIT	PLUS-QUE-PARFAIT	SUBJONCTIF PRÉSENT	SUBJONCTIF PASSÉ
j'avais	j'avais eu	que j'aie	que j'aie eu
tu avais	tu avais eu	que tu aies	que tu aies eu
il avait	il avait eu	qu'il ait	qu'il ait eu
nous avions	nous avions eu	que nous ayons	que nous ayons eu
vous aviez	vous aviez eu	que vous ayez	que vous ayez eu
ils avaient	ils avaient eu	qu'ils aient	qu'ils aient eu

PASSÉ SIMPLE	PASSÉ ANTÉRIEUR	IMPÉRATIF PRÉSENT
j'eus	j'eus eu	aie
tu eus	tu eus eu	ayons
il eut	il eut eu	ayez
nous eûmes	nous eûmes eu	
vous eûtes	vous eûtes eu	
ils eurent	ils eurent eu	

FUTUR SIMPLE	FUTUR ANTÉRIEUR
j'aurai	j'aurai eu
tu auras	tu auras eu
il aura	il aura eu
nous aurons	nous aurons eu
vous aurez	vous aurez eu
ils auront	ils auront eu

	PRÉSENT	PASSÉ
INFINITIF	avoir	avoir eu
PARTICIPE	ayant	eu(es)

JOUER (1ER GROUPE)

INDICATIF		CONDITIONNEL	
PRÉSENT	PASSÉ COMPOSÉ	PRÉSENT	PASSÉ
je joue	j'ai joué	je jouerais	j'aurais joué
tu joues	tu as joué	tu jouerais	tu aurais joué
il joue	il a joué	il jouerait	il aurait joué
nous jouons	nous avons joué	nous jouerions	nous aurions joué
vous jouez	vous avez joué	vous joueriez	vous auriez joué
ils jouent	ils ont joué	ils joueraient	ils auraient joué

IMPARFAIT	PLUS-QUE-PARFAIT	SUBJONCTIF PRÉSENT	SUBJONCTIF PASSÉ
je jouais	j'avais joué	que je joue	que j'aie joué
tu jouais	tu avais joué	que tu joues	que tu aies joué
il jouait	il avait joué	qu'il joue	qu'il ait joué
nous jouions	nous avions joué	que nous jouions	que nous ayons joué
vous jouiez	vous aviez joué	que vous jouiez	que vous ayez joué
ils jouaient	ils avaient joué	qu'ils jouent	qu'ils aient joué

PASSÉ SIMPLE	PASSÉ ANTÉRIEUR	IMPÉRATIF PRÉSENT
je jouai	j'eus joué	joue
tu jouas	tu eus joué	jouons
il joua	il eut joué	jouez
nous jouâmes	nous eûmes joué	
vous jouâtes	vous eûtes joué	
ils jouèrent	ils eurent joué	

FUTUR SIMPLE	FUTUR ANTÉRIEUR
je jouerai	j'aurai joué
tu joueras	tu auras joué
il jouera	il aura joué
nous jouerons	nous aurons joué
vous jouerez	vous aurez joué
ils joueront	ils auront joué

	PRÉSENT	PASSÉ
INFINITIF	jouer	avoir joué
PARTICIPE	jouant	joué(es)

FINIR (2E GROUPE)

INDICATIF		CONDITIONNEL	
PRÉSENT	PASSÉ COMPOSÉ	PRÉSENT	PASSÉ
je finis	j'ai fini	je finirais	j'aurais fini
tu finis	tu as fini	tu finirais	tu aurais fini
il finit	il a fini	il finirait	il aurait fini
nous finissons	nous avons fini	nous finirions	nous aurions fini
vous finissez	vous avez fini	vous finiriez	vous auriez fini
ils finissent	ils ont fini	ils finiraient	ils auraient fini

IMPARFAIT	PLUS-QUE-PARFAIT	SUBJONCTIF PRÉSENT	SUBJONCTIF PASSÉ
je finissais	j'avais fini	que je finisse	que j'aie fini
tu finissais	tu avais fini	que tu finisses	que tu aies fini
il finissait	il avait fini	qu'il finisse	qu'il ait fini
nous finissions	nous avions fini	que nous finissions	que nous ayons fini
vous finissiez	vous aviez fini	que vous finissiez	que vous ayez fini
ils finissaient	ils avaient fini	qu'ils finissent	qu'ils aient fini

PASSÉ SIMPLE	PASSÉ ANTÉRIEUR	IMPÉRATIF PRÉSENT
je finis	j'eus fini	finis
tu finis	tu eus fini	finissons
il finit	il eut fini	finissez
nous finîmes	nous eûmes fini	
vous finîtes	vous eûtes fini	
ils finirent	ils eurent fini	

FUTUR SIMPLE	FUTUR ANTÉRIEUR
je finirai	j'aurai fini
tu finiras	tu auras fini
il finira	il aura fini
nous finirons	nous aurons fini
vous finirez	vous aurez fini
ils finiront	ils auront fini

	PRÉSENT	PASSÉ
INFINITIF	finir	avoir fini
PARTICIPE	finissant	fini(es)

CONJUGAISON DE ALLER, FAIRE, DIRE, PRENDRE

ALLER (3e groupe)

INDICATIF

Présent	Passé composé
je vais	je suis allé(e)
tu vas	tu es allé(e)
il va	il (elle) est allé(e)
nous allons	nous sommes allé(e)s
vous allez	vous êtes allé(e)s
ils vont	ils (elles) sont allé(e)s

Imparfait	Plus-que-parfait
j'allais	j'étais allé(e)
tu allais	tu étais allé(e)
il allait	il (elle) était allé(e)
nous allions	nous étions allé(e)s
vous alliez	vous étiez allé(e)s
ils allaient	ils (elles) étaient allé(e)s

Passé simple	Passé antérieur
j'allai	je fus allé(e)
tu allas	tu fus allé(e)
il alla	il (elle) fut allé(e)
nous allâmes	nous fûmes allé(e)s
vous allâtes	vous fûtes allé(e)s
ils allèrent	ils (elles) furent allé(e)s

Futur simple	Futur antérieur
j'irai	je serai allé(e)
tu iras	tu seras allé(e)
il ira	il (elle) sera allé(e)
nous irons	nous serons allé(e)s
vous irez	vous serez allé(e)s
ils iront	ils (elles) seront allé(e)s

CONDITIONNEL

Présent	Passé
j'irais	je serais allé(e)
tu irais	tu serais allé(e)
il irait	il (elle) serait allé(e)
nous irions	nous serions allé(e)s
vous iriez	vous seriez allé(e)s
ils iraient	ils (elles) seraient allé(e)s

SUBJONCTIF

Présent	Passé
que j'aille	que je sois allé(e)
que tu ailles	que tu sois allé(e)
qu'il aille	qu'il (elle) soit allé(e)
que nous allions	que n. soyons allé(e)s
que vous alliez	que v. soyez allé(e)s
qu'ils aillent	qu'ils (elles) soient allé(e)s

IMPÉRATIF

Présent
va
allons
allez

INFINITIF

Présent	Passé
aller	être allé(es)

PARTICIPE

Présent	Passé
allant	allé(es)

FAIRE (3e groupe)

INDICATIF

Présent	Passé composé
je fais	j'ai fait
tu fais	tu as fait
il fait	il a fait
nous faisons	nous avons fait
vous faites	vous avez fait
ils font	ils ont fait

Imparfait	Plus-que-parfait
je faisais	j'avais fait
tu faisais	tu avais fait
il faisait	il avait fait
nous faisions	nous avions fait
vous faisiez	vous aviez fait
ils faisaient	ils avaient fait

Passé simple	Passé antérieur
je fis	j'eus fait
tu fis	tu eus fait
il fit	il eut fait
nous fîmes	nous eûmes fait
vous fîtes	vous eûtes fait
ils firent	ils eurent fait

Futur simple	Futur antérieur
je ferai	j'aurai fait
tu feras	tu auras fait
il fera	il aura fait
nous ferons	nous aurons fait
vous ferez	vous aurez fait
ils feront	ils auront fait

CONDITIONNEL

Présent	Passé
je ferais	j'aurais fait
tu ferais	tu aurais fait
il ferait	il aurait fait
nous ferions	nous aurions fait
vous feriez	vous auriez fait
ils feraient	ils auraient fait

SUBJONCTIF

Présent	Passé
que je fasse	que j'aie fait
que tu fasses	que tu aies fait
qu'il fasse	qu'il ait fait
que nous fassions	que nous ayons fait
que vous fassiez	que vous ayez fait
qu'ils fassent	qu'ils aient fait

IMPÉRATIF

Présent
fais
faisons
faites

INFINITIF

Présent	Passé
faire	avoir fait

PARTICIPE

Présent	Passé
faisant	fait(es)

DIRE (3e groupe)

INDICATIF

Présent	Passé composé
je dis	j'ai dit
tu dis	tu as dit
il dit	il a dit
nous disons	nous avons dit
vous dites	vous avez dit
ils disent	ils ont dit

Imparfait	Plus-que-parfait
je disais	j'avais dit
tu disais	tu avais dit
il disait	il avait dit
nous disions	nous avions dit
vous disiez	vous aviez dit
ils disaient	ils avaient dit

Passé simple	Passé antérieur
je dis	j'eus dit
tu dis	tu eus dit
il dit	il eut dit
nous dîmes	nous eûmes dit
vous dîtes	vous eûtes dit
ils dirent	ils eurent dit

Futur simple	Futur antérieur
je dirai	j'aurai dit
tu diras	tu auras dit
il dira	il aura dit
nous dirons	nous aurons dit
vous direz	vous aurez dit
ils diront	ils auront dit

CONDITIONNEL

Présent	Passé
je dirais	j'aurais dit
tu dirais	tu aurais dit
il dirait	il aurait dit
nous dirions	nous aurions dit
vous diriez	vous auriez dit
ils diraient	ils auraient dit

SUBJONCTIF

Présent	Passé
que je dise	que j'aie dit
que tu dises	que tu aies dit
qu'il dise	qu'il ait dit
que nous disions	que nous ayons dit
que vous disiez	que vous ayez dit
qu'ils disent	qu'ils aient dit

IMPÉRATIF

Présent
dis
disons
dites

INFINITIF

Présent	Passé
dire	avoir dit

PARTICIPE

Présent	Passé
disant	dit(es)

PRENDRE (3e groupe)

INDICATIF

Présent	Passé composé
je prends	j'ai pris
tu prends	tu as pris
il prend	il a pris
nous prenons	nous avons pris
vous prenez	vous avez pris
ils prennent	ils ont pris

Imparfait	Plus-que-parfait
je prenais	j'avais pris
tu prenais	tu avais pris
il prenait	il avait pris
nous prenions	nous avions pris
vous preniez	vous aviez pris
ils prenaient	ils avaient pris

Passé simple	Passé antérieur
je pris	j'eus pris
tu pris	tu eus pris
il prit	il eut pris
nous prîmes	nous eûmes pris
vous prîtes	vous eûtes pris
ils prirent	ils eurent pris

Futur simple	Futur antérieur
je prendrai	j'aurai pris
tu prendras	tu auras pris
il prendra	il aura pris
nous prendrons	nous aurons pris
vous prendrez	vous aurez pris
ils prendront	ils auront pris

CONDITIONNEL

Présent	Passé
je prendrais	j'aurais pris
tu prendrais	tu aurais pris
il prendrait	il aurait pris
nous prendrions	nous aurions pris
vous prendriez	vous auriez pris
ils prendraient	ils auraient pris

SUBJONCTIF

Présent	Passé
que je prenne	que j'aie pris
que tu prennes	que tu aies pris
qu'il prenne	qu'il ait pris
que nous prenions	que nous ayons pris
que vous preniez	que vous ayez pris
qu'ils prennent	qu'ils aient pris

IMPÉRATIF

Présent
prends
prenons
prenez

INFINITIF

Présent	Passé
prendre	avoir pris

PARTICIPE

Présent	Passé
prenant	pris(es)

CONJUGAISON DE *POUVOIR, VOIR, DEVOIR, VOULOIR*

POUVOIR (3e GROUPE)

INDICATIF

PRÉSENT	PASSÉ COMPOSÉ
je peux	j'ai pu
tu peux	tu as pu
il peut	il a pu
nous pouvons	nous avons pu
vous pouvez	vous avez pu
ils peuvent	ils ont pu

IMPARFAIT	PLUS-QUE-PARFAIT
je pouvais	j'avais pu
tu pouvais	tu avais pu
il pouvait	il avait pu
nous pouvions	nous avions pu
vous pouviez	vous aviez pu
ils pouvaient	ils avaient pu

PASSÉ SIMPLE	PASSÉ ANTÉRIEUR
je pus	j'eus pu
tu pus	tu eus pu
il put	il eut pu
nous pûmes	nous eûmes pu
vous pûtes	vous eûtes pu
ils purent	ils eurent pu

FUTUR SIMPLE	FUTUR ANTÉRIEUR
je pourrai	j'aurai pu
tu pourras	tu auras pu
il pourra	il aura pu
nous pourrons	nous aurons pu
vous pourrez	vous aurez pu
ils pourront	ils auront pu

CONDITIONNEL

PRÉSENT	PASSÉ
je pourrais	j'aurais pu
tu pourrais	tu aurais pu
il pourrait	il aurait pu
nous pourrions	nous aurions pu
vous pourriez	vous auriez pu
ils pourraient	ils auraient pu

SUBJONCTIF

PRÉSENT	PASSÉ
que je puisse	que j'aie pu
que tu puisses	que tu aies pu
qu'il puisse	qu'il ait pu
que nous puissions	que nous ayons pu
que vous puissiez	que vous ayez pu
qu'ils puissent	qu'ils aient pu

IMPÉRATIF

PRÉSENT
-
-
-

INFINITIF

PRÉSENT	PASSÉ
pouvoir	avoir pu

PARTICIPE

PRÉSENT	PASSÉ
pouvant	pu

VOIR (3e GROUPE)

INDICATIF

PRÉSENT	PASSÉ COMPOSÉ
je vois	j'ai vu
tu vois	tu as vu
il voit	il a vu
nous voyons	nous avons vu
vous voyez	vous avez vu
ils voient	ils ont vu

IMPARFAIT	PLUS-QUE-PARFAIT
je voyais	j'avais vu
tu voyais	tu avais vu
il voyait	il avait vu
nous voyions	nous avions vu
vous voyiez	vous aviez vu
ils voyaient	ils avaient vu

PASSÉ SIMPLE	PASSÉ ANTÉRIEUR
je vis	j'eus vu
tu vis	tu eus vu
il vit	il eut vu
nous vîmes	nous eûmes vu
vous vîtes	vous eûtes vu
ils virent	ils eurent vu

FUTUR SIMPLE	FUTUR ANTÉRIEUR
je verrai	j'aurai vu
tu verras	tu auras vu
il verra	il aura vu
nous verrons	nous aurons vu
vous verrez	vous aurez vu
ils verront	ils auront vu

CONDITIONNEL

PRÉSENT	PASSÉ
je verrais	j'aurais vu
tu verrais	tu aurais vu
il verrait	il aurait vu
nous verrions	nous aurions vu
vous verriez	vous auriez vu
ils verraient	ils auraient vu

SUBJONCTIF

PRÉSENT	PASSÉ
que je voie	que j'aie vu
que tu voies	que tu aies vu
qu'il voie	qu'il ait vu
que nous voyions	que nous ayons vu
que vous voyiez	que vous ayez vu
qu'ils voient	qu'ils aient vu

IMPÉRATIF

PRÉSENT
vois
voyons
voyez

INFINITIF

PRÉSENT	PASSÉ
voir	avoir vu

PARTICIPE

PRÉSENT	PASSÉ
voyant	vu(es)

DEVOIR (3e GROUPE)

INDICATIF

PRÉSENT	PASSÉ COMPOSÉ
je dois	j'ai dû
tu dois	tu as dû
il doit	il a dû
nous devons	nous avons dû
vous devez	vous avez dû
ils doivent	ils ont dû

IMPARFAIT	PLUS-QUE-PARFAIT
je devais	j'avais dû
tu devais	tu avais dû
il devait	il avait dû
nous devions	nous avions dû
vous deviez	vous aviez dû
ils devaient	ils avaient dû

PASSÉ SIMPLE	PASSÉ ANTÉRIEUR
je dus	j'eus dû
tu dus	tu eus dû
il dut	il eut dû
nous dûmes	nous eûmes dû
vous dûtes	vous eûtes dû
ils durent	ils eurent dû

FUTUR SIMPLE	FUTUR ANTÉRIEUR
je devrai	j'aurai dû
tu devras	tu auras dû
il devra	il aura dû
nous devrons	nous aurons dû
vous devrez	vous aurez dû
ils devront	ils auront dû

CONDITIONNEL

PRÉSENT	PASSÉ
je devrais	j'aurais dû
tu devrais	tu aurais dû
il devrait	il aurait dû
nous devrions	nous aurions dû
vous devriez	vous auriez dû
ils devraient	ils auraient dû

SUBJONCTIF

PRÉSENT	PASSÉ
que je doive	que j'aie dû
que tu doives	que tu aies dû
qu'il doive	qu'il ait dû
que nous devions	que nous ayons dû
que vous deviez	que vous ayez dû
qu'ils doivent	qu'ils aient dû

IMPÉRATIF

PRÉSENT
dois
devons
devez

INFINITIF

PRÉSENT	PASSÉ
devoir	ayant dû

PARTICIPE

PRÉSENT	PASSÉ
devant	dû, du(es)

VOULOIR (3e GROUPE)

INDICATIF

PRÉSENT	PASSÉ COMPOSÉ
je veux	j'ai voulu
tu veux	tu as voulu
il veut	il a voulu
nous voulons	nous avons voulu
vous voulez	vous avez voulu
ils veulent	ils ont voulu

IMPARFAIT	PLUS-QUE-PARFAIT
je voulais	j'avais voulu
tu voulais	tu avais voulu
il voulait	il avait voulu
nous voulions	nous avions voulu
vous vouliez	vous aviez voulu
ils voulaient	ils avaient voulu

PASSÉ SIMPLE	PASSÉ ANTÉRIEUR
je voulus	j'eus voulu
tu voulus	tu eus voulu
il voulut	il eut voulu
nous voulûmes	nous eûmes voulu
vous voulûtes	vous eûtes voulu
ils voulurent	ils eurent voulu

FUTUR SIMPLE	FUTUR ANTÉRIEUR
je voudrai	j'aurai voulu
tu voudras	tu auras voulu
il voudra	il aura voulu
nous voudrons	nous aurons voulu
vous voudrez	vous aurez voulu
ils voudront	ils auront voulu

CONDITIONNEL

PRÉSENT	PASSÉ
je voudrais	j'aurais voulu
tu voudrais	tu aurais voulu
il voudrait	il aurait voulu
nous voudrions	nous aurions voulu
vous voudriez	vous auriez voulu
ils voudraient	ils auraient voulu

SUBJONCTIF

PRÉSENT	PASSÉ
que je veuille	que j'aie voulu
que tu veuilles	que tu aies voulu
qu'il veuille	qu'il ait voulu
que nous voulions	que nous ayons voulu
que vous vouliez	que vous ayez voulu
qu'ils veuillent	qu'ils aient voulu

IMPÉRATIF

PRÉSENT
veux / veuille
voulons
voulez / veuillez

INFINITIF

PRÉSENT	PASSÉ
vouloir	ayant voulu

PARTICIPE

PRÉSENT	PASSÉ
voulant	voulu(es)

CORRIGÉS DES FICHES DE RÉVISIONS

Fiche 1 Révisions p. 4-5

1. Les GN à souligner : *le champ, l'époque, les pommes de terre, une binette, un panier, fil de fer, des questions.*

2. Les articles du texte à souligner : *Le 18 juin, la porte, la grande route, les Commentaires, une lieue, la ville, un roulement, l'oreille, le cri, une poule, des joncs, le son, une horloge.*

3. a. article défini contracté **b.** article partitif **c.** article indéfini / article indéfini **d.** article défini contracté / article partitif **e.** article partitif / article partitif

4. a. article **b.** préposition **c.** article **d.** préposition **e.** préposition

5. a. indéfini : *Plusieurs / Quelques* ; possessif : *leurs* **b.** démonstratif : *ces* ; indéfini : *certains* **c.** interrogatif : *Quel* ; démonstratif : *cette* **d.** démonstratif : *cet* **e.** indéfini : *différents / divers* ; numéral : *deux*

6. a. ses souvenirs ; ces quelques pages **b.** ces rayonnages **c.** ses écrivains **d.** Ses ancêtres ; ces quelques pages. **e.** Ces derniers temps ; ses goûts littéraires.

7. Les déterminants du texte à souligner : *ma route, trente, le roulement, une trépidation, l'air, la terre, ces plaines, Ces détonations, mon esprit, l'idée, un combat, Cette grande bataille, les échos, au pied, un peuplier, une horloge, les funérailles, la bataille.*
Articles : *le*, défini ; *une* (x2), indéfini ; *l'* (x2), défini élidé ; *la* (x2), défini ; *un* (x2), indéfini ; *les* (x2), défini ; *au*, défini contracté
Déterminants possessifs : *ma, mon*
Déterminants démonstratifs : *ces* (x2), *cette*
Déterminant numéral : *trente*

8. a. quatre-vingts **b.** quatre **c.** six cents **d.** trois mille neuf cent cinq **e.** quatre-vingt-dix-sept **f.** deux cent vingt

9. a. chaque mois **b.** quelque temps ; aucune nouvelle ; certaines amies **c.** Différentes options ; tous les membres **d.** Les mêmes activités ; n'importe quelle saison

Fiche 2 Révisions p. 6-7

1. a. Cela : une autobiographie ; où : un ouvrage **b.** la leur : leur autobiographie **c.** le : intéressants **d.** la mienne : ma vie **e.** Cela : un roman inspiré de leur vie **f.** cela : écrire un roman de ce genre

2. a. la voiture : elle **b.** la voiture : -la ; votre voiture : la vôtre **c.** Laisser ma voiture au garage : Cela **d.** cet itinéraire-ci : celui-ci ; cet itinéraire-là : celui-là. **e.** l'hôtel : celui **f.** son maillot de bain : le sien

3. Les pronoms personnels désignant celui qui parle (le narrateur) sont soulignés : *me tenta, je le volai, je ne le cachais, on me le trouva, où je l'avais pris, Je me trouble, je balbutie, je dis, Marion qui me l'a donné.*
Les pronoms personnels désignant le ruban sont soulignés : *je le volai, je ne le cachais, on me le trouva, où je l'avais pris, Marion qui me l'a donné.*
Les pronoms personnels désignant Marion sont soulignés : *elle avait une fraîcheur, on ne pouvait la voir sans l'aimer, On la fit venir, Elle arrive, on lui montre le ruban, je la charge.*

4. *l'affection* (article défini), *l'autorité* (article défini), *la portait* (pronom personnel), *la punition* (article défini), *nous l'avions* (pronom personnel), *la menace* (article défini), *l'exécution* (article défini), *la trouvai* (pronom personnel), *l'épreuve* (article défini), *l'attente* (article défini), *l'avait* (pronom personnel)

5. Les pronoms du texte à souligner : *Je forme, qui n'eut jamais, et dont l'exécution, Je veux, ce sera moi, Moi seul, Je sens, je connais, Je ne suis fait, aucun de ceux que j'ai vus, j'ose croire, aucun de ceux qui existent, Si je ne vaux pas, je suis autre, dans lequel elle m'a jeté, c'est ce dont on ne peut juger, après m'avoir lu.*
Pronoms personnels : *je, je, moi, moi, je, je, je, j', j', je, je, elle, m', m'*
Pronoms démonstratifs : *ce, ceux, ceux, c', ce*
Pronoms relatifs : *qui, dont, que, qui, lequel, dont*

6. a. le mien **b.** que **c.** Moi, je, toi, tu **d.** C', dont **e.** Celles-ci, ceux-là **f.** dont **g.** les tiennes **h.** auquel

7. a. se souvient ; ce qui s'est passé **b.** Ce sont ; qui se sont **c.** Elle s'est ; ce qu'elle aurait **d.** Ils ne se sont pas vus ; c'est dommage **e.** Était-ce bien ; ils s'étaient rendus **f.** C'était ; ce à quoi ; elles s'attendaient

8. a. Elles ne leur ont ; leurs intentions **b.** Donne-leur ; qui leur seront ; leur voyage **c.** Leurs résultats ; ils leur ont adressé leurs félicitations **d.** Où leur avez-vous dit ; leurs affaires

Fiche 8 Révisions p. 22-23

1. a. je joue **b.** tu nettoies **c.** elle appelle **d.** nous grandissons **e.** vous dites **f.** elles meurent **g.** tu crains **h.** tu bats **i.** elle dissout **j.** il faut **k.** vous concluez **l.** elles résolvent **m.** vous faites **n.** j'attends **o.** tu peux

2. *elle laissa, qui ne lui suffisait, puis elle promena, La Thénardier parlait, et comptait, Ponine et Zelma jouaient, les voyageurs mangeaient, ou buvaient, ou chantaient, aucun regard n'était fixé, Elle sortit, s'assura, qu'on ne la guettait pas, puis se glissa, la saisit.*

3. a. je pliais : plierai **b.** tu pouvais : pourras **c.** elle voyait : verra **d.** vous rappeliez : rappellerez **e.** elles couraient : courront **f.** je faisais : ferai **g.** il fallait : faudra **h.** elle associait : associera **i.** nous riions : rirons

4. *Je m'attachai, qui prit soin, dont j'écris, La Villeneuve était, elle pouvait trouver, C'est celui-là qui ne sera pas, qui a bon cœur, qui ne rebute point, elle me bourrait de vin et de sucre.*

5. a. J'ai acheté un nouveau magazine. **b.** ~~Elle était gentille avec tout le monde.~~ **c.** Nous étions partis les premiers. **d.** ~~Vous étiez favoris pour cette course.~~ **e.** Tu étais arrivée en tête. **f.** ~~Nous étions debout au fond de la salle.~~

6. a. *je sais* (présent) ; *j'ai su* **b.** *tu réfléchissais* (imparfait) ; *tu avais réfléchi* **c.** *elle revint* (passé simple) ; *elle fut revenue* **d.** *nous ferons* (futur) ; *nous aurons fait* **e.** *nous allions* (imparfait) ; *nous étions allé(e)s*

Fiche 15 Révisions p. 42-43

1. Toujours en retard évidemment ! (déclarative)
(Il regarde sa montre-bracelet.) (déclarative)
Nous avions rendez-vous à onze heures trente. (déclarative)
Il est bientôt midi. (déclarative)
Excusez-moi. (impérative)
Vous m'attendez depuis longtemps ? (interrogative)

2. a. Partielle **b.** Totale **c.** Totale **d.** Partielle **e.** Partielle **f.** Partielle

3. a. *Quand reviendras-tu ?* (soutenu) *Quand est-ce que tu reviendras ?* (courant) *Tu reviens quand ?* (familier) **b.** Tu fais quoi ? (familier) *Qu'est-ce que tu fais ?* (courant) *Que fais-tu ?* (soutenu) **c.** *Qu'est-ce qu'elle veut ?* (courant) *Que veut-elle ?* (soutenu) *Elle veut quoi ?* (familier)

4. a. Elle ne travaille pas le dimanche. **b.** Tu ne réussis jamais. **c.** Je n'ai rien vu. **d.** Ne m'apporte pas de parapluie.

5. **a.** simple **b.** complexe **c.** non verbale **d.** complexe **e.** non verbale **f.** simple **g.** complexe

6. Jeannot et Colin étaient fort jolis pour des Auvergnats ; / ils s'aimaient beaucoup, / et ils avaient ensemble de petites privautés, de petites familiarités, / dont on se ressouvient toujours avec agrément / quand on se rencontre ensuite dans le monde.
Le temps de leurs études était sur le point de finir, quand un tailleur apporta à Jeannot un habit de velours à trois couleurs, avec une veste de Lyon de fort bon goût ; le tout était accompagné d'une lettre à Monsieur de La Jeannotière.

7. Dès ce moment Jeannot n'étudia plus, se regarda au miroir, et méprisa tout le monde. Quelque temps après un valet de chambre arrive en poste, et apporte une seconde lettre à monsieur le marquis de la Jeannotière : c'était un ordre de monsieur son père de faire venir monsieur son fils à Paris.

8. **a.** Elle parle beaucoup, mais elle agit peu. **b.** Nous ne sortirons pas car le temps est trop froid **c.** Il n'a pas entendu son réveil, donc il sera en retard. **d.** Il entre et il sort sans arrêt. **e.** Il est le meilleur, pourtant il reste modeste.

Fiche 24 Révisions p. 66-67

1. **a.** agenda **b.** référendum **c.** alibi **d.** omnibus **e.** a priori

2. **a.** juvénile **b.** stratège **c.** théâtre **d.** loup **e.** liberté **f.** archaïque

3. **a.** l'angoisse **b.** la lotion après rasage **c.** La jeune fille qui s'occupe **d.** vol à main armée **e.** les études de marché **f.** garage **g.** patins à roulettes **h.** bien, travail

4. **a.** illisible **b.** désaccord **c.** irrégulier **d.** mésentente **e.** maladroit **f.** disparaître **g.** anormal **h.** illégal

5. **a.** avarice **b.** immensité **c.** nageoire **d.** blessure **e.** fierté **f.** précision **g.** exclusion **h.** honnêteté **i.** maigreur **j.** élevage

6. **a)** On obtient *repartir* et *revoir* ; le préfixe signifie « à nouveau ».
b) *blanchiment* (nom), *forestier* (adjectif), *montagnard* (adjectif)

7. **Famille 1 :** passage, dépasser, passoire, dépassement
Famille 2 : horaire, heure, horloge, horodateur, horoscope
Famille 3 : horrible, horreur, horrifier, horripiler
Famille 4 : terrasse, territoire, terrine, terrier, enterrer

8. vitalité, vital, dévitaliser ;
biologie, biographie, biodégradable

9. **Poussé :** poussoir, repousser, repoussant, poussette, poussée
Jardin : jardinet, jardinier, jardiner, jardinage
Éclairait : clair, clairement, clarifier, éclair, éclaircir, éclaircissement
Doucement : doux, douceur, adoucir, adoucissement

10. un tire-bouchon, des tire-bouchons ; un moulin à poivre, des moulins à poivre ; un chasse-neige, des chasse-neige ; un essuie-glace, des essuie-glaces ; un hors-d'œuvre, des hors-d'œuvre ; un chou-fleur, des choux-fleurs ; un camion-citerne, des camions-citernes ; un rouge-gorge, des rouges-gorges

Crédits photos :

102 ph © bridgemanimages.com
115 g ph © bridgemanimages.com
115 d ph © A. Morin / Gallimard / RMN-Grand Palais
122 ph © Guillaume Zuili / Agence VU
124 ph © bridgemanimages.com
126 Coll. Christophel © Les Productions Jacques Roitfeld
128 ph © www.bridgemanimages.com © Adagp, Paris, 2018

Édition : Florence de Boissieu
Conception maquette : Karine Alary / Sophie Duclos
Illustrations (mascottes) : Nicolas Haverland / L'Atelier Monde
Réalisation : Alinéa
Relecture : Élodie Ther

Achevé d'imprimer par Grafica Veneta à Trebaseleghe - Italie
Dépôt légal : 06282-05/04 - Juillet 2021